浙江省软科学研究计划重点项目资助，编号 2018C25022

基于产业空间分异的
城市群协同发展机制研究

黄宾　著

上海交通大学出版社
SHANGHAI JIAO TONG UNIVERSITY PRESS

内容提要

本书从产业空间分异的角度研究城市群协同发展机制问题，首先通过逻辑分析建立两者间的逻辑关系模型，再据此构建数理模型，在分析研究两者间数理关系后再构建实证模型，因此变量选择更为科学合理。本书可为产业布局、城市群发展和城市定位等领域的政策制定者提供参考借鉴，也可为专门从事经济地理、产业经济、城市和城市群研究的学者提供研究素材和思路借鉴。

图书在版编目（CIP）数据

基于产业空间分异的城市群协同发展机制研究 / 黄宾著 . -- 上海 : 上海交通大学出版社 , 2019

ISBN 978-7-313-21033-3

Ⅰ . ①基… Ⅱ . ①黄… Ⅲ . ①城市群 – 产业合作 – 研究 – 中国 Ⅳ . ① F299.21

中国版本图书馆 CIP 数据核字 (2019) 第 043413 号

基于产业空间分异的城市群协同发展机制研究

著　者：黄　宾			
出版发行：上海交通大学出版社		地　　址：上海市番禺路 951 号
邮政编码：200030		电　　话：021-64071208
印　制：定州启航印刷有限公司		经　　销：全国新华书店
开　本：710mm×1000mm　　1/16		印　　张：12.25
字　数：217 千字		
版　次：2019 年 11 月第 1 版		印　　次：2019 年 11 月第 1 次印刷
书　号：ISBN 978-7-313-21033-3		
定　价：56.00 元		

前　言

目前，中国在建和规划城市群共有 22 个，希望通过城市群内部的极化和扩散效应、城市群外部的整体竞合力提升实现产业转型和协调发展。以城市群为基本单元参与区域和全球竞争合作（以下简称"竞合"），是全球化发展的必然趋势。城市群竞合优势来源于群内城市之间的协作和协同发展，而协作和协同的基础在于以产业关联为纽带的经济协同，并通过经济协同促进社会、文化和生态等多种类协同，进而将城市群聚合成为系统整体。产业关系变化会递阶传导并影响整个城市群的协同发展质量，最终表现为城市群整体竞合力的优劣变化。现阶段，产业关系变化的主要方向在于地理空间格局的变化，即主要表现为第二、三产业在聚合与分离等产业组织形式间不断变换的产业空间分异过程，因此产业空间分异会对城市群协同发展质量产生影响。理解产业空间分异影响城市群协同发展的机理和机制，有助于更好地制定基于产业空间分异的产业政策，从而可以借助提升城市群协同发展质量增强城市群的整体竞合力。

本书的主要研究目的是分析产业空间分异与城市群协同发展之间的关联关系，更好地从产业视角尤其从政策性产业空间组织形式和分布格局变化的视角研究城市群协同发展问题，最终将城市群从分散化发展引导到系统性协同发展的轨道上。本书的主要思路如下：首先，在理论上分析产业空间分异与城市群协同发展之间的分类关联、逻辑递进和复合影响等关系；其次，根据研究实际选取合适的统计指数、指标体系及统计数据，分别对产业空间分异和城市群协同发展做量化处理；最后，以产业空间分异作为主要变量，第二、三产业发展水平和城市群形态等作为辅助变量，对城市群协同发展的区域、产业和城市等类别差异进行实证分析，得出结论与建议。

产业空间分异与城市群协同发展之间关系的理论研究包括两部分的内容：一是从产业空间分异的行为起始到城市群协同发展的作用结果之间的过程逻辑的定性研究，二是对这一过程逻辑的数理模型研究。

产业空间分异是促进城市间协同的基础性动力，而驱动产业空间分异发生和发展的力量可以从微观层面上的企业一体化发展战略和区位选择差异，中观层面上的集群资源、成本和价值权衡，以及宏观层面上的产业优化升级、区域平衡发展、对外竞合需要等方面加以解释。在以上力量的综合作用下，城市间产生三种结果效应，即资源、产品与金钱外部性效应，知识关联与技术外部性效应，匹配、协同与效率倍增效应。通过微观、中观和宏观三个层面的递进和互馈以及产业和地理两个维度的交织和互嵌，还有三种结果效应的伴生和互促，产业空间分异在持续发展变化的同时，不断借助城市群经济性、空间性和社会性的提升影响城市群协同发展。

为使研究更为严谨，本书从产业分工与协同格局差异的角度，假设一个城市群只包含两个城市和两类产业，基于 C–D 函数形式建立一个包含城市群协同发展和产业空间分异因子的数理模型，通过求解模型获得包含产业空间分异变量的城市群协同发展表达式，并分析该表达式中各类变量变化时的城市群协同发展变化情况，重点分析产业空间分异变量变化对城市群协同发展的影响，进而从理论上建立起产业空间分异和城市群协同发展之间的关联关系，为后续研究提供理论基础和实证指向。

在对产业空间分异与城市群协同发展之间的关联关系进行理论分析的基础上，需要利用中国城市群发展实际对此加以验证，而验证的前提是对产业空间分异和城市群协同发展做量化处理。借鉴已有研究成果，结合实际研究需要，本书选取合适的统计指数、指标体系及统计数据分别建立产业空间分异和城市群协同发展的度量公式组，并对中国 22 个城市群 2000—2015 年的整体产业空间分异和城市群协同发展情况进行了度量，同时为了研究东、中、西部地区城市群差异，分别选取东部的珠三角城市群、中部的长株潭城市群和西部的成渝城市群作为典型进行研究。

通过建立以产业空间分异为主要解释变量，第二、三产业发展水平等为辅助解释变量，城市群协同发展为被解释变量的回归模型，本书基于中国城市群发展实际，从不同区域城市群、不同产业类别和不同城市类别等三个对比性角度切入，实证分析了产业空间分异与城市群协同发展的关联关系，并得出了以下研究结果。

产业空间分异对城市群协同发展至少存在二次线性影响关系，即存在影响力变化的拐点，拐点表明产业空间分异对城市群协同发展存在门槛效应，并且这种门槛效应在不同区域城市群、不同产业类别和不同城市类别之间的门槛数值和表现形式均有差异。

分区域来看，全国整体、东部和中部城市群情形相似，产业空间分异度量值在门槛值以下时，产业空间分异度量值增加能带来城市群协同发展度量值的不明显增加；在门槛值以上时，产业空间分异度量值增加能带来城市群协同发展度量值的明显增加。西部城市群则不同，在门槛值以下时，产业空间分异度量值增加，城市群协同发展度量值不升反降，直至门槛值以上时，两者才能同时增加。

分产业类别来看，以制造服务业和新兴制造业之间分异为主要内容的产业空间分异形式对城市群协同发展的正向促进作用最大；以制造服务业和传统制造业之间分异为主要内容的产业空间分异形式的正向促进作用次之；以制造服务业和重工业之间分异为主要内容的产业空间分异形式的正向促进作用最小，但是这种促进作用本身又存在区域间差异。

分城市类别来看，核心城市布局制造服务业、非核心城市布局传统制造业的产业空间分异格局最有助于城市群协同发展；核心城市布局制造服务业、非核心城市布局新兴制造业的产业空间分异格局次之；核心城市布局制造服务业、非核心城市布局重工业的产业空间分异格局对城市群协同发展的影响最小。

其他变量也在不同程度上直接或间接影响城市群协同发展。服务业占比不仅会通过"量"的增加提升整个城市群可用于空间分异的产业总量，还会通过服务业在城市间布局的变化提升产业空间分异的"质"，最终既能直接影响城市群协同发展，又能通过产业空间分异门槛值变化间接影响城市群协同发展。人均工业产值、核心城市数量、是否分属不同省份等变量同样会对城市群协同发展产生影响。当然，在不同区域、产业和城市类别情形下，以上影响也存在差异。

本书的政策建议包括城市群可以利用产业空间分异契机提升整体协同发展质量，对于分异初期的协同发展不顺畅要有充分的思想准备，测算分异门槛值以合理制定第二、三产业布局和发展的科学规划，系统调整制造业和制造服务业的结构与分布以降低分异门槛；分区域、分产业、分城市研究产业空间分异与城市群协同发展之间的关系，分类研究区域、产业和城市不同组合情况下的分异门槛，以便选择最优发展路径和降低分异门槛值；建立更高层级的城市群协同发展协调机构，以便合理解决产业空间分异对城市群协同发展的省际分割效应问题。

目 录

1 绪 论

1.1 研究背景及意义

1.1.1 研究背景

随着产业合作复杂程度的不断增强和区域间贸易规模的逐步扩大，地区间协同发展的规模逐渐增大，层次持续提升。目前，区域间产业协同已进入以城市群为单元和以城市群内部城市间产业协同为主要表现形式的城市群系统化发展阶段。

城市群是现代区域发展大视域下新经济地理研究的主要关注点，也是国家和地区参与全球竞争的重要地理单元。为提高整体发展效率，实现区域均衡发展与产业升级，中国正在加紧规划3类共22个城市群：（含5个国家级城市群、9个区域性城市群和8个地区性城市群），分布于东中西部发达与欠发达地区，目的是通过加强城市群内部各城市之间的交通、经济、社会和文化等多种联系，尤其通过加强以产业合理布局和协同发展为核心的经济联系，实现不同产业在不同城市之间的专业化分工与规模化集聚，在更大的地理空间范围内发挥产业的协同集聚效应，提升城市群的整体对外竞争力。

2015年12月，中央城市工作会议召开，重点解决转变城市发展方式、完善城市治理体系等重大城市发展问题。会议提出，要统筹空间、规模、产业三大结构，提高城市工作全局性。未来中国"要以城市群为主体形态，科学规划城市空间布局，实现紧凑集约、高效绿色发展"。会议尤其明确了京津冀、长江经济带等城市群中"各城市要结合资源禀赋和区位优势，明确主导产业和特色产业，强化大中小城市和小城镇产业协作协同，逐步形成横向错位发展、纵向分工协作的发展格局"，目的是"要优化提升东部城市群，在中西部地区培育发展一批城市群、区域性中心城市，促进边疆中心城市、口岸城市联动发展，让中西部地区广大群众在家门口也能分享城镇化成果"。

中国共产党第十八次全国代表大会以来，中央多次专门召开城镇化工作会议，强调城市发展对内需扩大和产业升级的关键作用以及对全面建成小康社会、加快推进社会主义现代化的重大现实意义和深远历史意义。要求各地通过"科学规划城市群规模和布局，增强中小城市和小城镇产业发展、公共服务、吸纳就业、人口集聚功能"。在城镇化空间布局方面，强调"要促进大中小城市和小城镇合理分工、功能互补、协同发展，要发展各具特色的城市产业体系，强化城市间专业化分工协作，增强中小城市产业承接能力"。未来，城市发展要将"质量发展放在突出位置，通过合理规划形成基于产业专业化和协作分工的城镇群和城市群"，实现产业层次与城镇化质量的共同提升。在现有城镇特色产业的发展基础上，"更加注重产业间的差异与协同，以专业化和深度化吸引相应要素集聚，形成持续创新能力"。

各地根据中央精神，结合各自所处城市群的产业发展实际，也在尝试通过不断调整产业规划和政策以适应城市群协同发展的新要求。比如，近年来，浙江省经济和社会发展遇到其他省份同样面临的问题，如城镇化发展提速降质、制造业低端化和同质化、服务业比重不高且高端服务质量差等，为此，浙江省适时出台了包括《浙江省深入推进新型城市化纲要》等在内的多项政策，同时制定了以提升层次为主要目标的产业转型升级规划，对今后一个时期深入推进新型城市化和产业转型升级工作进行了全面部署。

尽管各地相继出台了若干促进城市和产业发展的规划与政策，但从宏观全局性来看，一方面，规划与政策涵盖比较宽泛，涉及产业、环保、经济、公共服务、社会保障等多方面内容，其中专门针对产业的政策多为纲领性提法，缺乏有关产业空间分工协作和城市化发展的具体性内容，需要进一步细化和完善；另一方面，现有产业规划主要围绕以层次提升为目标的现有产业转型升级任务，而借助转型升级推进城镇化质量提升的政策性安排还未被完全体现，有待于进一步完善。

城市群已逐渐成为区域发展和对外竞合的重要载体和表现形式，并开始成为包括产业、文化和社会发展等在内的序列政策的研究和实施对象。城市群内部城市之间的协作和协同发展质量如何，很大程度上决定了城市群的凝聚力与发展效率，从而影响整个城市群的发展规模、速度、效率与持续性。

观察视角不同所研究的城市群协同发展问题也不同。基于产业空间分异的研究视角可以研究城市群产业协同发展的质量。研究城市群产业协同发展质量的影响因素和提升机制，有助于通过产业在空间上的合理分工及彼此间的高效协同实现产业协同发展质量的提升。

总体来看，产业转型升级实践中的产业空间分异对城市群协同发展的迫切要求以及城市群推进发展过程中的协同质量提升对产业空间分异的强烈依赖，构成了本书研究的两大背景因素。

1.1.2 研究意义

在理论上，基于产业空间分异的视角研究城市群产业协同发展问题，丰富和发展了城市群协同发展研究的方法和工具，扩展和深化了相关问题的研究视阈和程度，有助于为城市群协同发展的系统性问题研究提供产业模块的理论支持。清楚理解通过产业空间分异提升城市群协同发展质量以及根据城市群协同发展质量差异引导产业空间分异的整个作用机理过程，有助于把握两者间的作用发生机制，是"分工—效率"理论在城市群研究领域运用的重要理论补充。进一步看，城市群内部城市之间的协同发展不仅包括彼此间的产业协同发展，还涉及交通、文化乃至生态和社会等多方面的协同发展，厘清产业协同与城市群发展之间的关系，可以为产业与城市融合发展等研究提供借鉴思路，有助于更好地开展综合性研究工作。更为重要的是，现代社会的城市群协同发展的根本性基础和最直接表现是城市之间的产业协同，因此从产业空间分异问题切入，进而引出包括交通、文化、生态和社会等在内的其他城市群协同发展内容，甚至通过透析城市之间的产业协同发现更多的协同新领域，是系统研究城市群协同问题的逻辑起点，也是逐渐打开城市群中众多城市之间如何凝合为城市群并协同发展发展这一研究"黑箱"的必要途径，因此具有重要的理论意义。

在实践上，中国当前的城市发展呈现典型的群落化特征，总体上表现为群内合作与群间竞争的竞合态势，如何在城市群内部培育一致性合力，并在城市群外部形成整体竞争力，是中国以城市群为单元积极参与全球发展需要面对的主要问题和重要课题。解决这个问题的基础和关键在于城市之间的产业协同，即产业的空间分异。分析并掌握产业空间分异与城市群协同发展质量之间的关系，有助于制定针对整个城市群而非个体城市的科学合理的系统性产业发展政策，指导城市群产业合理布局和协同发展，从而通过提高城市群协同发展质量提升城市群总体对外竞争力。从另一方面看，加强包括交通、人际、文化等联系在内的城市群凝聚力，关键在于基于产业协同引发的一系列衍生协同所带来的凝聚作用。产业空间分异产生的差异化的经济交往强度、层级化的城市地位、区别性的资源流向等，又会影响整个城市群的凝合形式。据此思路，理解产业空间分异与城市群协同发展质量之间的关联关系，就可以通过产业规划引导城市群发展，即根据不同城市群的发展现状和目标定位制定相应的产业布局规划，以实现最优化的城市群协同发展目标。中国正在规划中的 22 个城市群分布于东中西部，现实情况复杂，发展差异性大，想要从经济、文化、社会、生态等方面入手实现各自的规划发展目标，不仅难度较大，而且缺乏相应的协同驱动源。然而，从产业分工协同的角度入手，有利于通过产业这一简单实用的逻辑主线引导城市之间的经济联系、文化交融、社会关联和生态互补，更有助于实现城市群发展目标。

1.2 研究思路与主要内容

1.2.1 研究思路

本书的整体研究思路包括提出问题、分析问题和解决问题三个部分，如图 1.1 所示。

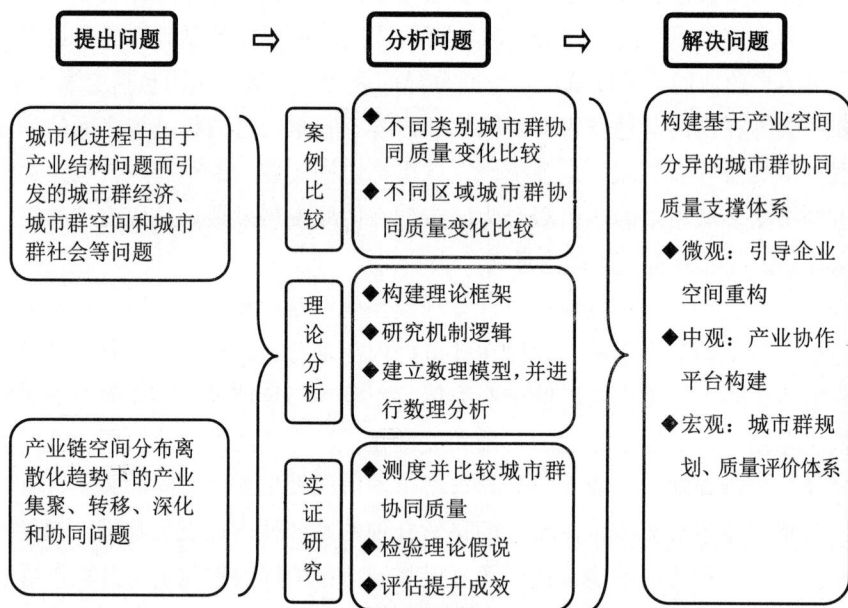

图 1.1 本书研究思路

其中，提出问题部分是研究的起点。该部分源自实际中的两个问题，一是城市群中的产业空间分异特征日益明显，但目前这种分异的驱动因素、演化规律和作用机制等尚未完全明晰；二是城市群的重要性越来越大，城市之间的协同发展日渐得到重视，产业的合理布局和协同发展是重要内容之一，但产业空间分异与城市群协同发展之间的关联关系未被深入研究，前者提升后者质量的作用机制还有待进一步研究。分析问题部分利用国内外经验比较、理论分析和实证分析方法，从多个方面系统探讨产业空间分异与城市群协同发展质量提升之间的关联机制，从案例比较、数理模型和实证数据多角度分析关联机制。解决问题部分基于分析问题部分的研究结论，从企业个体的微观层面、产业平台的中观层面和城市群产业的宏观层面，探讨包括具体利用产业空间分异提升城市群协同发展质量的政策建议等在内的支持体系问题。

1.2.2 主要内容

本书覆盖了图 1.2 所示的主要内容。

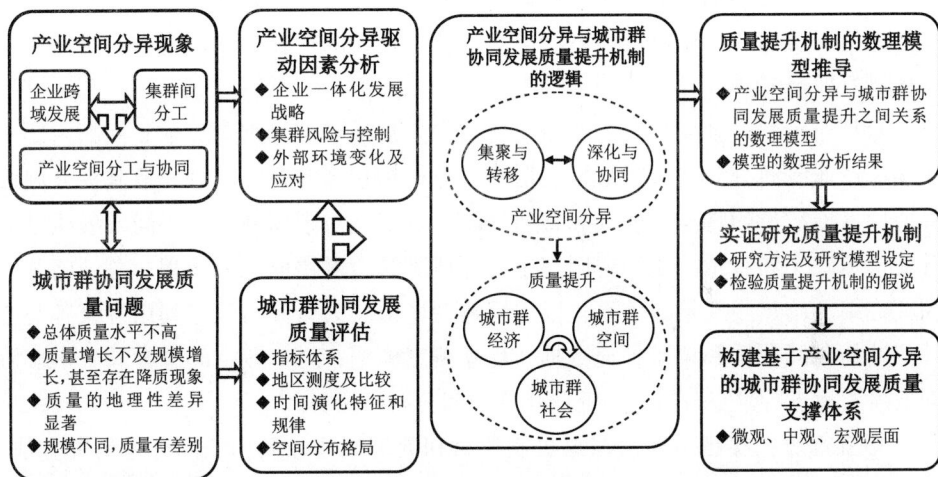

图 1.2 本书研究内容框架

从结构上划分，本书主要包括以下六部分。

第一部分：绪论。首先系统介绍开展基于产业空间分异的城市群产业协同发展质量提升机制研究的两大背景，说明研究的理论和现实意义；然后介绍本书工作开展的整体研究思路、每个部分的主要研究内容及研究的具体方案；最后归纳总结本书研究的主要创新之处。

第二部分：文献综述。本部分涉及产业空间分异的形成机制、影响因素，城市群协同发展质量的内涵、测度、时空分析方法以及产业空间分异与城市群协同发展质量之间的关系、效应等内容。通过较为全面地研读现有的相关研究成果，系统梳理两者各自和共同的理论研究方法和主要研究观点，归纳研究规律并借鉴研究经验，找出可进一步深入的方向和可优化的研究方法，为后续研究奠定基础。

第三部分：分异驱动机理及其对协同发展的影响机理。基于新经济地理学和集群分工等理论开展研究，从微观、中观和宏观层面分析产业空间分异的驱动因素。其中，从微观方面，讨论企业的一体化发展战略行为类型及其对企业区位选择的影响，研究该影响的方向、程度和过程以及如何影响集群分工进而影响产业空间分异；从中观方面，分析集群发展的风险与控制情况，研究集群分工如何影响企业跨区域转移和产业空间分异及其在垂直和水平方向上的差异；从宏观方面，研究外部环境中的产业空间分异的驱动因素、驱动过程、变化趋势、应对策略等问题。建立包含产业空间差异及协同因子和城市群协同发展测度值在内的数理模型，分析产业空间分异与城市群协同发展之间关联性，根据实际设定参数变化范围，通过数理模型曲线变化研究产业空间分异变化对城市群协同发展的综合影响。分析产业空间分异的驱动传导过程和结果效应。建立产业空间分异中的集聚、转移、深化、协同，与城市群经济、空间和社会之间的逻辑关联模型，为后续实证分析寻找理论依据。

第四部分：产业空间分异与城市群协同发展质量的测度与评估。回顾主要发达国家产业空间分异和城市群发展历程，分析和总结产业空间分异及其提升城市群协同发展质量的特点、模式和路径经验，特别是对中国城市群协同发展质量提升的借鉴意义和启示。梳理中国东中西部典型城市群协同发展历程，总结问题并探究症结。构建测度指标体系，以中国典型城市群为研究对象，利用各级各类统计年鉴的公开数据和调研补充数据，建立测度模型，对产业空间分异和城市群协同发展质量进行时空分析，研究演化规律和分布格局。

第五部分：实证分析。根据机制逻辑和数理模型，利用空间计量研究方法，基于典型城市群的相关数据，实证检验各种假说，以验证产业空间分异与城市群协同发展质量提升之间的关联关系。

第六部分：研究结论与政策建议。从机构微观层面看，引导不同企业或企业不同部门的空间重构行为，推进产业布局与城市群协同发展质量目标之间的耦合。从行业中观层面看，需要从促进产业链分工及区域间协同方面入手，规划基于产业链空间离散及协同的空间分异格局。从国家宏观层面看，完善基于产业空间分异的城市群规划及相应的城市群协同发展质量评价体系。

1.3 研究方案

1.3.1 研究方法

根据研究的实际需要，采用定性与定量相结合的研究方法，遵循"文献梳理—现状表述—数理模型研究—实证分析—结论建议"的逻辑思路展开研究，具体研究方法如下。

文献梳理。从研究分类、发展脉络和演化趋势等不同角度系统梳理国内外关于产业空间分异、城市群、区域间协同发展的成果文献，总结经验并归结不足，为本书研究中的概念界定、影响因素、指标体系以及数理模型和实证分析等内容提供基础理论和借鉴思路。

现状表述。通过已有相关文献的整理、归纳和述评，掌握产业空间分异、城市群协同发展以及产业空间分异影响城市群协同发展等方面研究的现状、规律和趋势，总结经验并发现不足，凝练研究思路，建构测度指标，归纳实证方法，识别研究空白，为本书的研究奠定基础。

数理模型研究。通过研究产业空间分异的影响因素，并探索产业空间分异与城市群协同发展之间的关联机制，建立产业空间分异影响城市群协同发展质量变化的数理模型，推导均衡状态下模型的解析解，再结合实际对参数设定赋值区间，研究模型曲线变化带来的影响关系变化。

实证分析。通过选定典型的代表城市群，收集相关数据，测度产业空间分异和城市群协同发展质量，建立包含分异程度和发展质量测度值在内的、纳入多个其他关键参考变量的计量模型，对不同情况下产业空间分异与城市群协同发展质量之间的关联性进行实证分析。

1.3.2 技术路线

本书综合利用多种研究手段，在系统性的基础性研究工作的支持下，以重点和难点问题为研究主要突破口，坚持目标导向的研究思路。本书的技术路线如图1.3所示。

研究手段	文献资料 ◆网络数据库 ◆图书馆资料 ◆政府报告文件 ◆其他渠道	实地调研 ◆政府部门 ◆典型城市群主 要城市的产业 园、开发区等	专家访谈 ◆政府工作人员 ◆研究学者 ◆企业人士 ◆其他人士
基础工作	理论准备 ◆产业集群理论 ◆城市发展理论 ◆经济发展理论 ◆空间计量理论	数据资料 ◆各级各类公开 数据 ◆一手调研数据 ◆权威研究数据	研究工具 ◆空间数据处理 ◆统计分析软件 ◆政府报告文件 ◆其他渠道
重点难点	机制逻辑 ◆产业空间分异 ◆城市群协同发展质量 ◆提升促进关系 ◆逻辑分析假说	数理与实证 ◆数理模型 ◆系统分析 ◆实证过程 ◆结果分析	政策分析 ◆企业空间重构 ◆产业空间分布 ◆城市群协同发 展质量

研究目标	◆设计城市群协同发展质量的测度指标体系 ◆剖析产业空间分异促进城市群协同发展质量提升的机制问题 ◆明确基于产业空间分异的城市群协同发展质量提升的结构特征、动力机制 和成效评价 ◆构建基于产业空间耦合的城市群协同发展支持体系

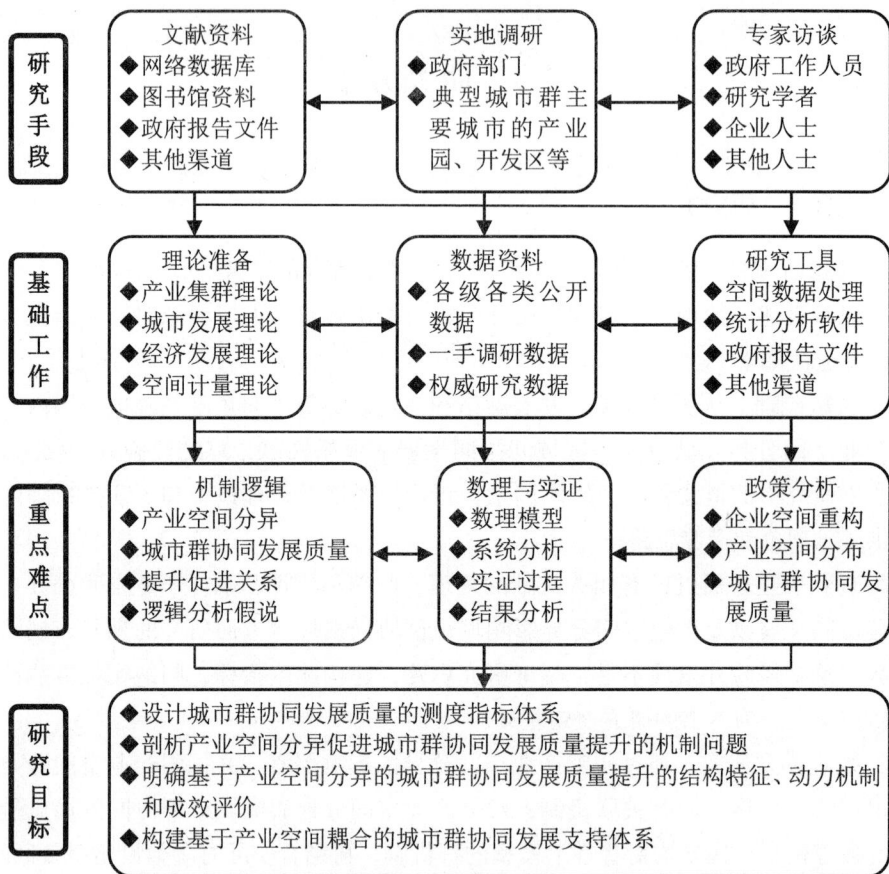

图 1.3　本书的技术路线

1.4　主要创新点

本书以产业空间分异为视角研究城市群协同发展质量提升机制问题，在内容、视角、思路和实证数据选择方面都有一定创新。

1.4.1　内容与视角的创新

虽然目前已有部分研究城市群发展质量的成果，但是研究城市群协同发展质量的成果还不是很多，而从产业空间分异的视角研究城市群协同发展质量更是空白。从产业空间分异的视角研究提升城市群协同发展质量的机制问题，是城市群问题研究中比较新的内容和视角，这一内容和视角上的创新不仅有助于弥补相关研究的空白，而且研究过程本身有助于今后发现更多新的内容和视角创新点。

1.4.2　思路的创新

现有的类似研究，如基于产业空间分异的城镇化质量提升等的研究，多采用现状描述加实证分析的思路，即先利用可视化软件描述产业空间分异和城镇化质量的时空格局，再利用计量经济模型或空间计量模型分析产业空间分异对城镇化质量提升的影响机理。本书在研究思路方面的创新在于采用现状描述加数理模型再加实证分析的思路，即先描述产业空间分异和城市群协同发展质量的时空格局演化，再利用数理模型推导产业空间分异对城市群协同发展质量提升的影响过程，最后针对典型的代表城市群实证分析两者间的影响机理。这样的研究思路在现状描述和实证分析之间增加了一个数理模型推导，使两者衔接更为合理，增强了整个研究过程的逻辑性。

2 文献综述和概念界定

2.1 城市群协同发展质量

城市群协同发展质量问题研究涉及城市发展质量、区域协同发展和城市发展等基础性和子模块内容，是将区域协同发展的内涵、特征和模式等研究内容，与城市发展质量的界定、测度和评价等研究思路相结合并做出相应调整之后，具体运用于城市群发展的一系列研究方法和研究内容。与之相关的文献综述包括城市群协同发展质量的内涵诠释、测度评价、关联特征和时空格局等内容。

2.1.1 城市群协同发展质量的内涵诠释

城市群协同发展质量的内涵可以从城市发展质量、区域协同发展质量和城市群发展质量等的内涵递延诠释得出。

1. 城市发展质量

城市发展质量的相关研究开始于 19 世纪中后期的城市化发展大提速阶段，以 1867 年西班牙工程师塞尔达（Serda）最早提出的城市化概念为标志性起点。这一阶段的研究内容主要围绕以农村人口向城市集聚的"人口城市化"展开，"城市人口占比"一度成为城市发展质量优劣的重要表征。此阶段城市发展质量的内涵也基本围绕"人口城市化"进行诠释。

20 世纪 60 年代，随着迁入城市并从事工业化劳动的人口数量的不断攀升，工业化产出数量逐渐超越农产品数量，城市发展质量的内涵焦点又从"人口数量"转向"物的产出量"，经济增长尤其是工业经济增长成为城市发展质量的代名词，国民生产总值、国内生产总值等数值的增长也被等同于城市发展质量提升。由于这种"物本发展观"主要围绕物的产出解释城市发展质量，而非人本身，因此备受质疑和批评。

认识到物的产出不一定使人本身受益，随后城市发展质量内涵开始聚焦于人。20世纪70年代开始，城市发展质量开始从"促进经济发展"转向"提高生活质量"，由此"社会发展观"开始盛行。聚焦于人的城市发展质量基本也经历了两个细分阶段：第一阶段是关注人的物质生活质量，如关注居民收入等；第二阶段是综合考虑物质生活质量和精神生活质量，尤其关注对于城市发展质量的主观感受（Saxena & Orley，1997；Pavot & Diener，2004）。

20世纪80年代开始，城市发展质量的内涵被不断扩展，随着"可持续发展"理念（Jabareen，2006）逐渐被认同，城市发展质量的内涵从"当代"人的物和精神的截面延伸到"当代和后代"相结合的纵向系统，从人本身的感受扩展到人与环境的互动协调上。这种转变的起因一方面源于同时期严峻的环境破坏情形对经济发展速度的迟滞，另一方面源于被破坏的环境对人主观感受的消极影响。大量学者开始关注此类问题，如 Vlahov & Galea（2002）等所关注的健康城市问题与城市发展质量直接相关，其从城市健康内涵的角度诠释城市发展质量问题，是一个全新的分析视角。

国内，叶裕民（2001）首先关注城镇化质量问题，并开创性地将城镇化质量的内涵理解为城市现代化，将终极目标设定为城乡一体化。后续学者（顾朝林等，2008；陈强等，2014；李磊等，2015）沿此思路，从不同视角，如人口、经济、空间和社会等视角，深入理解城镇化内涵。

总的来看，城市发展质量内涵范围的界定经历了两个大的阶段：第一阶段是横向转换阶段，包括从人口城市化转换到物的产出，再转换到人的主观感受；第二阶段是纵向和横向扩展阶段，包括从"当代"纵向扩展到"当代和后代"相结合的可持续性，以及横向上人与环境的良性互动。如图2.1所示。

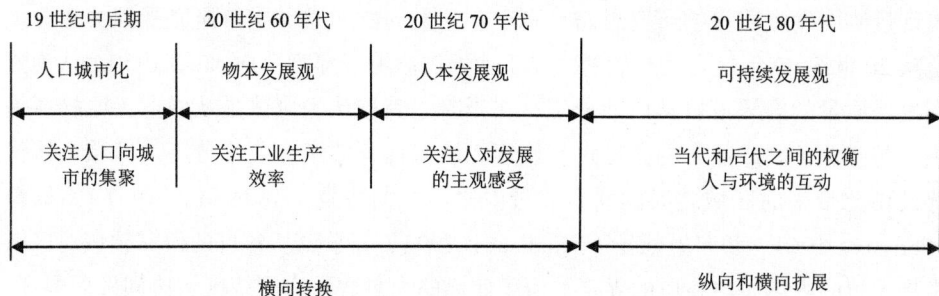

图2.1　城市发展质量内涵范围界定的演变阶段

2. 区域协同发展质量

随着区域分工进程的不断推进和系统化发展观念的逐步深入人心，以往孤立观察区域发展的研究思路逐渐被全局性的分析研究思路所取代。这种取代一方面源于现实中区域之间关联程度不断加深，区域彼此间的社会、经济、文化交往日益密切，某个区域点上的问题会迅速扩散至某片区域的面上，因此考量单一性的区域发展意义不大；另一方面源于政策制定的需要，从系统化的角度综合权衡整个区域的发展资源并相应制定各具特色又相互协调的发展政策，是提高资源的整体利用效率和增强区域整体对外竞争力的必由之路。

20世纪40年代之前是区域协同理念逐渐形成的阶段。从霍华德（Howard，1898）提出区域群体化发展的概念开始，后续很多学者不断从各自角度理解和完善区域协同发展的内涵。比如，库恩（Queen，1910）将区域协同发展结构划分为核心、边缘和腹地三个层级；格迪斯（Geddes，1915）从并行关系角度提出"组合"的概念；恩文（Unwin，1922）进一步将"组合"发展成为目前仍得到普遍认同的以"卫星城"理论为代表的主副结构。以上研究主要考察区域之间的结构形态，每种理论相对而言较为分散，而首次比较系统地论述区域协同发展理论的当属克里斯泰勒(Christaller，1933)的中心地理论和群体组织结构域模式。受到杜能（Thunnen，1826）的农业区位理论和韦伯（Weber，1909）的工业区位理论影响的中心地理论，其主要思想包括中心与外围之间的协同、存在协同半径和协同等级、形成一定的协同结构等。这一阶段的各类理论主要围绕区域协同发展的内涵概念和结构展开研究。遗憾的是，协同发展的质量问题没有被完全述及，但区域协同概念和结构研究的确是区域协同发展质量的重要研究基础和前提。

最早涉及区域协同发展质量问题的学者是沙里宁（Saarinen，1918）。他认为应该把当时被普遍认同的区域无序集中发展转变为有序分散发展，并据此初步提出衡量协同发展质量的研究思路。真正意义上的协同发展质量研究受到关注应该是从20世纪40年代之后开始的。受工业发展影响，邓肯（Ducan，1950）认为协同发展质量的内涵可以从产业分工，在当时尤其被认为应该是从农业（原材料提供）与工业（制成品）的角度进行诠释，质量提升源于专业化分工、区域个体优势及由此带来的区域之间的联合发展。之后，戈特曼（Gottmann，1957）、佩鲁（Perroux，1964）和弗里德曼（Friedman，1993）等学者从各自的研究领域对区域发展质量的内涵做出相应的界定。由于此前的大多数研究围绕区域协同发展展开，主要是将区域发展质量的内涵做系统性的扩充（特别是针对产业协同发展这一单一维度而言），在区域发展质量的内涵不断更新后，区域协同发展质量也逐渐从产业协同发展质量这一单一维度向产业、社会、交通、经济、文化等多维度协同的方向扩展，如富田禾晓（1995）将区域之间的人口、居住、消费、通勤、产业等综合考量后所诠释的协同发展质量内涵，再如帕佩约阿鲁（J G Papaioannou，1996）站在全球系统网络上对协同发展质量内涵的研探等。区域协同发展质量的内涵变化如图 2.2 所示。

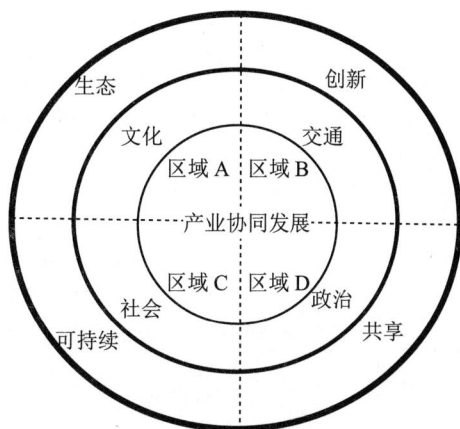

图 2.2 区域协同发展质量的内涵变化

3. 城市群协同发展质量

事实上，城市发展质量和区域协同发展质量各自关注单体城市协同发展质量和系统整体协同发展质量问题。单体城市协同发展质量一般强调一个城市群以一个城市为核心，因此属于城市区域化的研究范畴。单体城市协同发展问题主要关注城市群内的产业分工与协作，以经济协同关系为协同质量优劣的主要分析内容和评判标准，强调通过不同的经济职能分工，发挥比较优势，提高城市群区域内的整体协同效率和发展质量（覃成林等，2010）。系统整体协同发展质量问题强调一个城市群以多个城市为核心，属于区域城市化的研究范畴。系统整体协同发展质量问题主要关注城市群内各系统或各元素之间的相互衔接、促进及协同发展等内容。有两条不完全相同的研究路径，一条路径是继续借鉴单体城市的思路，但在经济协同关系的基础上强化经济、社会、人口、环境和资源等子系统的相互协同（党兴华等，2007）；另一条路径是认为借鉴单体城市的思路没有将城市群和单个城市区分开来，无法体现城市群的特征，只是从若干子系统，如空间结构、规模结构、职能结构、产业结构和生态结构等子系统展开研究（陈群元，2009）。

　　单体城市协同发展质量分析过于片面，却是现阶段我国城市群协同发展的关键。系统整体协同发展质量研究涵盖面广泛，无论是内容、方法等都涉及多学科门类研究，相对而言比较复杂，是未来我国城市群研究的主要关注方向。

　　城市群协同发展质量研究是将城市发展质量和区域协同发展质量两部分研究相结合之后的产物，是把区域协同发展质量研究的方法和内容具体运用到城市群中，把区域协同的范围具体界定在城市群之后的相关序列研究内容中。具体发展过程如图 2.3 所示。

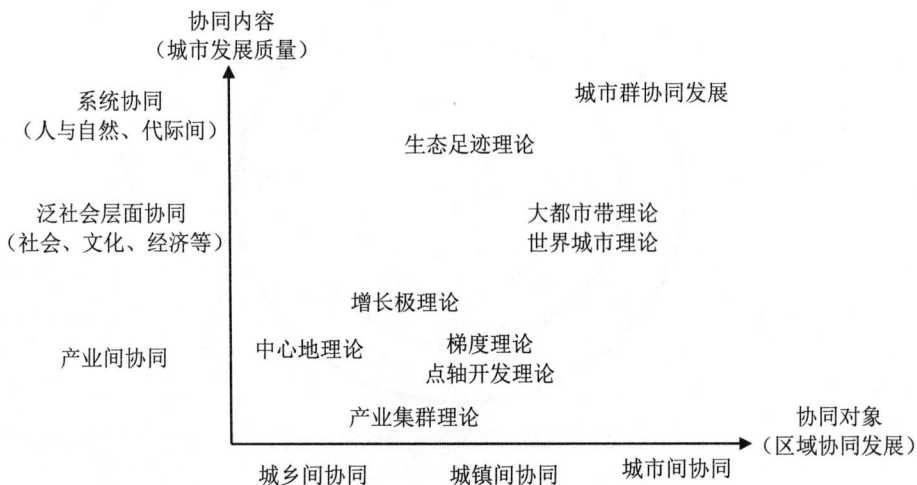

图 2.3　城市群协同发展质量理论的演变路径

　　城市群协同发展可以理解为在城市群的发展过程中，政府和市场两种力量交互影响，使城市群内的各城市之间在经济、社会、基础设施和生态等多方面相互协同与博弈，推动城市群对外的一体化目标不断实现的过程（程玉鸿，2013）。城市群协同发展质量是对这一实施过程中各阶段实际发展情形的某种度量。

　　基于这一内涵界定，城市群协同发展质量的衡量主体是城市群中的各个城市，衡量内容涉及经济、社会、基础设施等。从目标的角度分析，由于城市群发展各个阶段的情形不尽相同，目标因时而异，因此协同的重点内容也存在差异。

2.1.2　城市群协同发展质量的测度与比较

1.城市发展质量的测度

　　城市发展质量的测度是城市群协同发展质量测度的基础。国外对城市发展质量的测度研究主要集中在系统化的城市可持续发展、以生态为侧重点的城市发展及以人的主观幸福感为侧重点的生活质量三个方面。与国外的研究不完全相同，国内主要是借鉴国外相关研究的理念和实践经验，基于从目标内容到实际操作的完整体系，建立相关的测度城市发展质量的指标体系。主要思路是基于城市发展质量的影响因素探索判定城市发展质量优劣的核心内容，进而构建相应的指标体系。比如，马静等（2017）从影响城市发展质量的经济、生活、社会、资源和环境等方面建立了相应的测度指标体系。城市发展质量主要测度指标的变化阶段如表2.1所示。

表2.1　城市发展质量主要测度指标的变化阶段

阶段	主要关注/观点	主要测度指标	主要变化	缺点	典型代表
城市化发展	将城市化水平等同于城市化质量	注重单一指标，如城市人口比重指标、非农业人口比重指标、城市用地比重指标、就业结构指标等	单一要素测评→综合要素测评	注重"数量"，忽略"质量"	Sovani（1964）
物本发展观	将城市经济增长等同于城市发展	考核注重经济效益和数量增长，如城市GDP、人均GDP、GDP增长率等	数量增长测评→质量提升测评	忽略发展中人的主观感受	Ibrahim（1975），Ferrans（1990）
社会发展观	人在城市发展中的中心地位	分为客观和主观两类指标，客观指标主要包括影响人的物质和精神生活的指标，如教育、基建和健康等指标，主观指标侧重衡量人的态度、期望、欲望和价值等主观感受，包括生活满意度和主观幸福感等指标	客观评价为主→主观评价为主	并未包含城市发展的全部内容，无论是经济还是人的主观感受，都忽略了环境	Easterlin（2003），Pavot & Diener（2004）
可持续发展观	经济发展会影响环境，环境会制约经济发展	较为复杂的可持续发展指标体系	偏重生态可持续性→经济社会生态系统评价	—	Lee & Huang（2007）

2. 城市群协同发展质量的测度

城市发展质量的测度内容的主要变化体现为更加系统和复杂、更加考虑人的感受、从静态节点向历史纵深发展等方面。城市群协同发展质量的测度内容也受到这种变化的影响，总体上看整个测度过程更为复杂、主观和系统。但就具体的测度方法和思路而言，测度城市群协同发展质量的具体思路存在一定差异。一种思路是基于系统协调的思路，另一种是差异比较的思路，具体如表2.2所示。

表2.2　城市群协同发展质量测度的两种思路比较

	系统协调	差异比较
主要关注	子系统之间的协同，如经济子系统与环境子系统之间的协同	基于经济趋同和经济收敛，关注区域之间的发展差异
主要区别	侧重测度的内容，如经济、社会等。关注协同的积极方面。与其说是城市群协同测度，不如说是城市群可持续性测度（缺乏主体间比较，只能是可持续性，而非协同性）	侧重测度的对象，即城市群中的城市；关注协同的消极方面；侧重城市群发展中的协同程度，忽略了协同效率（在公平和效率两者中，侧重公平）
常见方法	数学模型法和系统模拟法	单一指标法和复合指标法
主要指标/代表人物	里昂惕夫（数学模型法中的投入产出模型）、克姆伯兰德等（数学模型法中考虑环境约束的投入产出扩展模型）、王浣尘（系统模拟法中的多系统集成层次协调度评价函数）	单一指标法（人均收入、人均国内生产总值、消费支出、就业或失业率等）、复合指标法（基于洛伦茨曲线的方法，如基尼系数和阿提金森不平等指数等，基于等分法方法，如阿鲁瓦利亚指数、库兹涅茨指数和泰尔指数等）

3. 城市群协同发展质量的比较

国内外对城市群协同发展质量问题的相关研究存在一定差别。国外侧重有一定深度的机理性问题研究，如协同发展的阶段性及其质量评价差异、不同协同类型与模式的质量评价差异等共性问题。受研究刚起步以及实用导向的影响，国内更加侧重个性问题的研究，一般多关注质量比较问题，主要有三个比较方向。

一是协同发展质量与速度的比较，一般通过耦合或协调模型进行契合程度比较（张春梅等，2013），或是进一步将两者关系界定为超前、协调、滞后等若干类型（梁振民等，2013），再进一步进行比较研究。二是比较不同类型城市群的协同发展质量，如魏丽华（2016）通过市场化协同比较了京津冀和长三角城市群的协同发展情况，此类研究主要是为了探寻不同城市群之间的协同发展差异问题；孟延春等（2016）通过城市中心性比较了不同城市群的协同发展差异，甚至包括国内外城市群的协同发展比较问题研究（刘敏等，2014；王鹏等，2016）。三是通过比较研究城市群协同发展不同阶段的质量，进而发现城市群发展变化的主要规律，如林寿富等（2017）以生态经济系统为切入点研究城市群协同发展的阶段性问题。

2.1.3 城市群特征与协同发展质量之间的关系

由于城市群特征，如城市群结构（城市中心性）、区位、地位、产业特征（包括产业层次、结构、多样性等）等，会对城市群协同发展质量产生不同程度的影响。因此，城市群特征与协同发展质量之间的关系是相关问题研究，尤其是国内研究的主要关注内容之一。两者间的关系如表 2.3 所示。

表2.3　城市群主要特征与城市群协同发展质量之间的关系

城市群特征	与城市群协同发展质量之间的关系	代表学者
城市群结构（弱中心性、强中心性、单中心、多中心等）	与强中心性相比，弱中心性的城市群协同发展质量较差；在强中心性城市群中，从单中心和多中心城市群协同发展质量的研究结果看，没有明显差异和规律	姚永玲等（2015）；骆玲等（2015）；孟延春等（2016）
城市群规模（面积、人口、产值、城市数等）	大部分研究支持这一观点，即城市群规模与协同发展质量之间呈现先升后降的关系，但这一拐点的位置却会随具体城市群情况不同而有所移动	柯善咨等（2014）；刘兆德等（2016）；王浩等（2017）
城市群区位与地位（东、中、西部城市群；全国性、区域性、地区性城市群）	一般而言，随着东、中、西部的区位变化，城市群协同发展质量逐渐变差，但现有研究并不明显支持全国性、区域性和地区性地位差异对协同发展质量产生影响的观点	杜龙政等（2015）；曾鹏等（2015）
城市群经济发展水平与产业特征（人均可支配收入、人均产值等；产业类别、层级及多样性）	城市群的经济发展水平与城市群协同发展质量之间呈正向相关；第二、三产业较之第一产业，更容易提升城市群协同发展质量；多样性更为丰富的城市群一般协同发展质量会更高	陈国亮等（2012）；韩峰等（2012）

2.1.4 城市群协同发展质量的时空问题研究

联合国人居署（2002）创建了城市发展指数和城市指标准则，在此基础上，后续研究通过修正指标后积极开展城市发展质量的时空问题研究。比如，方创琳等（2011）研究发现中国城市发展质量存在明显的地区差异，并处于发展的中等水平；梁振民等（2013）同样验证了中国城市发展质量存在由东向西降低的层级特征；李成群（2007）从城市群视角分析城市发展质量的空间分布规律，也同样被韩增林等（2009）基于中国地级市数据分析得出的城市"群状分布"的空间特征所验证；王富喜等（2009）针对具体省份，研究了省内城市发展质量的时空变化。

城市群协同发展质量的时空问题由城市发展质量的时空问题延伸而来，主要是将个体发展质量的时空问题转换为群体协同发展质量的时空问题。鉴于经济联系对于城市群协同的至关重要性，很多学者主要从经济协同的角度研究城市群协同发展质量的时空变化问题，如谢磊等（2013）、李琳等（2015）和刘迪等（2016）分别考察了环长株潭城市群、珠三角城市群和哈长城市群协同发展的时空变化；柴攀峰等（2014）从经济和产业联系的角度研究了长三角城市群协同发展的空间布局问题，并将长三角城市群划分为上海凝聚团、南京凝聚团和杭甬凝聚团三大子凝聚团（子城市群）；武义青等（2015）不仅研究了协同发展的时空变化，还进一步对不同城市群（京津冀、长三角和珠三角城市群）进行横向比较；周克昊等（2014）通过建立一定的复合性指标体系，测度并分析了长江中游城市群综合协同发展质量的时空问题。

2.2　产业空间分异

产业空间分异包括分工细化之后的产业细分，以及细分后的产业在相互关联的地理空间上的布局。产业空间分异过程与城市群发展阶段之间存在相互促进和彼此影响的关系。

2.2.1　产业空间分异的内涵诠释

产业空间分异的研究起源可以追溯到亚当·斯密（Adam Smith，1776）的分工理论，这种表述为分工的任务环节分离现象一般是基于产业视角的。近几十年来，国内外研究对此部分内容的主要关注集中在第二、三产业的分离上（Krugman et al，1991；Abraham，1996；Fujita et al，1999；陈耀，2007；陈国亮等，2012），尤其关注第二产业中的制造业和第三产业中的制造服务业不断分离的现象（Sam O P et al，1998；Taylor P J et al，2003；Boiteux O C et al，2004；吉亚辉等，2014；王海江等，2014；吴福象等，2014；陈洁等，2015），以及由此引发的制造服务业外部化分离浪潮（Rowthorn R et al，1999；Desmet K et al，2005）。这种分离对生产效率的提高乃至对整个经济社会发展的积极影响已经被国内外绝大多数研究成果所验证（Daniels，1985；Goe，1990；江静，2007；陈菁菁，2011）。

同时，基于产业和空间视角对分离问题进行的研究应该肇始于区位理论，包括杜能（Thunnen，1826）的农业区位论、韦伯（Weber，1909）的工业区位论、霍特林（Hotelling，1929）的区位竞争理论、克里斯泰勒（Christaller，1933）的中心地理论、勒斯（Losch，1940）的市场区位论等一系列区位理论的延续和发展。区位理论为产业空间分异提供了启发式的思维，但囿于新古典经济学中空间不可能定理的局限，尤其是其中的均质性假设限制了空间维度进入一般性分析框架，因此空间问题虽然已被提出，但是产业空间性问题的研究进展一直比较缓慢。

这一缺憾直至以新经济地理（New Economic Geography，简称 NEG）为理论核心的空间经济学出现才得以弥补。NEG 以规模报酬递增、不完全竞争和运输成本的市场结构为假设基础，验证了产业可以在不同的地理空间上分离（Krugman，1991），并构建了中心—边缘模型（Core-Periphery Model，简称 C-P 模型），但此时的产业分离只是简单地针对农业和制造业。后续学者在 NEG 框架下，不断完善 C-P 模型，重点是增强空间分异产业之间的联系性，如 Krugman 等（1995）、Fujita 等（1999）根据垂直关联关系构建的 CPVL 模型。

根据产业空间演化过程中对集聚和分离的阶段划分理论，产业空间分异属于更高级的阶段。与前一阶段的产业集聚形式相比较，此阶段的产业分离形式需要更细分的产业类别、更大规模的产业力量及更有效的产业衔接。目前，对于产业集聚形式的主要研究对象——产业集群而言，由于其问题本身的多样性和复杂性，学者又多来自管理学、产业经济学、地理经济学和社会学等不同领域，并试图从不同的视角理解产业集聚问题，因此连产业集群研究还处于不断完善的阶段，其内涵界定直到现在还不完全统一，更不用说比产业集群更为高级的产业空间分异的内涵了。

基于对现象的观察，产业空间分异是指在以产业集群为典型代表的集聚行为不断内聚、膨胀、裂变和深化后，出于同质化产业规模集聚的内在需要，在较大的地理区域范围内（如城市群）分离并重新组合集聚（黄蕊等，2013），从而形成不同产业类别（典型如高商务成本的服务业和中商务成本的制造业）在地理空间上分异（但彼此间协同可能较集聚时更为紧密）的产业演化形式。这种产业空间分异以产业间更为有效的协同为基本保证（刘艳军等，2009），以同质化产业在地理上更为紧密的规模集聚为表现，以规模性成本降低和集聚性创新激发为突破方向（Han X et al，2012），最终表现为区域内（城市群内）分异、区域层面上（整个城市群）集聚的，比原有产业集群更大规模的城市群产业集聚体，从而以城市群为单元参与外部竞争，形成更强大的竞争能力。

　　沿着以上内涵发展的脉络并综合来看，产业空间演化包括产业空间集聚、产业空间消亡、产业空间转移和产业空间分异四种形式。其中，产业空间集聚是初始和必要环节，没有集聚就没有后面的消亡、转移和分异环节，其结果是形成产业集群。产业空间消亡是产业空间演化的结束，产业规模缩减直至消失，产业层级降低或是消失。产业空间转移一般是指受到发展约束的产业集群向低成本区域转移，其结果是产业集群的整体转移或异地复制，因为分工并未更加细化，所以产业规模变化不大，产业层级不变甚至降低。产业空间分异包括转移和再集聚的过程，转移并非产业网络的完整转移，而是低端制造环节转移到外围区域（城市），高端的制造服务环节及先进制造业集中转移到核心区域（城市），最终是核心和外围区域（城市）的分别再集聚，具体如表2.4和图2.4所示。

表2.4　产业空间演化主要过程的产业和城市要素分析

过程	进一步发展	结果	产业变化情况		城市变化情况	
			产业规模	产业层级	城市规模	城市层级
产业空间集聚→产业空间消亡	－	集群消亡	缩减直至消失	降低直至消失	缩减	降低
产业空间集聚→产业空间转移	整体转移	集群转移到他处	基本不变	不变甚至降低	迁出地不确定，迁入地扩大	迁出地不确定，迁入地提升
	异地复制	多个同类或近似的集群	单个集群不确定，集群总体扩大	基本不变	母城市不确定，子城市扩大	母城市不确定，子城市提升
产业空间集聚→产业空间分异	制造业集中于外围和边缘城市	按产业梯度布局的城市群体系	整个城市群的制造业规模不确定，制造服务业规模扩大	整个城市群制造业和制造服务业的层级均得到提升	核心、外围和边缘城市的规模变化不确定	核心、外围和边缘城市的层级均得到提升
	制造服务业和先进制造业集中于核心城市					

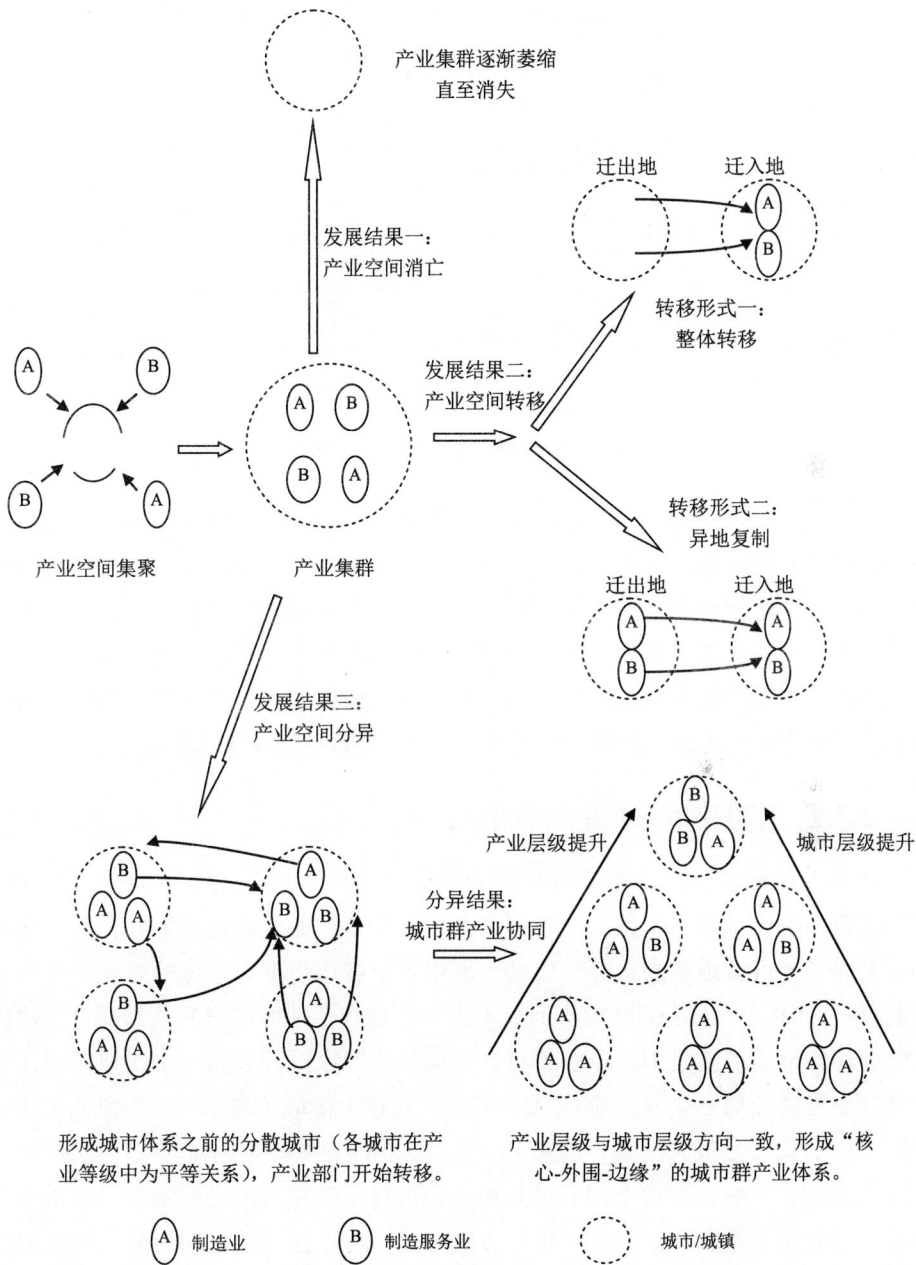

产业集群逐渐萎缩
直至消失

发展结果一:
产业空间消亡

迁出地　迁入地

转移形式一:
整体转移

发展结果二:
产业空间转移

转移形式二:
异地复制

产业空间集聚　　产业集群

迁出地　迁入地

发展结果三:
产业空间分异

产业层级提升　　城市层级提升

分异结果:
城市群产业协同

形成城市体系之前的分散城市（各城市在产业等级中为平等关系），产业部门开始转移。

产业层级与城市层级方向一致，形成"核心-外围-边缘"的城市群产业体系。

Ⓐ 制造业　　　Ⓑ 制造服务业　　　◌ 城市/城镇

图 2.4　产业空间演化的主要过程

　　如果对应城市，产业空间分异的结果可能是产业部门按价值层级与城市群的城市层级相互匹配，形成城市体系与产业体系相互嵌套的格局（见图2.5）。

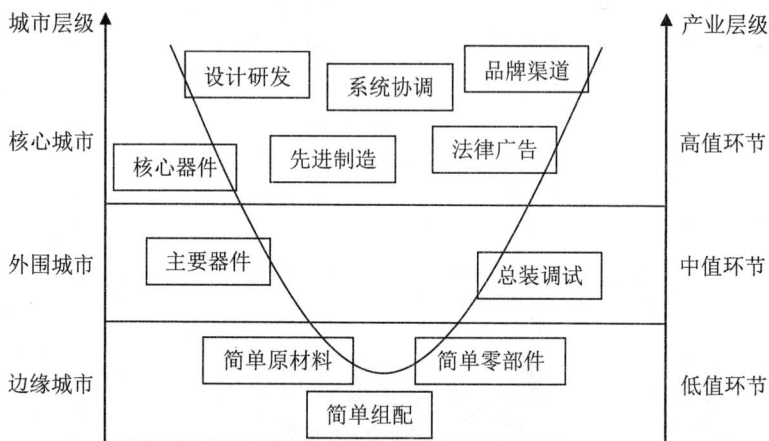

图2.5　产业空间分异后的城市群层级与产业层级（微笑曲线）

归结起来，产业空间分异描述这样一种现象：产业分工深化，不仅分工环节和部门更多、规模更大，而且需要将高端的（产出非标准化产品的制造服务业）产业环节和部门规模化水平集聚，将中低端的（产出标准化产品的制造业）产业环节和部门链条化垂直集聚，因此原有区域或城市无法完成这种庞大的产业区域化组织方式，需要按照城市体系（城市群）的方式组织，最终表现为高层级城市的制造服务业规模化水平集聚、低层级城市的制造业链条化垂直集聚这一结果。

2.2.2　产业空间分异的表现形式

从产业维度看，产业空间分异是产业集群在更大地理空间上分化和集聚的行为过程，是以城市为个体、城市群为整体的一种产业空间演化形式，其最终结果是形成一个以城市群为边界、以城市群中各个城市为参与个体的产业集群形式（魏丽华，2016）。对于那些国土面积不大、只包含个别城市群的国家而言，这种演化的最终形式可能是国家产业集群，也即整个国家对外成为一个产业集群，从而使产业集群经历一个从局部区域（城镇）到较大区域（城市），再到更大区域（城市群），最后是最大区域（国家）的规模扩张的完整演化过程。

从地理维度看，产业空间分异是城市化进程不断深入的必然结果。城市是人类社会发展到以非农产业为主导生产方式之后的标志性产物，因为只有城市能承载分工更为细致的工业和服务业（Duranton G et al，2000）。地理上邻近的城市之间会产生社会、经济、文化等多种联系，其中最为紧密的是经济和产业上的联系（Peter H et al，2006）。由于资源禀赋、区位、政治，甚至是偶然因素等原因，相邻城市之间的相互关系不断变化（柳坤等，2014），不同城市之间联系紧密度不断增强，联系方式和渠道也日益复杂和多样化。在此过程中，一部分城市层级提升成为核心（中心）城市，主导产出效益更高的产业环节（张学良，2013）；另一部分城市成为中圈城市，主导低端制造业，为核心城市提供低值的简单产业劳动；还有部分城市变为外围城市，主要提供原材料、农产品及生态休闲旅游等，最终形成了产业空间分异和城市层级结构特征明显的城市群。产业空间分异的主要表现形式如表2.5所示。

表2.5　产业空间分异的主要表现形式

主要表现形式	概要描述	表现形式的演化路径	主要观点与代表学者
产业集群的地理范围扩大	产业集群的城市群化	集聚的地理单元不断扩大：从村镇到县域，再到市域，最后是城市群	产业集群的规模由分工程度决定，而更细的分工则需要更大的参与规模（Rosenthal S S et al，2004）；集聚效率与集聚规模之间存在关联性（曹聪丽，2017）
城市间的产业分化与协同	城市群的产业分工协同化	城市之间的分工不断深化并协同：从每个城市做同样的事，到不同的城市做不同的事但低效协同，最后是有序分工并高效协同	大城市发挥管理和服务功能，中小城市则负责生产（Kolko，1999；Duranton et al，2005）；城市群中城市的功能由产业地位决定（马燕坤，2016）

随着分工的不断深入及资本对规模经济利润的不断攫取，相同或不同产业开始聚集并协同，这一态势从工业化时代开启至今从未停止过，区别只是协同聚集的产业类别、聚集的地理空间和规模、协同的程度等不尽相同。可以说，整个工业化发展时代就是一个产业协同聚集形式不断演化的过程。

本质上看，产业空间分异的核心思想是协同集聚。对于协同集聚，不同的切入点对应不同的分析思路，导出不同的驱动机理。现有关于产业协同聚集形式的研究成果可以归结为四类（见表2.6），四种理论的关系如图2.6所示。就产业协同聚集的研究聚焦而言，四种理论各有侧重。社会网络理论注重产业维度上企业之间关系的研究，这些关系被抽象为可以理解的拓扑结构，但基本没有考虑地理因素，不存在对协同聚集地理异质性的考量。

新制度经济理论在中观和微观层面上兼顾了企业之间协同聚集的地理空间因素，弥补了社会网络理论在具体应用中的不足，但由于其聚焦于非宏观层面，很难把握不同产业之间的协同聚集问题，因此虽然对理解演化有很大帮助，但在具体指导产业规划上存在缺乏操作性的问题。

表2.6　产业空间分异的协同聚集研究分类

分类	代表人物	主要观点	不足
新经济地理理论	Marshall；Krugman(1977)；Arthur W(1994)；Villar & Rivas(2001)；Andersson(2004)；等	产业分工，协同聚集，规模报酬递增，中心—外围	基于宏观和中观层面，缺乏微观视角，异质性差异欠考虑，多关注产业驱动机理，社会网络、企业行为及系统性视角研究不足
新制度经济理论	Coase(1937)；North(1974)；等	协同聚集是介于企业和市场之间的一种中间形式，其演化与产权诉求、科层变化等密切相关，解释了产业协同聚集形式演化的重要微观动因	基于中观和微观层面的驱动机理解释性强，但丢失宏观性产业布局视阈，不利于通过完整理解协同聚集的演化趋势从而全面把握产业的整体布局
社会网络理论	Johnson & Mallsson(1987)；Powell(1990)；Uzzi(1997)；Davidsson & Honig(2003)；等	网络有一组相互支持、相互协作的企业形成，网络是分工协作的表现，网络形式差异是协同聚集程度差异造成的，其演化也表征了协同演化过程	关注协同聚集与网络的关联，实质上是对产业维度的关注，但忽略了地理维度的关注，将协同聚集的产业和地理两个维度的联合关联简单剥离为产业维度的关联，单独研究企业在产业维度上的网络问题，不利于找出地理空间上的差异
生态系统理论	Fretwell(1972)；Hannan & Freeman(1995)；等	协同聚集如同生态圈中的种群共生，协同演化如同生态演化	观察视角更为系统，但缺乏经济学理论的支持，不被主流经济学接受

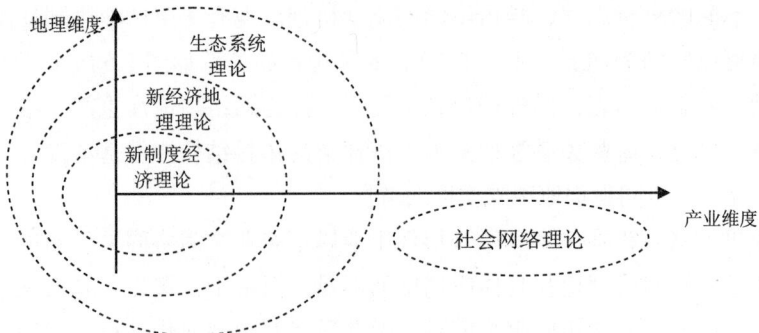

图2.6　四种理论之间的关系

相较而言，新经济地理理论更关注宏观层面，有助于把握产业之间在不同地理空间上的协同聚集问题，有利于提出针对性较强的产业政策，但在市场微观主体行为方面的解释力度不如新制度经济理论有效，并且存在囿于经济范畴的问题。

生态系统理论以地球生物系统为比较样本，研究产业生态系统，考量范围更宽泛，理论兼容性更强，相关研究目前处于探索阶段，还有很多问题需要分析解决，尤其是其与经济理论的接口问题，如果该问题不能很好地处理，将存在不被主流经济理论接纳的可能。

2.2.3 产业空间分异的发展过程

产业空间分异是产业空间演化的高级阶段，是产业空间格局在更大地理范围内演化的一个关键环节，是更大规模、更细致分工和更高效协同的产业变化趋势下的一个时空响应过程。产业空间演化的整个发展变化以及其中的产业空间分异过程的发展变化，都是产业空间理论和实践问题的重要内容。

产业空间研究主要是从现象发现开始的。始于 20 世纪中期的中小企业规模化集聚现象引起了大量学者的关注，其终结了彼时被当作铁律对待的福特制生产方式，验证了韦伯（Weber，1909）提出的产业发展的两阶段论，即第一阶段是"通过企业自身的规模扩大而产生的规模优势"，福特制就是这一阶段的代表；第二阶段是"企业之间通过相互联系而实现的地方工业化"，产业集群是这一阶段的代表。

此后，沿着实现集聚的规模效应、知识溢出、交易成本、资源禀赋、全球价值（供应）链、竞争优势等积极效应的方向，很多学者不断丰富和发展了产业空间演化在集聚阶段的发展变化形式，包括路径依赖形式（Krugman P，1991；朱英明等，2011）、合作竞争形式（Allen J S et al，1995；Hubert S，1999；波特，2005）、社会网络形式（Theo J A et al，1999；Douglas H et al，1997；James S et al，1999；Roberta C et al，1999）、生命周期形式（Steven K，2010；Maria D G et al，2012）。

产业集群受制于集聚力和分散力之间的平衡。集群形成早期集聚力大于分散力，吸引企业不断进入，从而规模扩大；成熟阶段集聚力和分散力维持相互平衡，规模保持稳定。但产业集聚的规模不可能无限扩张，当集群规模在一个限定区域内达到承载极限的时候，分散力大于集聚力，稳定态势出现松动（汪彩君等，2011），集群或者解体，或者简单地向低成本地区转移，或者在更大区域内"解构、聚合、重构"。第一种形式属于集群衰败，第二种形式由于未能有效提高创新力和生产率，只是寻求更便宜的劳动力和更便捷的资源途径（毛广雄等，2016），故层次没有提升，第三种形式属于层次跃迁的过程，因这种形式通过解构原有产业关联关系，突破地理上的产业发展瓶颈，再在更大规模的地理范围内聚合产业元素，重构了产业协作的方式。

从以上分析可以得出，产业空间演化包含产业空间集聚、产业空间转移和产业空间分异三个过程，其中，产业空间集聚是基础性和早期性阶段，没有集聚，就没有此后的转移和分异的过程。产业空间转移的一种情况是简单地转移产业以寻求更加低廉的产业资源（徐维祥等，2005），另一种情况是分异的必要过程，因为解构原有集群的关联关系再聚合新的关系时，必须进行必要的产业转移，这种转移是产业部门间重新聚合和重构的前提。产业空间分异是更高层次的演化，是产业空间表现形式在规模和层次上均有质的跃迁的过程（见图2.7）。

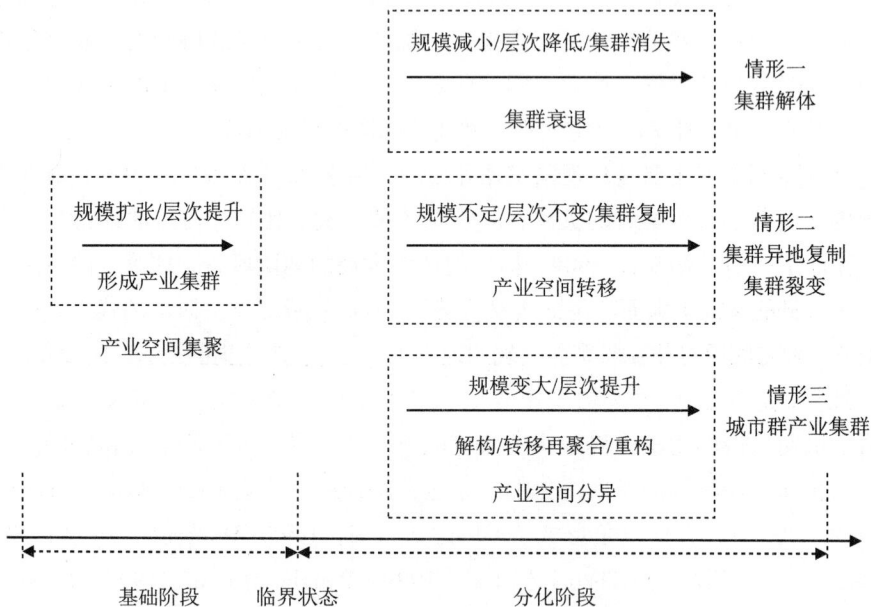

图 2.7　产业空间演化的主要过程图

2.2.4　产业空间分异的影响因素和形成机制

产业空间分异是产业空间演化过程中位于产业空间集聚之后的空间重构行为过程，一般而言，影响产业空间集聚的因素同样会影响产业空间分异。在这其中，Marshall（1920）关于空间外部性的阐述，是产业空间集聚也是产业空间分异的重要影响因素。空间外部性主要包括产业部门之间的投入—产出关联关系（产业关联）、劳动力的可得性（资源共享）以及面对面知识交流所带来的新思想（知识溢出），它们共同构成了集聚的规模外部性。由于产业关联和资源共享蕴含"金钱"效应，而知识溢出蕴含"技术"效应，因此在这种空间规模外部性的基础上，Scitovsky P（1954）进一步将其归结为"金钱外部性"（Pecuniary Externalities）和"技术外部性"（Technological Externalities）。

由于产业空间集聚更加注重前后向关联产业在临近区域内的分布（李舸，2011），而产业空间分异更多强调平行关联产业在临近区域内的分布，相较而言，产业空间集聚更注重金钱外部性，而产业空间分异更注重技术外部性。某种程度上，以劳动密集和资本密集为主的中低端制造业侧重成本利润，以技术密集为主的先进制造业和创新产业侧重技术和知识的外部交流，因此，中低端制造业发展以产业空间集聚形式为主，而先进制造业和创意产业以产业空间分异为主，这也能解释演化过程中集聚先于分异的原因。

技术外部性的主要效应是知识溢出（Romer P，1986）。因为集聚发展到后期，同样的产业组织范式下规模扩张已近瓶颈，简单的成本导向只能将集群发展引向衰退或是转移以寻求资源洼地，延缓规模瓶颈制约发作的时间。但无论如何，产业空间集聚在同样的产业组织范式下很难突破瓶颈，转向技术外部性成为唯一选择，唯有创新及其所带来的生产率提升才是产业空间继续向高层次阶段演化的唯一出路。

技术外部性侧重知识外溢（Lucas R E，1988）。知识的某些特性可能是技术外部性有别于金钱外部性，从而能够将产业空间演化从集聚瓶颈困境中走出并跃上更高层次的原因所在。Hohenberg T（1985）等人研究发现知识会影响经济主体的空间地位，这种影响基于知识的非竞争特性，并将其解释为他人（包括个人和企业）使用知识不仅不会减少其他使用同一个知识内容的机会，甚至由于共同使用并交流会创造更多知识。因此，经济主体间通过知识的交流互动既给自己带来外部性好处，也利于新知识的创造（Stigler G J，1961）。传统上认为，知识溢出会因包括即时通信技术在内的信息交流手段的不断发展而越来越不受空间距离的限制。但大量研究证据证明，因为"面对面"交流会极大降低"非面对面"交流所带来的信息扭曲风险（Hagerstrand P，1953；Gaspar J，1998），因此知识的距离衰减并未因信息交流技术的发展而消失，同质企业更可能相互靠近以便让员工之间更好地理解非编码知识（Tauchen H，1984）。

除此以外，产业空间分异还存在三个重要的影响因素：交流成本、商务成本和运输成本。

交流成本的变化，尤其是信息技术对交流成本变化的影响，是形成产业空间分异的关键因素。Keller（1986）注意到了交流网络对产业空间分异的影响；Taylor 等（2003）和 Kolko（2007）进一步研究发现产业空间分异的形成主要源于知识的外溢及交流成本的降低，其中交流成本降低主要依赖信息技术的进步实现；

Gallagher（2013）也发现产业空间分异受到运输成本和交流成本的制约，前者容易制约第二产业，后者则更容易制约第三产业。

商务成本是形成城市层级差异的重要力量，Vining R（1942）和 Duncan（1950）分别从商务成本的角度研究了城市群和城市体系。高层级城市的商务成本高，只有附加值和产出效率较高的第三产业和高端制造业能够在此类城市生存，而中低端制造业被迫迁往中层级城市甚至是更低层次的城市。每个产业部门或环节的企业根据自己的产出效率和附加值高低选择商务成本相匹配的城市，从而使城市群和产业同时形成垂直体系层级。

运输成本同样积极影响着产业空间分异，尤其是第二产业空间分异的形成。尽管 Ellison 等（2010）和 Arhansya(2010) 发现投入产出关系和共同劳动力市场对空间集聚的形成至关重要，而 Emma Howard 等（2012）发现技术外溢和投入产出关联性是产业集聚的重要力量，但集聚后的分工协作程度，即产业空间分异程度主要受到运输成本的影响，并且 Venables（1996）和 Amiti（2005）也发现运输成本与协作程度之间呈现"倒 U 型"关系，Koh H J（2009）的研究也发现这种影响不仅存在于垂直产业关系中，还存在于水平产业关系中。

交流成本和运输成本是可以同时纳入产业空间分异分析框架的，Alonso & Chamorro（2001）同时将交流成本和运输成本纳入分析框架，研究了制造业（可以理解为第二产业）和制造服务业（可以理解为第三产业）企业的区位选择问题，Astrid Krenz（2012）及赵伟和邓雯雯（2011）也考察了运输成本对产业空间分异，尤其是第二产业、第三产业空间分异的影响。

产业空间分异是集群问题深入研究的结果，其形成机制研究不仅包含集群研究中的单个产业的地理集中问题（Marshall，1920；Krugman，1991；范剑勇，2004；梁琦等，2006），还涉及多个产业的集聚、深化和协作问题（Crenz，2010；Jacobs et al，2013；路江涌和陶志刚，2006）。

Fujita（1999）等认为产业部门之间的关联包括垂直关联和水平关联。其中，垂直关联一般是指产业协作链条中的上下游产业部门之间有形的物质联系。垂直关联与金钱外部性密切相关。水平关联一般是指产业协作链条中的产业部门之间的有形或无形的联系，有形联系包括直接为制造业提供技术、资金、法律和广告等服务的制造服务业；无形联系是指某类服务业虽未对某类制造业提供直接服务，但由于和该类制造业的服务业企业相临近并影响这些服务业企业的知识、理念、作风、效率等，从而无形中间接影响了该类制造业。水平关联与技术外部性密切相关。产业空间聚集与产业空间分异两者间的优缺点及适宜比较如表 2.7 所示；产业空间聚集与产业空间分异的影响因素和形成机制的比较如图 2.8 所示。

表2.7　产业空间集聚与产业空间分异比较

分 类	优 点	缺 点	适 宜
产业空间集聚	围绕某一产业的横向和纵向网络集中于同一区域，利于迅速发展该产业	狭窄区域内网络集中过密，容易造成集聚过载；产业和产业之间对服务业的共享性较差，容易造成公共性服务业资源重复投入和效率低下	单一产业集聚（产业集群），产业发展早期，经济体量较小（涵盖的城市或城镇数量不多）的国家和地区
产业空间分异	多种制造业的服务业集聚，利于创新和降低成本；制造业按照产生价值的高低合理分布在商务成本匹配的城市，体现城市群的级差地租对产业布局的影响	对产业规模、城市数量、产业分工、协作水平的要求较高	存在一定城市群规模的国家和地区，以城市群为竞合单元的产业空间演化中后期

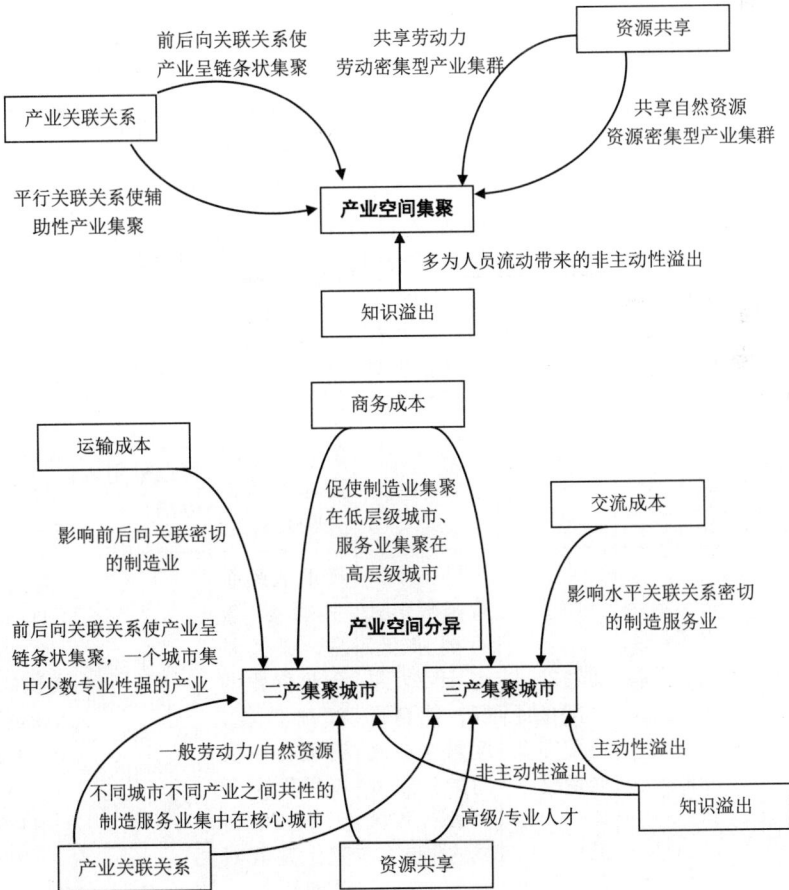

图 2.8　产业空间集聚与产业空间分异的影响因素和形成机制比较图

2.2.5 产业空间分异的度量

产业空间分异是产业集群的转移再集聚过程，具体描述为第三产业，尤其是制造服务业，以及先进制造业在核心区域（城市）集聚；第二产业，尤其是制造业，包括整个非核心的制造业链条依次在垂直区域（城市）集聚。依据这个描述，产业空间分异的度量也主要围绕集聚进行，因此理清已有的产业空间集聚度量方法，能够更好地帮助解决产业空间分异度量问题。当然，由于产业空间集聚只涉及单一区域内产业类别间的集聚问题，而产业空间分异涉及多类别和多区域（城市）的产业集聚问题，因此，在已有的产业空间集聚度量方法的基础上，还需要根据具体情况做进一步分析和修正。产业空间集聚的度量方法见表2.8。

表2.8　产业空间集聚的主要度量方法分类

度量方法	代表学者	度量内容	优　点	缺　点	适　用	典型应用
E-G 指数	Ellison G & Glaeser E L, 1997; Ellison G et al, 2010	同一区域不同产业部门间的集聚情况	不需要企业位置数据，只需要按照行政区划内产业数据计算，因此数据较容易获取	只度量了产业维度的联系，没有度量地理维度的联系（纯粹的地理距离），即便对产业维度，也只是一般意义上的部门间关系，而非前后向关联关系	不考虑产业前后向关联关系，只是从一般意义上研究某个区域两个产业部门的集聚程度度量以及区域之间的比较，可以采用该方法	Rosenthal S e t al(2001) 对美国、Salvador B et al(2004) 对欧盟、Salvador B et al(2005) 对爱尔兰和葡萄牙、路江涌 等 (2006) 和高丽娜等（2012）对中国的研究
D-O 指数	Duranton G & Overman H G, 2005, 2008	通过企业之间的距离度量集聚情况	对函数形式的要求低，统计效果好，能精准度量企业之间的集聚并突破行政区域的限制	严重依赖企业微观数据，尤其是企业位置的精确数据，突破行政区域反而不利于政策研究，尤其对中国而言	小范围的集聚问题研究，拥有大量准确的企业微观数据	Klier T et al(2008) 对美国的汽车、Nakajina K et al (2012) 对日本、袁海红 (2014) 等对北京的研究

度量方法	代表学者	度量内容	优 点	缺 点	适 用	典型应用
Coloc 指数	Stephen B et al, 2016	测度更小空间尺度的跨区域企业微观集聚	突破 E-G 指数中对行政区域的限制，突破 D-O 指数中对企业成对数据的要求	要求更为微观的数据	对 E-G 指数和 D-O 指数的改进，城市内部产业集聚	Stephen B et al(2016) 所进行的研究
y 指数 / Coaggl 指数	陈国亮等，2012；杨仁发，2013	根据产业集聚差异来衡量区域（城市）产业间的集聚程度	结合中国区域（城市），操作性强	产业之间的关联性考虑不足	区域，尤其是城市产业间的集聚度量	陈晓峰 等(2014) 所进行的研究
Ø 指数	刘月，2016	修 正 的 E-G 指数	既能反映产业间协同的质量，还能反映产业间协同的高度	产业之间的关联性考虑不足	适合城市的产业集聚度量	刘月(2016) 所进行的研究

2.3 产业空间分异与城市群协同发展质量的关系

产业空间分异的最终结果是产业空间结构与城市群空间结构的相互嵌套，城市群内部的城市之间由此可以依靠有效的产业分工和高效的协同运作来维系整个城市群的共生发展。一方面，产业空间分异的结果会影响城市群协同发展质量的优劣；另一方面，城市群协同发展质量不仅是城市群发展的重要度量和表征，也会通过城市功能定位影响和制约产业空间分异的发展及优化方向。

产业空间分异追求分工带来的专业化收益，无论是产品分工关系还是功能分工关系，都是为了追求更高的专业化的收益，而城市群是实现专业化收益的空间载体，城市群协同发展是具体的实施手段和过程。城市群与城市相比较，协同难度更大，协同成本更高，由此可能会产生更高的交易成本，但产业空间分异也会产生更高的专业化收益。城市群和城市一样，也是起源于产业分工带来的专业化收益及其产生的交易费用之间的相互权衡（杨小凯等，2003）。

2.3.1 产业空间分异过程与城市群结构变化过程的耦合形式

产业空间演化最初形成的是城市个体上的产业集聚，产业协作一般在较小的地理范围内发生，跨区域尤其是跨城市的产业协作规模不大，其结果是形成大量在地理上临近但在产业链上分散的城市。

一种情况是在不变的产业分工与协作模式下，一定区域内的产业集聚规模将会达到区域承载能力的极限（汪彩君等，2011），集群将会以各种方式转移从而寻求承载能力更高的产业洼地（徐维祥等，2005）。另一种情况是集群会通过更细致的产业分工和更紧密的协同，突破区域承载能力的限制，但这种更细致的分工需要更大的地理空间作为更紧密协作的平台，因此原有的城镇甚至城市的空间已经不能够容纳膨胀后的产业集群，尤其是多个关联性较强的产业集群共同在一个区域内协同共生发展时，这一问题更为明显。

后一种情况的结果就是产业空间分异，因此产业空间分异的过程始终与地理空间的扩展尤其是从城市扩展形成城市群相互伴随。这种相互伴随所产生的耦合关系有不同的形式，直观展现了产业空间分异过程与城市群结构变化之间的联系（见表2.9）。

表2.9 产业空间分异过程与城市群结构变化的耦合形式

形式	主要观点	主要关注	理论基础	分析思路	典型城市群/代表学者	评价
产业主导型	产业空间布局变化是城市群结构变化的前提和基础。城市群中城市的层级和功能定位受到产业空间布局后产业环节或部门层级的影响	主要关注产业维度，认为是产业分工带来的产业层级差异（这种差异可能源于资源、区位、行政，甚至是偶然因素），逐渐形塑着城市，并最终在产业协作体系中将城市分化为不同的等级，从而形成城市群	区位理论、新经济地理理论	由产定城，产业的基础性决定力量，产业链梳理城市体系	珠三角城市群，刘振新等（2004）、李晓莉（2008）、朱政等（2011）、程玉鸿等（2014）	这种形式注重产业链条的前后向协同关系，把协同效率作为主要关注，认为产业是主要推动力量，重视金钱外部性，适合通过产业来引导城市发展的思路，适合协同要求比较高的标准化产业链，以产促城可能会较大程度上改变城市面貌，城市之间的经济联系更紧密

形式	主要观点	主要关注	理论基础	分析思路	典型城市群/代表学者	评价
城市主导型	城市群结构是产业空间布局变化的前提和基础。产业空间布局过程中具体环节或部门分布在哪里，由城市群中各个城市的具体情况所决定	主要关注城市特质，认为不同的城市特质吸引不同的产业要素集聚，如宜居开放的城市容易吸引知识密集型产业，交通便利和资源丰富城市容易吸引资本密集型产业，人口众多城市容易吸引劳动密集型产业，从而引导产业空间分异的方向	级差地租理论、要素匹配理论、锚定理论	由城定产，城市的基础性决定力量，从城市层级分析产业链	成渝城市群，孟祥林（2015）、李凯等（2016）、等	这种形式注重原有城市的发展基础，按照城市特质引导产业布局，认为原来集聚于城市中的要素更容易通过自由交流激发创新源泉，重视知识外部性，适合按照城市差异布局产业，适合非标准化产品及创意要求高的产业，以城促产可能更容易集聚匹配产业，城市之间的社会、文化、经济等综合联系更紧密
互动融合型	无法确实分清两者之间谁是基础性前提。两者彼此间相互作用、相互影响、相互促进	产融入城，城融入产，产城融合，两者界限日益模糊。主要关注产城互动融合发展	系统发展理论、进化理论、社会生态理论	交互分析，研究城市是否适宜产业发展，产业是否促进城市发展	长株潭城市群，黄萍华（2009）、汤放华等（2010）、熊雪如等（2013）、周作江（2016）、等	两者兼有之，通过政策力量规划产业链在城市之间合理布局，通过市场力量吸引产业自愿布局，关键是两种理论形成良性互动

2.3.2　产业空间分异提升城市群协同发展的动力机制

Krugman P（1999）和Ottaviano（2012）等人的研究均未注意到产业空间分异与城市格局以及城市群结构之间的关系和效应，Aranya（2008）却观察到了这种组织重构及其空间效应，Meijers & Burger（2009）将城市体系（城市群）的空间结构具体描述为单核（单中心）和多核（多中心）两种情况，Anas（1996）则认为无论何种城市群结构都是外部规模经济、交通成本、交流成本和商务成本等权衡的结果。陈良文和杨开忠（2007）在此框架下的研究发现，考虑区域内部空间效应和外部经济效应之后，即使不存在交通成本，同类产业也会集中。企业区位选择的去中心化行为（Shukla, 1991）以及空间重构行为（吕卫国和陈雯, 2009）产生了多中心现象。

金贤峰等（2010）考察了在信息技术和级差地租等因素的作用下，产业在空间维度上的扩散和再集聚趋势以及随之而来的城市圈层结构现象，而这与城市群圈层结构非常相似。

随着环境的变化，企业的区位选择及跨区域发展行为深化并扩大（Fujita & Gokan, 2004），引发了集群转移（Benner, 1999; Kalnins & Chung, 2004; 陈耀等, 2008）及集群间分工（陈建军等, 2009）等现象，产业在空间上的离散化趋势越发明显，对城市群的直接影响是城市发展动态与产业发展的时空格局变化相呼应。从全球视野来看，Wall（2009）关注到了跨国公司基于模块化生产驱动和地方产业组织镶嵌的全球产业链重组行为，正在打破和重新塑造世界的城市群落格局。Friedman（2006）通过跨国公司总部的集聚和转移观察世界城市群落的变迁。宁越敏和李健（2006）也发现上海的城市化发展很大程度上缘于全球化的产业空间重组。

从地方视野来看，基于要素差异的不同产业偏好选择使城市群落中的各个城市通过专业和协作行为获得较为均等的发展机会（刘友金和罗登辉, 2009），同时避免城镇化进程中的产业冲突（魏后凯, 2007）。

Alonso Villai（2001）认为产业空间分异和城市之间的外部空间协同效应产生于城市群中同类企业交流成本降低及区际运输成本增加的共同作用下的跨越行政区界的企业行为。Venables（2011）和赵伟（2013）的研究发现这种协同存在层次性，主要取决于生产率差异条件下的劳动者空间选择行为和城市分层趋势。同时，标准化和非标准化的生产环节可能分布于不同规模的城市中（Henderson, 2002），使城市功能中体现出显著的产业专业化特征差异（Duranton & Puga, 2005），为协同创造基础。

产业空间分异提升城市群协同发展质量的动力机制可以描述为：产业纵深发展所必需的更为细致的产业分工最终引致细分后各环节的高度协同要求，进而由产业协同伊始，触发社会、文化、经济等多维度、多层级和系统性交融，最终提升城市群整体协同发展质量（见图2.9）。

随着集聚规模的不断扩大，产业集群内部企业将面临更多的不确定因素，这就需要集群企业具有明确的技术方向或较强的技术创新能力来应对市场竞争的不稳定，从而引发了强烈的产业集群深度演化要求（William S et al, 2006），而深度演化的方向就是更细致的产业分工。细分后的产业需要面对两个问题，一是同类产业之间的规模化集聚，二是关联产业之间的高度协同。前一个问题是产业空间分异的过程，后一个问题是产业空间分异的目标。产业分区域的专业化集聚突出了人的专业化和物的专业化，进而产生了各类人群、企业、产业组织和社会组织之间有序的专业化分工和协作网络（仇保兴，2004），这些无形的分工协作关系网络以及网络存在的有形物理空间载体，共同构成了城市群。

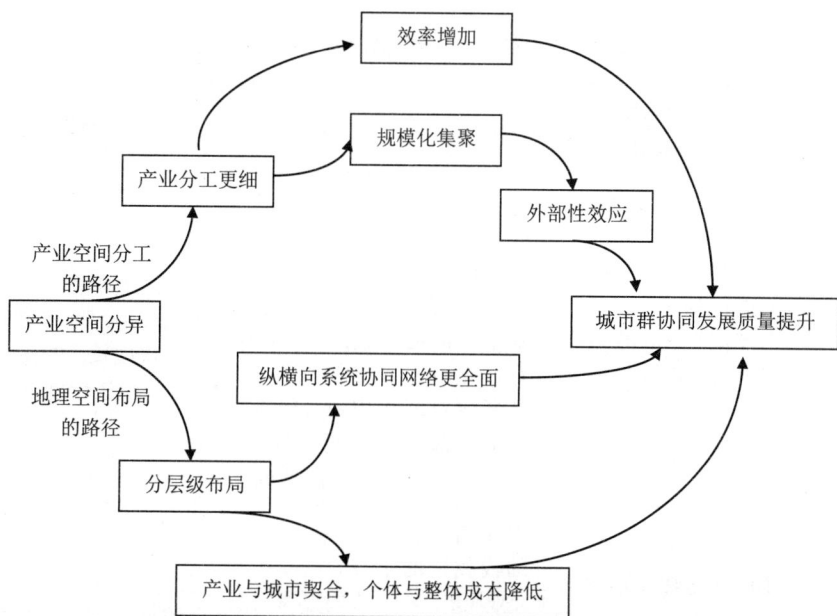

图 2.9　产业空间分异提升城市群协同发展的动力机制图

2.3.3　城市群协同发展对城市功能定位及产业空间分异的影响

产业空间分异会影响城市功能定位，进而影响城市群协同发展质量。反过来，城市群协同发展质量会影响城市功能定位，并通过功能定位差异影响产业空间分异的方向、进程和效果（Yasusada Murata，2002）。

产业集聚形式发挥效用的关键在于关联各方在临近的地理空间区域内布局并实现高效和紧密的协作，而产业分工细化和产业规模扩张必然伴随地理空间的扩大，当突破城市内部界限并进入城市群布局情形时，产业空间分异将和城市群共生共长。近几十年来的国外产业发展经验表明，依赖产业分工维系的城市间关系，尤其是大城市群中各个城市之间的关系，已经从产品分工关系（垂直的产业链关系）转向功能分工关系（横向的关联关系）（Fujita M et al，1997；Bade F J et al，2004；

2

文献综述和概念界定

Duranton G et al，2005）。关于产品分工关系和功能分工关系的比较见表2.10。

从 Fujita M 和 Tabuchi T（1997）最早开始对东京城市群的城市功能分工研究以来，Kolko J（1999）和 Duranton G 及 Puga D（2005）等人也对美国的制造服务业和总部集聚于大城市并实现大城市的管理和服务功能、制造业转移到中小城市并实现中小城市的生产制造功能的现象进行了研究，并相应构建了测度城市功能专业化的方法。

表2.10 产品分工关系和功能分工关系的比较

分　类	分工说明 （以三个城市为例）	优　点	缺　点	对城市的影响
产品分工关系	不同城市按照产品不同进行分工。A 城市生产汽车，B 城市生产电视，C 城市生产家具	产业链的大部分垂直关联企业集中，便于控制；基于产品的专业化更容易形成对产品的外部性经济	不利于新产业发展；交流狭隘，不利于创新性的新思路、新产品的产生；支持性行业的服务对象单一，不利于提高效率、降低成本	协同主要发生在同一城市中，城市之间的关联性较为松散；产业风险决定城市兴衰
功能分工关系	不同城市按照功能不同进行分工。A 城市负责设计、广告、营销和法律等，B 城市负责零配件、非核心器件的生产等，C 城市负责核心器件、总装等	工作内容相同或相近的企业集聚，更容易产生同行交流；服务对象扩大，服务资源利用率提高；分工可以更细，提高产业生产率	协同更为复杂，协同难度加大；要求更大规模的产业载体和地理空间，一般国家和地区不具备	城市之间协同频率增强，关联更加紧密，城市等级性明显，同样的城市数量，可以比前一情况孕育更多的产业

显然，这种从产品分工到功能分工的改变会影响城市的功能定位，原来交流不多并近乎平行的简单城市间关系会因此变得复杂。正如马燕坤（2016）认为的，城市层级开始出现：在这种复杂关系演变过程中，城市间原本的"平等"关系逐渐变为"等级"化的关系。这和人类社会非常相似，高等级城市如同高阶层人群，从事复杂脑力劳动并获取高额收益，中、低等级城市如同中、低阶层人群，分别

从事复杂体力和简单体力劳动并获取中、低收益（见图2.10）。

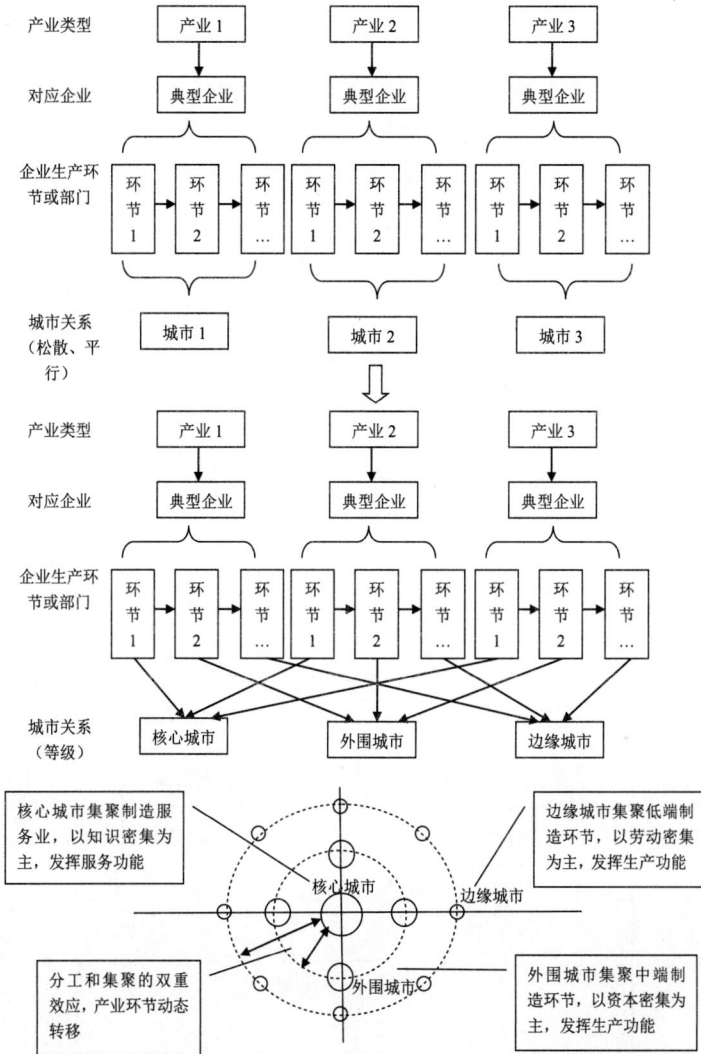

图2.10　城市群分工关系变化对城市功能定位的影响示意图

资料来源：参考马燕坤（2016）绘制，有改动

具体而言，城市群协同发展质量对产业空间分异的影响主要体现在以下方面。

一是影响产业空间分异的规模。如果城市群协同发展质量高，将会极大鼓励企业将低端环节转移到成本更低的城市，高质量的制造服务水平也可以让企业放心外包业务并专注核心业务，这些行为都会进一步促进产业空间分异，扩大其规模；反之，企业会不断内部化产业环节并将其置于临近空间。

二是影响产业空间分异的方向。城市群协同发展及其所带来的城市功能定位差异，是产业各环节（部门）定位的主要决定因素。每个环节的企业都会权衡企业收入与当地经营成本，权衡产业链管控能力与异地产业组织难度，选择合适的城市以最大化企业利润、最优化企业运营过程。由于城市群协同发展质量高低变化会影响城市功能定位并进一步影响企业选择经营场地的决策过程，因此城市群协同发展质量会影响产业空间分异的方向。

三是影响产业空间分异的质量。协同发展质量高的城市群分工会更细致，联系会更紧密。而细致分工与紧密协同容易导致更多创新出现，包括新产品、新工艺、新组织模式的出现，新产业环节的衍生，这些都会导致产业链的不断调整以进一步优化产业空间格局，从而影响产业空间分异质量。

2.3.4 产业空间分异与城市群协同发展的互动融合关系

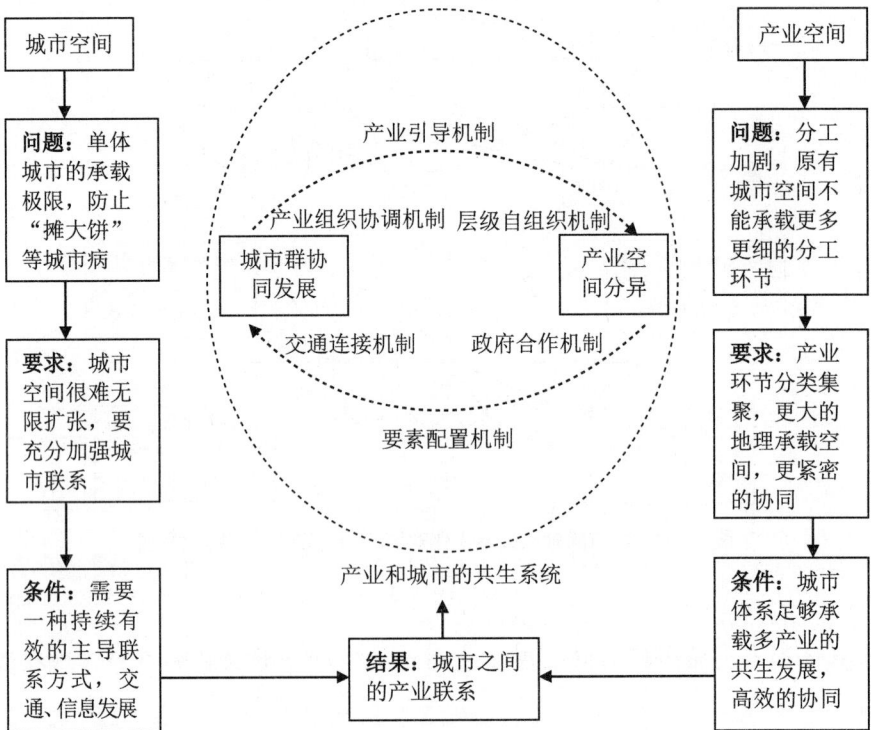

图 2.11 产业空间分异与城市群协同发展的互动融合

产业空间分异和城市群协同发展在产业和地理维度上各自面临发展问题，也相应产生了发展需求，并在相关发展条件具备并完善之后共同导向了"城市间产业联系"这一结果，最终形成产业和城市共生发展的系统性局面。王浩（2017）认为在产业引导机制、产业组织协调机制、等级自组织机制等机制的作用下，产业空间分异和城市群协同发展两者之间相互融合，进入一种良性的互动过程（见图2.11）。

对于这种互动融合过程，很多学者分别在各自的研究领域给予关注。Mils & Hamilton（1994）和 Krugman et al（1999）从企业的区位选择以及随之而来的产业集聚和分化的角度验证了产业分化与城市体系发展的互动性；Chenery（1975）、Patton（1986）和徐维祥等（2009）从城市化发展的角度验证了产业布局与城市体系之间的关系；葛立成（2004）认为产业空间分异与城市体系之间存在阶段性和时序性关系。

2.4　述评

与本书研究内容相关的研究成果包括产业空间演化及其集聚、转移和分异过程，城市发展和城市群协同发展，产业空间分异和城市群协同发展等，大量的成果为本书研究奠定了坚实的研究基础，提供了丰富翔实的研究素材和思路借鉴，但同时也还存在以下有待完善和进一步深入的地方。

一是对产业空间分异问题还缺乏机理性的深入研究。虽然产业空间分异是产业空间集聚后的转移和再集聚的过程，但规模、方向、影响因素等都和产业空间集聚及产业空间转移有很大差异，尤其体现在产业空间集聚和产业空间转移主要针对城市，而产业空间分异主要针对城市群，也就是说产业空间分异在地理上更为广阔，当然这也由其产业分工更为细致所导致，理解清楚这些问题需要做进一步研究，包括对产业空间分异做更细致的分类研究，不同产业分异的影响因素，产业发展规模、阶段与分异方式、方向之间的关系，对不同城市采用不同的分异考量方法等。

二是城市发展和城市群协同发展研究尚处于早期的整体性分析阶段，而具体化研究还缺乏有效切入点。目前，城市发展研究的成果比较多，宏观微观层面的分析研究也都取得一定进展，但对城市群协同发展的整体系统的认识还较为粗线条，体现为度量协同发展关系主要依靠第三产业产值、道路货运量等方面的数据做关联分析以表征协同性，而非依靠城市之间真正的"协同"数据来度量协同关系，这其中主要的制约因素可能是没能找到城市间协同"乱绳"中的"绳头"，从而很难理顺城市群协同发展的一系列关系。产业关系是城市之所以成为"城"和"市"的核心关系，产业协作则是城市群之所以成为"群"的核心要件，所以本书认为城市群协同的"绳头"是产业协作关系，包括城市之间依赖前后向和横向产业关系所建立的联系，维系大量城市成为一个体系的关键在于产业关联。因此，从产业关联入手，尤其是从产业空间分异之后所形成的产业在城市体系中的分布格局入手，分析和理解包括发展质量在内的一系列城市群协同发展问题，是理清城市群协同"乱绳"的有效切入点。

三是未能深入研究中国具体发展环境下产业空间分异提升城市群协同发展质量的机制性问题。无论是产业空间分异，还是城市群协同发展，都离不开具体情境。这种具体情境既与国家产业发展阶段有关，也和不同城市群发展情形相联系，只有厘清这些具体情境下产业空间分异与城市群协同发展质量的逻辑关系，掌握前者提升后者的机制，才能为相关产业和城市群发展政策的制定提供决策依据，才能为将具体问题进一步归结为一般性理论奠定基础。

3 分异驱动机理及其对协同发展的影响机理

3.1 同层面的驱动力量来源

城市的出现和发展源于第二产业、第三产业各自的发展壮大及二者之间相互促进的过程，没有这个过程，只是简单的第一产业完全主导的社会经济形态，不具备城市出现和发展的基础性条件。城市群之所以能够形成和发展，同样源于临近城市之间的第二产业、第三产业联系，缺乏这种联系，城市群中各个城市之间不会存在太多交流，更不可能出现协同发展的局面。因此，城市及其城市群发展与第二产业、第三产业的发展紧密联系。

更进一步，不同城市间的第二产业、第三产业联系又源于产业空间分异带来的各产业环节或部门在地理空间上的分离和协同，因此从这个角度看，产业空间分异是分析城市群产业联系问题的切入点。而要研究产业空间分异，最基础和根本性的内容是研究产业空间分异的驱动机理和机制。只有理解了这些问题，产业空间分异和城市群协同发展的相互关系才会逐渐清晰。

产业空间分异的主体是企业，正是一个个的企业行为"合流"形成了产业空间分异的完整过程。企业集聚和转移属于一般性的地理空间现象，产业集聚、转移和分异则是多个产业中的大量关联企业在一定地理空间范围内的高度一致性行为，是企业行为相互作用的过程，企业行为的驱动力量也是产业演化的驱动力量（倪方树，2012）。

企业行为之间看似彼此独立，实际上受到微观的企业经营选择、中观的集群关联及宏观环境的综合影响，因此，研究产业空间分异的驱动力量来源应该基于新经济地理学和产业分工等理论，从微观、中观和宏观层面进行立体化分析。

3.1.1 微观层面

目前，相关研究中已经有很多文献涉及驱动企业集聚、转移和再集聚的诸多力量，如资源禀赋、区位优势、便捷交通、市场规模等，这些都可以从微观的企业层面加以分析。比如，资源禀赋差异对应企业获取便捷和低成本资源的重要决定因素；区位优势对应企业对贸易方式进行最优化的考量；交通便捷对应企业高效管理供应链的某种权衡因素。从微观层面上解释产业空间分异问题的驱动力量来源的文献是比较全面的，但相对来说是比较分散的，因为相关研究对这些驱动力量缺乏恰当的归类。

事实上，无论驱动力量如何多样和复杂，站在微观层面，从企业运营的角度研究，所有驱动力量均可归结到企业的一体化发展战略及其对企业区位选择的影响这两个方面。所有与企业个体行为及由此引发的群体性行为相关联的结果，包括企业规模扩大、裂变分解、企业集聚、企业迁移、产业分工、产业生命周期等，都由这两方面的驱动成因所引起。

1. 一体化发展战略

一般情况下，企业会根据经营需要，通过兼并方式将纵向和横向上的关联企业变为企业内部的部门环节，或是通过外包方式将原本属于企业内部的部门环节作业交由外部企业完成，与外部企业形成关联协作关系。这一过程通过对企业经营中的各个环节进行内部或市场化动态调整的方式，实现企业的一体化发展目标，与之相关的战略称为一体化发展战略。

一体化发展战略的基本理论来源于分工理论和交易成本理论。其中，分工理论在具体运用于一体化发展战略驱动产业空间分异问题时，又可以细化为内部规模经济理论和范围经济理论。

按照获得途径，内部规模经济分为两类，一类是斯密（Adam Smith，1776）所言的社会分工带来的规模经济；另一类是技术进步引致的生产效率提升而产生的规模经济，即由于技术进步，同样的投入带来了更多的产出。

范围经济主要针对产品之间的一种非直接显现的关联性，这种关联性不是体现为产品 A 是产品 B 的组件，或者工序 A 是工序 B 的上下游环节等能够直接显现的关系，而是根植于个人和企业中的一种非显性的能力。

科斯（Ronald H. Coase）创立的交易成本理论认为企业规模的变化过程是对市场交易成本进行衡量之后选择合适的内外部组织方式的过程，并且这一过程处于高度的动态调整中。

如果市场交易成本过高，企业会通过兼并与自己有前后向或横向关联的企业的方式，将原本属于市场化交易的过程纳入企业的内部交易过程，从而降低交易成本。内部化市场交易环节之后，企业规模将扩大，企业间协同频次将减少。当然，在降低本来属于市场交易环节成本的同时，也会相应增大企业的内部运营组织难度，降低运营效率和市场响应，进而增加运营成本。从这个角度看，不考虑控制力、垄断性等缘由，单从交易成本的角度分析，企业内部化市场交易环节既可能是降低整体运营成本的一种综合性考虑，也可能是对较高市场交易成本的一种被迫反应。

反之，如果市场交易成本降低，企业会将原来属于内部组织过程的环节或部门市场化，主要通过外包和协作的方式，借用市场化交易过程完成原来内部化的运营组织活动。在这样一个不断权衡市场交易成本并相应调整内外部组织形式的过程中，垂直关联的前后向环节及水平关联的横向环节可能在企业内部部门和外部协作企业这两个角色之间动态调整，但无论是内部还是外部，前后向还是横向，都是企业一体化发展战略实施内容（纵向一体化、横向一体化、一体化扩张、一体化收缩）的重要组成。

从某种程度上来说，规模经济注重"效率"，范围经济注重"能力"；规模经济注重更高效的"创造"，范围经济注重更广泛的"创新"。从这个角度分析，制造业更偏重规模经济，而制造服务业更偏重范围经济。这也能解释在产业空间分异过程中，核心城市中不同种类的制造服务业横向集聚，而在外围和边缘城市中，制造业仍然按照产业链关系规模化纵向集聚的主要原因，因为前者主要寻求范围经济，后者主要寻求规模经济。

在科斯的交易成本理论基础上，斯科特（Allen Scott）结合分工来分析企业的一体化发展战略、产业集聚、城市和城市群形成，他通过三个层次来描述。①企业内部的技术分工。技术分工可以产生规模经济，减少成本并增加利润，这是交易成本发挥作用的前提，因为只有内部技术分工之后才可能存在后面持续的环节外部化过程。②企业间的社会分工。在前面的技术分工从个人扩展到企业时，企业之间就出现了不同的社会分工。企业之间可以因为投入产出关系建立起交易联系，从而变成一个生产系统。由于存在交易联系，也就产生了交易成本。在这个层面上，企业才可以实施一体化发展战略，并且在产业环节的内外部化动态调整过程中，企业和企业部门开始集聚以便实现利润最大化，多样化的产业集聚最终形成城市。③地域间的产业分工。企业分工引发的关联企业集聚可能形成一个个的产业集聚体，而产业集聚体存在空间附着性，因此在区域间出现了产业分工的现象。当这种区域与城市重叠时，区域间分工就等同于城市间分工，城市群开始

分异驱动机理及其对协同发展的影响机理

形成。在此层面上，一体化发展战略既要考虑产业组织关系，还要考虑地理空间距离。

从微观层面看，就单个企业的独立决策而言，不考虑企业间相互的行为影响，一体化发展战略的关键驱动力量来源于内部规模经济；考虑多个企业之间的相互行为影响，一体化发展战略的关键驱动力量来源于市场交易成本和范围经济（见图 3.1）。

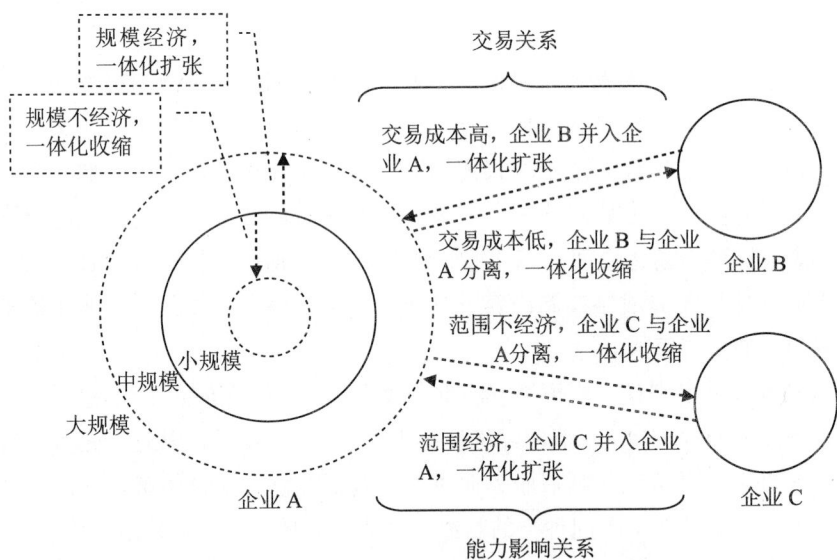

图 3.1　一体化发展战略的驱动力量及驱动过程

图 3.1 的左侧为企业独立决策时的一体化发展战略分析过程。当存在内部规模经济时，企业会扩张规模，反之则会收缩规模。图 3.1 的上半部分为两个企业存在交易关系时的一体化发展战略分析过程。当交易成本较高（交易成本高于企业内部化交易环节之后产生的内部管理成本）时，企业会扩张规模，反之则会收缩规模。图 3.1 的下半部分为两个企业存在能力影响关系（企业 C 的产品或服务对企业 A 的产品或服务提升有影响）时的一体化发展战略分析过程。当存在范围经济（两个企业之前存在积极的能力影响）时，企业会扩张规模，反之（两个企业之前不存在积极的能力影响，甚至存在消极的能力影响）则会收缩规模。

在理解了内部规模经济、范围经济和交易成本对一体化发展战略的驱动机理后，要进一步分析一体化发展战略的类型。按照扩张和收缩、纵向和横向的不同，可以将一体化发展战略分为六种类型（见图 3.2）。

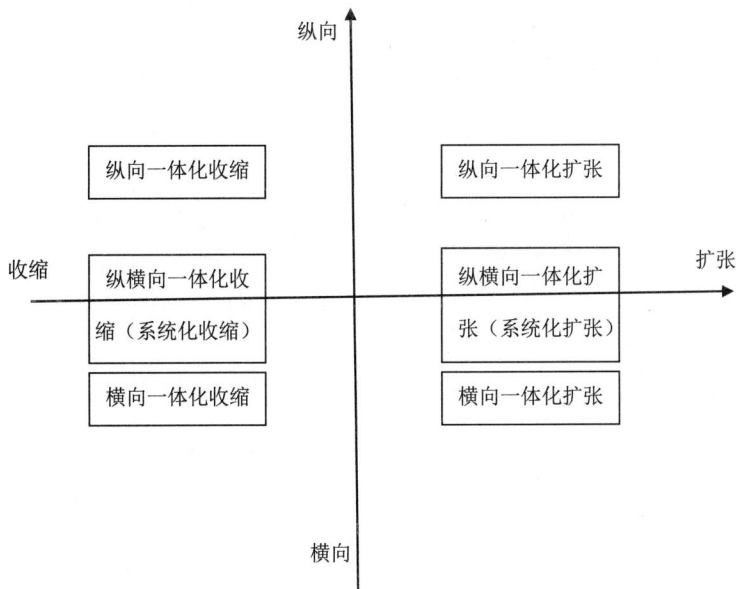

图 3.2　一体化发展战略的主要类型

　　每种类型中企业的行为表现各不相同，大量行为相似的企业汇集为一致性行动，就能通过集聚和转移驱动产业空间分异过程的发生和发展，具体见表 3.1。

表3.1　一体化发展战略类型与产业空间分异表现

类型	类型描述	企业行为表现	产业空间分异表现
纵向一体化收缩	在前后向关联方向上收缩	将前序或后序环节的部门市场化，利用外包完成经营任务	企业业务更为核心，与外界的协同密切程度增加，因此地理上更加临近，有利于提高集聚度。由于是前后向关联，多见于制造业环节，因此主要表现为第二产业向外围和边缘城市的转移和再集聚，常见的形式是制造业企业的抱团转移行为，对产业空间分异的驱动力较大
纵向一体化扩张	在前后向关联方向上扩张	并购原本不属于本企业的前序或后序环节，成为企业的内部部门	企业内部的产业链条变长，多为规模较大的制造业企业。具备相对独立的生产系统，虽然内部各部门仍可能在不同地理空间上垂直分布（如跨国公司的全球产业链条布局），但本地根植性较差，与城市群体系的互嵌性不强，对产业空间分异的驱动力一般

类型	类型描述	企业行为表现	产业空间分异表现
横向一体化收缩	在横向关联方向上收缩	将与本企业主业平行的业务市场化，将职能部门市场化，利用外包完成经营任务	企业业务更为核心，与外界的协同密切程度有所增加，有利于提高集聚度，但程度远不及纵向一体化收缩。如果是横向收缩到制造服务业，则容易向核心城市转移和再集聚；如果是横向收缩到制造业，则容易向外围和边缘城市转移和再集聚。对产业空间分异的驱动力较大
横向一体化扩张	在横向关联方向上扩张	并购原本不属于本企业的与本企业主业平行的业务，或者其他职能性业务企业成为本企业的内部子企业或者部门	企业内部产品和服务的门类增加，一种可能是由于与外界的接口增加，受其他企业集聚和转移行为的影响增加；另一种可能是内部功能较为全面，受外部的影响反而变小。前者对产业空间分异的驱动力较大，后者较小，具体结果如何要视两种力量的强弱而定
系统化收缩	在前后向和横向关联方向上均收缩	兼有纵向和横向一体化收缩的企业表现	企业完全收缩到一个专门化的业务领域，既需要其他企业的业务支持，也是其他企业业务的重要组成，因此在所有类型中，此种类型的协同密切程度最高，对产业空间分异的驱动力最大
系统化扩张	在前后向和横向关联方向上均扩张	兼有纵向和横向一体化扩张的企业表现	企业成为一个纵向和横向上均比较全面的独立经营王国，可能在全球合理布置各种内部资源，但产业空间分异的意愿在所有类型中最不强烈

总的来看，一体化发展战略驱动产业空间分异的机理在于两个方面。

（1）产业发展的根本性内在动力：分工（分工通过推动产业膨胀，促进产业发展）激发了企业通过细化内部流程分工（内部规模经济）以实现"效率革命"以及通过扩展业务类别分工（范围经济）以实现"创新革命"的强烈动机，从而衍生和创造出更多的分工环节并伴随相关部门或企业的集聚、分离和转移，最终驱动了产业空间分异过程。从本质上看，这种机理可以归结为产业发展动力对产业中的具体企业发展施加作用力，通过企业行为表现实现产业发展目的。

（2）企业由于对彼此间交易成本的衡量而对不同的产业环节做市场化或内部化处理，从而导致不同的生产环节在不同的企业和不同的企业部门这两种角色之间不断变换，企业或企业部门处于集聚、分离、转移的动态过程中，最终驱动了产业空间分异过程。从本质上看，这种机理可以归结为企业通过综合衡量交易成本和自营成本，对生产经营环节进行价值判断后所做出的行为选择过程。

第一个机理对应的是一个环节创造过程，因为之前可能没有这样的分工环节，创造和衍生出更多的生产经营环节意味着创造和衍生出更多的价值生成环节，对整个社会生产系统而言，这是一个总量增加的过程。第二个机理对应的是一个环节利用过程，对企业而言，可能是增加或减少某个生产经营部门的问题，但对整个社会生产系统而言，却没有增加总量或减少。

从一体化发展战略的驱动力量到具体的一体化发展战略，再到产业空间分异的驱动机制，如图3.3所示。

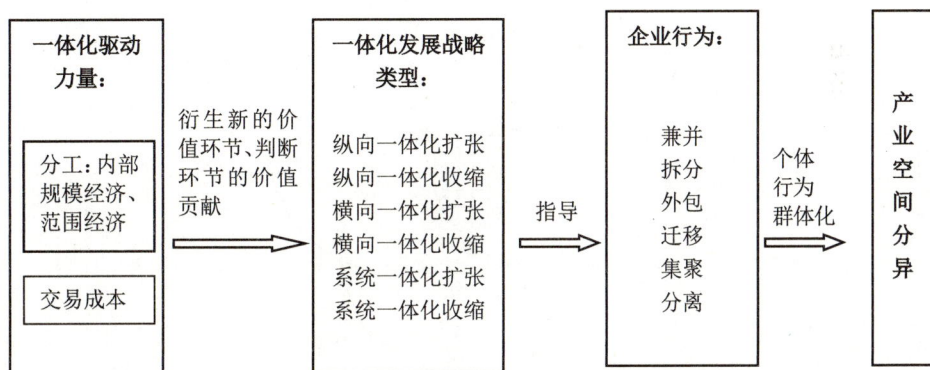

图3.3　一体化发展战略驱动产业空间分异的机制图

总体而言，无论企业在纵向或横向上一体化扩张或收缩，都会引发企业形态发生变化，这种形态变化可能更多表现为企业或企业部门在地理空间上的变动，最终导致了产业空间分异。

2. 企业区位选择

一体化发展战略是驱动产业空间分异一方面的原因，主要解释了产业空间分异的驱动动机问题，而要解释清楚包括驱动方向、规模、形式等在内的产业空间分异驱动行为问题，还需要从企业区位选择的角度入手展开研究。

企业区位选择是企业在一体化发展战略的驱动下具备了调整内外部运营环节的动机后，根据自身情况选择具体地点作为实施场所的行为过程。企业区位选择的理论基础是区位理论。

狭义的区位理论只涉及传统意义上的地理区位，包括地理位置（如港口）和交通优势（如主要道路节点或枢纽）。目前，区位理论已经突破了狭义区位理论的简单范畴，区位已经扩展到自然地理区位（前述的地理位置和交通优势）、自然资源区位（包括能源、矿产等不同所带来的区位差异）、社会关系区位（包括劳动力、行政地位等差异带来的区位差异）、生产关系区位（包括企业间已有的相互依存及其联系性带来的区位差异）等多个方面。事实上，与和企业运营相关的很多内容最终可以归结到一体化发展战略在类型上的差异相类似，企业外部的环境及影响因素的差异也可以归结到区位差异上。

韦伯（Weber A，1909）最先从生产的角度研究区位理论，主要目的是解释企业为什么集聚和怎么集聚。生产角度决定了成本最小化是分析研究的主要考量标准，对此，韦伯采用等成本线的方法来分析区位选择与集聚的问题（见图3.4）。

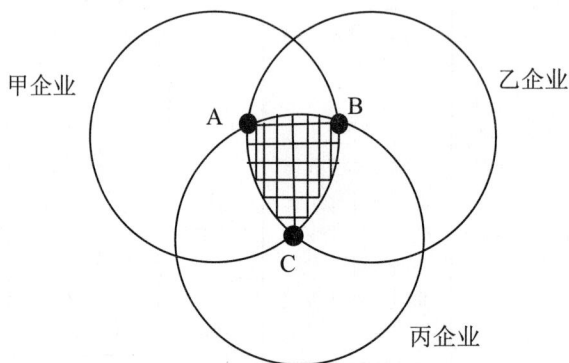

图 3.4　等成本线、区位选择与集聚

资料来源：参考倪方树（2012）绘制，有修改

图中三个圆圈代表甲、乙、丙三个企业生产成本的等成本线，阴影部分为共同的交叉区域。理论上，这个阴影区域中任意一点都可能成为三个企业进行区位选择后的集聚地，但最有可能的是等成本线的交点（三个黑点），甲企业倾向选择B和C点，乙企业倾向选择A和C点，丙企业倾向选择A和B点，最终集聚在何处还会受到其他因素的影响。

等成本线只从企业自身考虑，没有加入其他企业的相互作用，并且只分析了从供应到生产的部分，即只考虑产品被生产出来之前的企业选址问题，没有考虑到将销售加进来之后的企业选址问题，因此是静态的单因素分析过程。但作为企业区位选择理论的基础，等成本线为进一步研究提供了思路。

由于等成本线没有考虑销售，即缺乏消费市场的考量，因此勒施（A.Losch，1943）在韦伯的成本最小化思想的基础上提出利润最大化思想，并将影响从生产成本的单一因素扩充为包含生产成本、运输和销售在内的综合因素。

无论是韦伯的成本最小化，还是勒施的利润最大化，都是一种静态的分析过程，缺乏真实世界内企业选择行为中必然存在的彼此间的竞合博弈过程，因此，后续学者在此基础上把企业偏好及其与对手企业的竞合关系引入区位选择研究中，典型的如考虑价格和份额的霍特林模型（Hotelling Model，1929）、考虑分散情况的帕兰德模型（Palander Model，1935）以及从博弈论角度进行的偏好分析等。

整体上看，企业区位选择理论经历了从企业生产分析到完整供应链分析，再到竞合对手分析的过程，之后的很多驱动因素都可以归结到这三个部分的研究范畴中，结合已有的关于区位选择的驱动因素的研究，整理得到图 3.5。

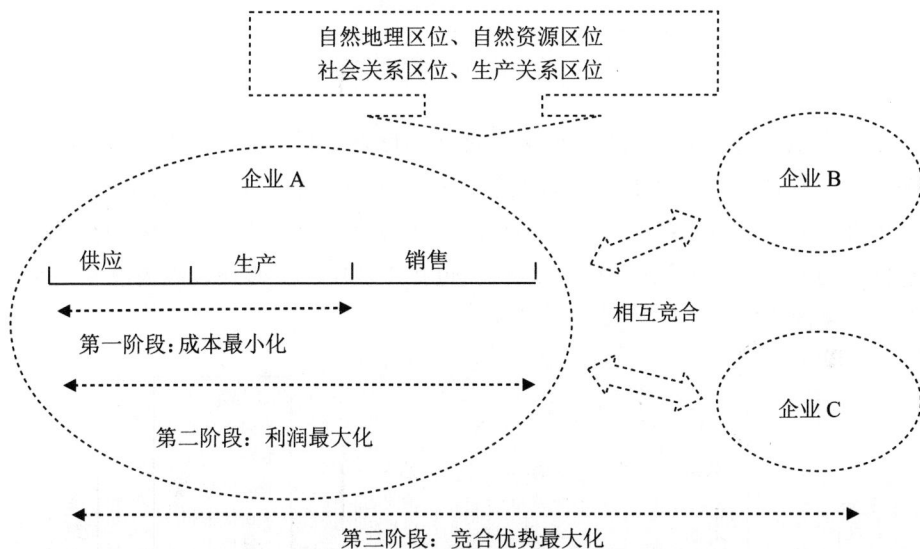

图 3.5　企业区位选择的考量范围扩大

从图中可以看出存在三个阶段：①只分析供应和生产的阶段，成本最小化；②分析供应、生产和销售的阶段，利润最小化；③分析企业间相互竞合关系的阶段，竞合优势最大化。现有的很多驱动因素最终可以归结到竞合优势最大化的总目标下（见图 3.6）。

企业区位选择驱动产业空间分异的机理在于通过权衡包括成本和利润在内的一系列优势，以企业和企业匹配、企业和区位匹配为内容，最终表现为企业在地理空间上的选择，从而实现一体化发展战略目标。

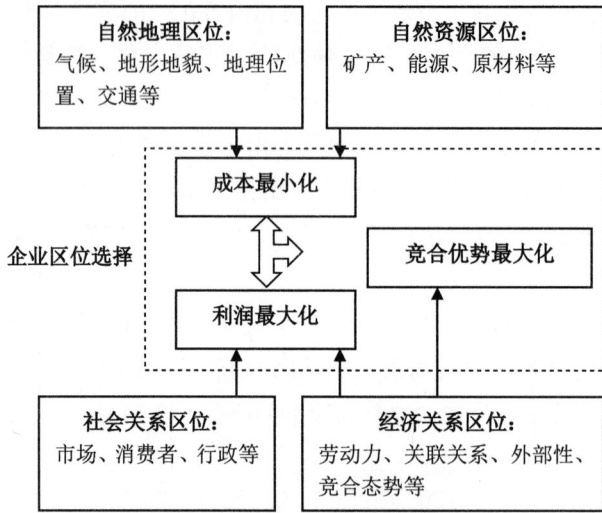

图 3.6　企业区位选择的驱动因素

其机制过程是一个"权衡、匹配、选择、行为"的过程。企业在综合性力量的驱动下，权衡成本、利润和竞合优势，对企业与企业、企业与区位进行匹配，最终体现为对区位的选择，并采取如集聚、迁移等行为，在实现一体化发展战略目标的同时，由于企业间行为的关联性，也在产业层面上对外表现为产业空间上的分异（见图 3.7）。

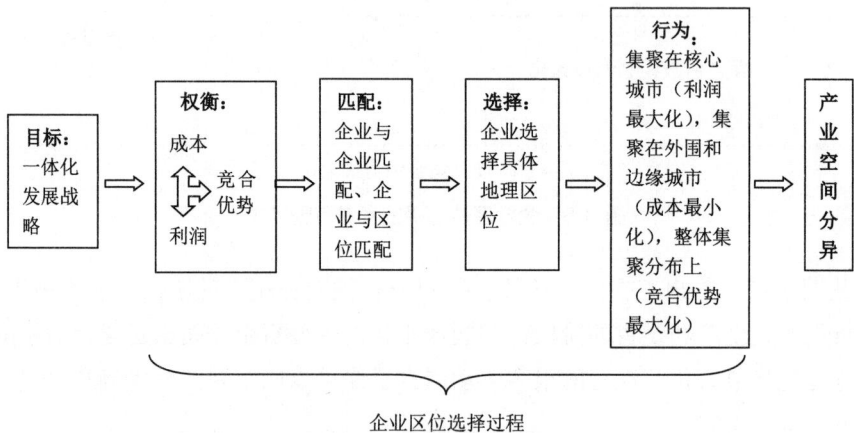

图 3.7　企业区位选择驱动产业空间分异的机制图

3.1.2　中观层面

中观层面上，以集群的形式表现为产业的转移与再集聚，驱动力量体现为递进的三个层次：资源、成本和价值。

根据产业集群的一般性研究结论，企业集聚的重要驱动力量是获取资源，这些资源既包括自然资源、便利交通、劳动力资源等既有资源，也包括基础设施、便捷供应、共享信息等集聚后才能产生的资源，还包括上下游高效协作、规模化的服务业等集聚并协同后才能产生的资源，因此，企业集聚是为了获取更多的资源。

进一步深入分析之后可知，企业获取资源的目的是为了降低成本从而获得更强的竞争优势。虽然远距离同样可以获取资源，但是成本会非常高，因此，企业集聚更深层次的驱动来源于对低成本的渴求。近距离获取自然资源将有效降低企业成本，彼此间靠近才能利于集聚外部效应的发挥，进而降低成本，依照协作关系完成的集聚行为才会通过产业关系优化降低企业成本。

在面对标准化产品的产业格局演化时，建立在成本基础上的分析结论具有很强的解释能力，但面对高创新度、高价值和非标准化的产品，尤其是非工业产品时，就会出现问题，因为基于降低成本的分析结论很难解释这类企业在商务成本很高的城市集群的现象。因此，从价值的角度研究驱动企业和产业集聚的研究逐渐成为目前备受关注的主要内容。三个渐进层次的集群驱动解释比较见表3.2。

表3.2　中观层面的三个层次驱动解释比较

层次	描述	不足	适合 / 评价
资源	集聚是为了获取资源	资源解释不了企业行为的根本性动机	最基础的底层研究，可以向上提炼出更高层次的驱动力量，比较直观，也较为外在，没有与企业内在的动机结合
成本	获取资源是为了降低成本	成本解释不了创新类企业在大城市集聚的现象	标准化的成熟工业品，价格是主要的竞争手段，倒逼成本降低，技术成熟也利于转移和再集聚
价值	企业发展的主要动力是不断创造价值，而非降低成本	价值能够解释高端集聚现象，但要完整解释城市群分层体系，还需要与成本结合，从复合动机的角度，分类解释不同城市不同驱动的现象	加入价值能够更好地解释城市群中不同城市类别分类集聚不同产业的客观现象，为高端集聚的价值分析和中低端集聚的成本分析提供有效分析手段

产业集聚的主要目的是为了实现正外部效应，如共同的技术工人、共同的中间投入、共享的信息和知识溢出、共享的基础设施、区域性品牌等。在资源、成本和价值这三个层次上，正外部效应具体表现为企业能够更便捷地获取资源、降低产品或服务的成本、发现并创造更多价值，并且随着集聚规模的不断扩大，正外部效用也在不断增强。图3.8为正负效应发展过程的示意图。

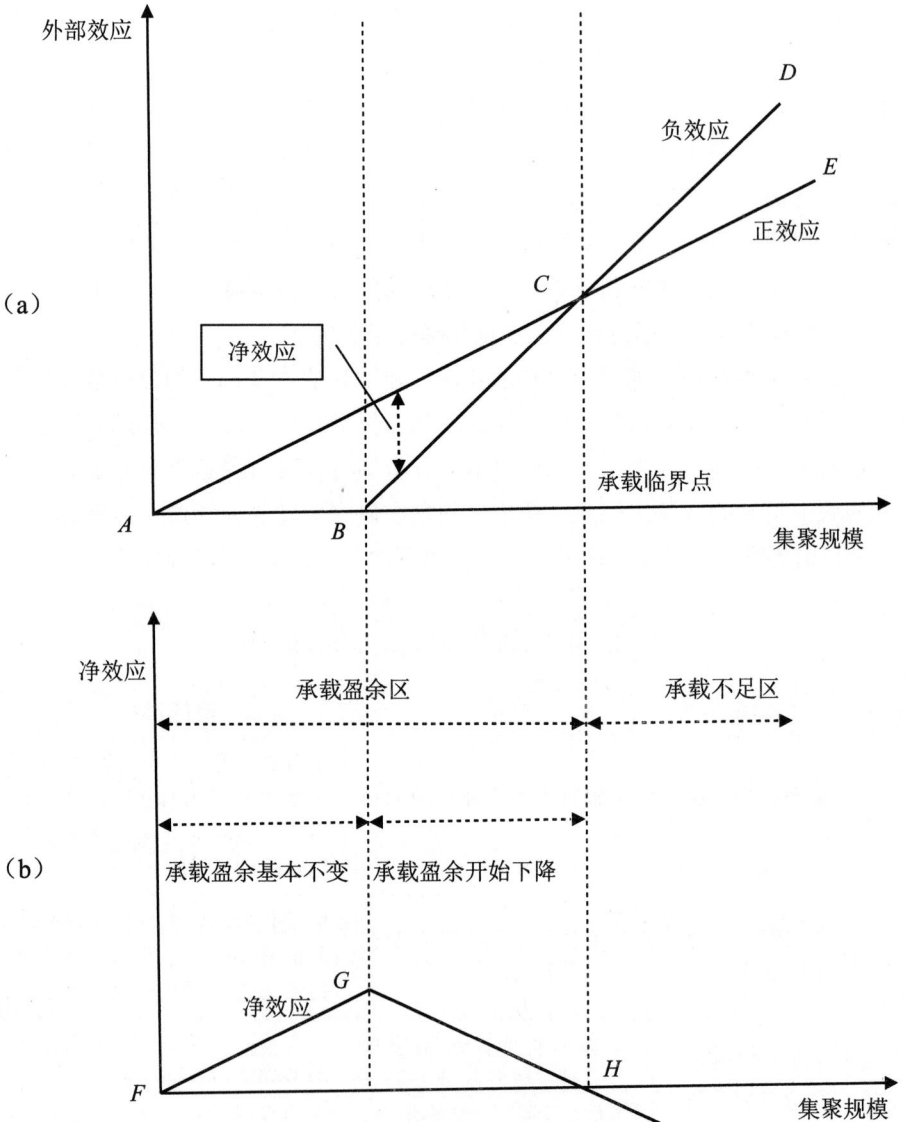

图 3.8 集聚的正负效应发展过程示意图

如图 3.8（a）所示，直线 AE 为正外部效应。当不存在集聚规模时，正外部效应为零，随着集聚规模的扩大，正外部效应逐渐增加。在集聚的早期，由于距离承载临界点比较远，集聚规模远未饱和，主要是正外部效应在发挥作用，不存在负外部效应（资源不足、交通拥堵等情况还没有出现）。负外部效用是在集聚规模达到一定程度时才会出现（B 点时，开始出现资源不足、交通拥堵等现象，因此出现负外部效应，但仍在承载范围内），直线 BD 为负外部效应，表明在 B 点开始出现负的外部效应。由于集聚资源的承载能力有一定限度，在承载限度之内，承载保持一定的盈余。

在图 3.8（b）中，区间 FH 为承载盈余区，其中 FG 承载盈余基本不变，因为还没出现集聚的负外部效应；GH 承载盈余开始下降，因为已经出现集聚的负外部效应。

在承载盈余区，正外部效应大于负外部效应，因此净外部效应（正负外部效应之差）为正。在图 3.8（a）中，区域 ABC 为净外部效应为正的区域，区域 CDE 为净外部效应为负的区域。当集群规模越过承载临界点后，负外部效应超过正外部效应，达到现有区域资源和分工情况下的承载极限点，承载能力开始出现不足。无论是资源不足，还是成本剧增、创新乏力（创新惰性和路径依赖），都将驱动集群或是整体或部分性转移以寻求更多资源、更低成本，或是进一步分工并扩展地理区域范围以发现和挖掘新的产业内在价值源泉（进一步分工所带来的新价值，而非一味地追求低成本资源所带来的价值），在更大的地理空间范围内，利用更高效的分工和集聚模式突破现有产业分工架构下集聚规模与资源依赖、成本锁定、创新惰性之间的固化关系。

由于价值是资源、成本和价值层次中的最高级，现从价值的角度进一步分析中观层面产业空间分异的驱动力量来源。

从本质上讲，产业选择在一个区域而非另一个区域布局，是由于两个区域存在"价值差"（杨菊萍，2010），当产业在一个区域集聚后，随着集聚规模的扩张，价值差开始减少，也就是说，集聚的正效应来源于价值差，集聚规模扩张与价值差减少是同一过程（图 3.9）。

图 3.9 中直线 AD、BE、CF 分别是城市甲和城市丙、城市乙和城市丙、城市甲和城市乙比较之后的价值差。从图中可以看出，产业选择在城市甲集聚，可以比在城市乙和城市丙集聚获得更高的价值差（A 点比 B 点和 C 点的位置高），因此产业更可能在城市甲集聚。随着集聚规模的不断扩大，价值差不断被集聚体吸收并减少。理论上，产业可以在城市甲不断集聚直至规模达到 D 点，价值差完全消失，此时集聚达到承载极限，从而产业集聚整体出现负收益。但实际上，当价

值差减少到 G 点时，由于直线 GI 高于 GH，此时产业在城市乙集聚变得更为有益，因此这个时候产业转移的动力开始出现。当然，产业是否转移，还要综合权衡其他因素，如由于存在转移成本，如果转移成本高于价值差，转移不一定是最优选择；再如，该产业在城市甲中与其他很多产业或部门存在协作关系，转移势必破坏这种既定的协作关系。另外，地方政府方面的阻力也会限制转移行为发生。

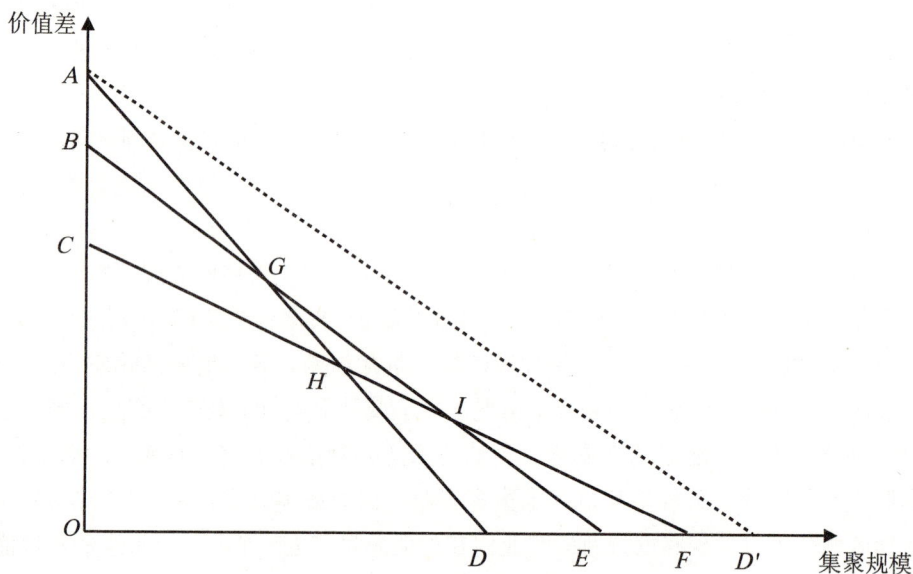

图 3.9　产业集聚和转移的价值差分析图

图 3.9 给出的只是一个分析价值差的示意图，而真正的价值差远比此图复杂。比如，从图中看，A 点位置最高，因此城市甲比乙和丙的价值差大，但 D 点比 E 点和 F 点都小，意味着在城市甲集聚，产业集聚规模的临界点最小，也就是说，产业在城市甲集聚的动力最强，但从城市甲转移走的动力也最强。从图形上看 D'，直线 AD 比 BE、CF 倾斜，说明城市甲的价值差耗散最快，因此城市甲是一个高价值差和高耗散的城市，最能吸引产业集聚但产业的稳定性也最差。

但这只是问题的一种情况，如果城市甲的价值差直线变为 AD'，则有可能城市甲既是最优集聚选择，也最不可能向城市乙和丙转移（除非价值差完全耗散），因为其价值差直线一直位于其他直线之上。关于价值差的其他各类情况分析，见图 3.10。

从价值差的角度分析产业集聚、转移和再集聚问题，是一种对区域间产业集聚价值进行两两比较的思路，是系统结合并高度抽象了产业空间演化驱动力量之后的直观图形分析方法，对于解释集群的集聚和转移有一定的帮助。但在解释集群整体或部分向资源、成本和价值洼地进行转移，以及进一步分工细化并在更大区域范围内布局，从而向更高层级产业组织模式跃进这两者差异方面，价值差的方法还存在不足。

初始价值差大

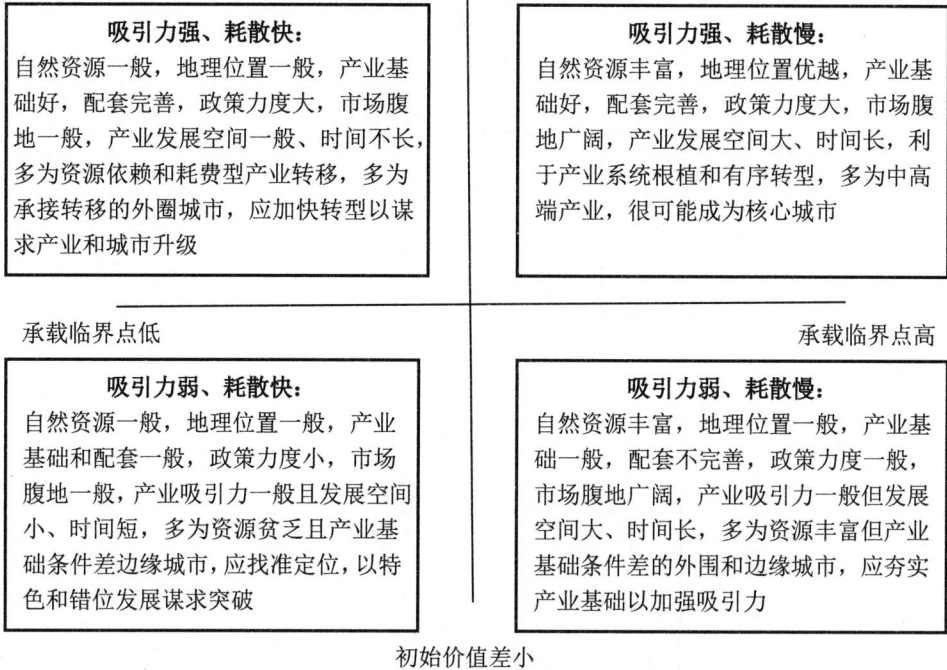

吸引力强、耗散快：	吸引力强、耗散慢：
自然资源一般，地理位置一般，产业基础好，配套完善，政策力度大，市场腹地一般，产业发展空间一般、时间不长，多为资源依赖和耗费型产业转移，多为承接转移的外圈城市，应加快转型以谋求产业和城市升级	自然资源丰富，地理位置优越，产业基础好，配套完善，政策力度大，市场腹地广阔，产业发展空间大、时间长，利于产业系统根植和有序转型，多为中高端产业，很可能成为核心城市

承载临界点低　　　　　　　　　　　　　　　　　　　　　承载临界点高

吸引力弱、耗散快：	吸引力弱、耗散慢：
自然资源一般，地理位置一般，产业基础和配套一般，政策力度小，市场腹地一般，产业吸引力一般且发展空间小、时间短，多为资源贫乏且产业基础条件差边缘城市，应找准定位，以特色和错位发展谋求突破	自然资源丰富，地理位置一般，产业基础一般，配套不完善，政策力度一般，市场腹地广阔，产业吸引力一般但发展空间大、时间长，多为资源丰富但产业基础条件差的外围和边缘城市，应夯实产业基础以加强吸引力

初始价值差小

图 3.10　价值差与临界点关系的四象限图

从另一个角度看，产业在某个区域集聚会产生集聚收益，这里的集聚收益可以理解为集群所有正的内外部收益与所有负的内外部收益之差，也可以理解为集群中所有企业加入集群和不加入集群的收益之差的总和。这个集聚收益会随着集群规模的变化而变化（见图 3.11）在图 3.11（a）中，细实线代表集群的集聚收益与集群规模之间的关系，两者间相互关系的发展过程也是整个集群生命周期的发展过程。

OA 为集群雏形阶段，是集群发展的婴幼儿期。在这个阶段，企业逐渐集聚，但集聚效应未完全体现，在图形中表现为集聚收益随规模增大而增长，但增长速度不快。*AC* 为集群成长阶段，是集群发展的青少年期。在这个阶段，企业大量集聚且集聚效应逐渐显现，在图形中表现为集聚收益随规模增大而增长，集聚收益增长速度也快于集聚规模增大速度。其中，*B* 点是集聚收益增长加速度变化的一个重要拐点，*AB* 和 *BC* 可以分别代表少年期和青年期。*CD* 为集群成熟阶段，是集聚发展的中年期。在这个阶段，企业集聚规模开始逐渐向承载极限靠近，虽然集群收益仍在增长，但增长速度已经慢于集群规模增大的速度。*DE* 为集群衰退阶段，是集群发展的老年期。在这个阶段，集群规模已经超过区域承载能力极限，

随着集群规模的不断增大，集聚收益反而减少。

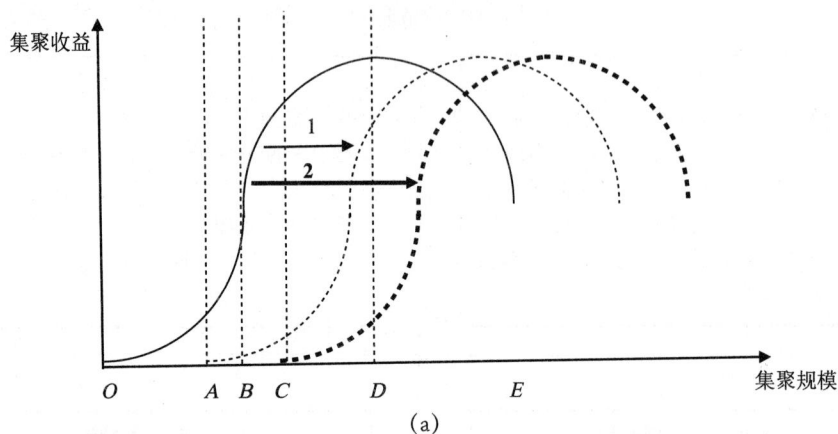

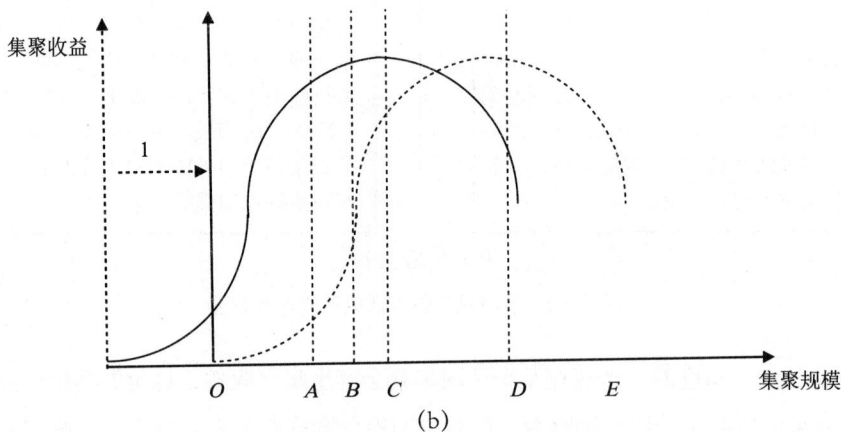

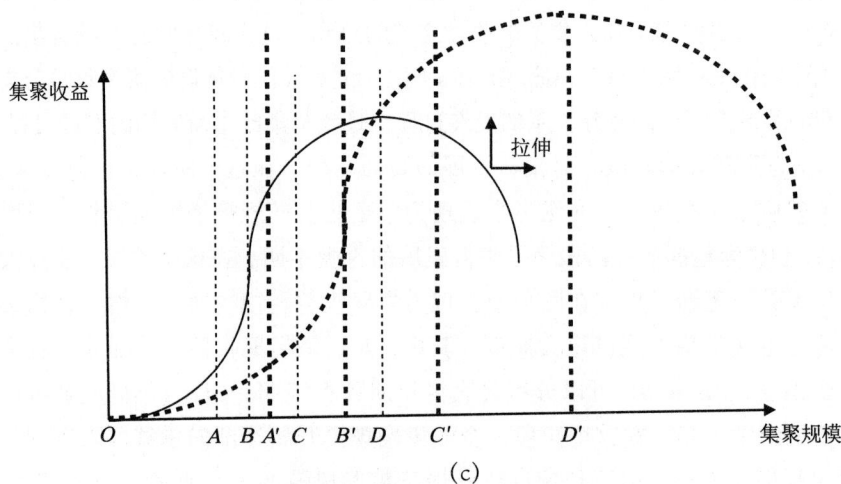

图 3.11　集聚收益、集群规模与产业空间分异关系图

在集群规模达到区域承载极限之前，集群可以转移，转移分为整体转移和部分转移。整体转移是指集群整体转移到新的区域发展，可以利用更便捷和低廉的资源，也可以更加接近市场，抑或兼而有之。部分转移是指只转移集群的部分环节到新区域，这些部分可能在新区域中重新发展并形成一个完整的集群。

图 3.11（a）中，标注为"1"和"2"的箭头分别代表整体转移和部分转移。因为从"1"箭头指向的细虚线看，集群规模的承载极限点 D 位于其成熟阶段，表明经过转移，集群整体转移到新区域，以成熟集群的形式存在和发展；从"2"的箭头指向的粗虚线看，集群规模的承载极限点 D 位于其成长阶段（或是雏形阶段，具体视部分转移的规模差异而有所不同），表明只有部分集群环节转移到新区域，且这些环节在新区域中要像在老区域的集群发展过程一样，不断衍生和链接上缺失的部分，重新生成一个新的产业集群。

不论是整体转移还是部分转移，都只是集群的一种转移形式，并没有通过进一步深化产业的分工模式而改变集聚的组织方式。这种转移集群的方式本质上并未改变整个产业总的分工情形，而只是已有产业组织模式下旧的产业集群在异地的一个复制。通过"转移"这种简单方式而非"深化"的复杂方式，集群不断寻找资源、成本和价值的洼地并转移到这些区域，因此转移不过是集群利用"洼地"将集聚收益下降拐点的到来时间不断延后的一个过程而已，并未真正改变其生命周期的本质特征。

在图形中，这种只是延续而非改变本质特征的过程具体表现为图 3.11（a）中细实线只是左右移动，既不是上下移动，又不是被拉伸或压缩。左右移动表示改变了集聚收益拐点到来的时间，一般是向右移动，因为转移区位主要选择的是"洼地"，如果是向"高地"转移，则是向左移动（一般产业集群转移都是面向资源丰富、成本较低的区域或城市，制造业尤其如此，很少有从中小城市向大城市转移的制造业，即便有，也是其研发、营销等环节，这是产业空间分异的内容，而非产业集群转移的内容，因此本书主要研究向右移动的产业集群转移）。上下移动表示改变了同样集群规模下的集聚收益，拉伸和压缩表示既改变了同样集群规模下的集聚收益，又改变了集聚收益拐点到来的时间。一般情况下，上下移动不太可能出现，因为产业分工进一步深化会同时影响图形的规模和收益维度（纵横轴），更有可能出现的是拉伸的情形（考虑到产业分工一般不会出现倒退的现象，因此图形收缩的可能性不大）。综合来看，现实中一般只存在两种情况：集群转移可以表示为图形向右移动；产业空间分异（包括分工的细化以及产业环节和部门在更大地理空间上的更密切联系与组织）可以表示为图形的拉伸。

由于图形向右移动，等同于坐标原点向左移动，因此图 3.11（a）中箭头"1"

所示的细实线向细虚线移动，与图3.11（b）中箭头"1"所示的坐标原点的移动其实是一个效果。从图3.11（b）中也可以看出，集群转移并未改变图形形状，只是向右平移的过程。

与之相比较，产业空间分异会拉伸图形，如图3.11（c）中的粗虚线经细实线拉伸得到，其不仅集聚收益变大（粗虚线最高点比细实线最高点高），生命周期各阶段长度及总长度也变长（粗虚线各阶段的区间宽度和总体宽度都比细实线宽）。从这里可以看出，在更大地理范围内布局的、产业分工更为细致的、高端水平规模集聚和中低端垂直链式集聚相结合的产业空间分异有更大的集聚价值收益和更长的集聚生命周期。

中观层面上产业空间分异的驱动机制在于具有内部黏性的集聚体在资源、成本和价值驱动下，借助产业持续分工后不同环节的分类集聚特性，以高端服务环节的规模化集聚和中低端制造环节的链条化集聚为具体表现，在更大地理空间范围内保持更为紧密的协作性和黏性，最终通过各自环节集聚收益最大化实现整个产业空间分异过程的收益最大化。

中观层面上产业空间分异的驱动机制过程如图3.12所示。整个过程中，在产业持续分工的结构分解力量、集群既有黏性的结构凝聚力量、不断寻求洼地的结构转移力量这三种力量作用下，集群完成一个"解构、聚合、重构"的机制过程，从而实现产业空间分异。

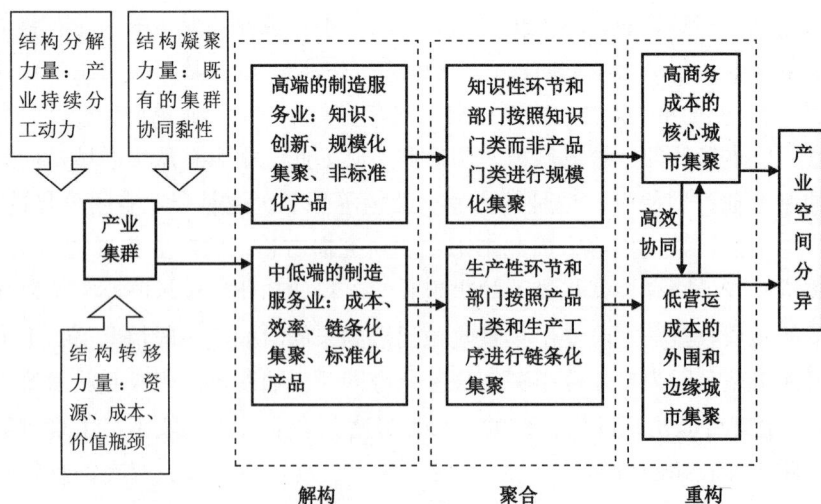

图3.12　中观层面产业空间分异的驱动机制过程图

3.1.3 宏观层面

宏观层面上，产业空间分异的驱动力量来源于三个方面：产业优化升级的需要；区域平衡发展的需要；对外竞合与全球化的需要。

经过发展，我国已成为全球第一大制造业国家，但与之相伴的是制造业的低端锁定及其带来的资源、生态和贸易环境的不断恶化，产业优化升级已经成为制造业突破的必由之路。产业优化升级，尤其是在目前我国各类产业被中低端制造业大面积、高比例渗透的情况下，既要兼顾部分既有产业的持续发展，又要专注后续的产业优化升级，因此要统筹实施好产业的有序退出和衔接，新老产业相结合，兼顾发展好产业优化升级和资源节约与环境保护之间的关系。对于我国大量存在的产业发展形势——集群而言，想要提升产业层级，单从集群内部寻求突破难度较大，而从集群与集群之间、产业与产业之间的联系中寻找突破点，既能利用已有产业的发展基础，又能跳出对已有产业的路径依赖。实现这一过程的主要方法便是对已有的各个集群结构进行解构，再从产业优化升级的战略层面实行聚合和重构，借助产业空间分异提升产业发展水平。

将产业优化升级与区域平衡发展相结合，也是一种必要和双赢的策略。借助产业优化升级中的中低端制造业产业环节和部门寻求资源和成本洼地的过程，将中低端制造业环节和部门转移到区域发展相对落后的外围和边缘城市，以外围和边缘城市的资源和成本优势延续既有集群的发展优势，带动外围和边缘城市发展，同时将高端制造服务业集聚在核心城市，通过高度整合后的知识力量为制造业提供得到优化升级的优质智力服务支持，也可以带动提高核心城市的技术发展水平。这一过程既能提升位于核心、外围、边缘城市中的各级产业环节和部门的层级水平，优化升级产业，又能通过协同与协作发展这些城市的经济，实现区域均衡发展目标。在这个过程中，错位发展和协同发展是关键。

贸易全球化和经济全球化推动全球产业在全球供应、生产和市场环境中不断地竞争与合作，单个的产业集群很难在这样庞大的网络中生存和发展，必须以城市群为重要单元参与全球化竞合。而城市群中各个城市及其各自产业如果没有形成高度协同局面，即便参与全球竞合，也没有太大的竞争力。从这个层面上看，通过产业空间分异，将城市群中各个城市用产业的力量凝聚起来，对外形成一个统一整体，才能产生巨大合力。未来，国与国之间的竞合有可能演化为城市群与城市群之间的竞合，决定一个国家竞争力的关键也可能会从某类或某几类产业的竞争演变为某个或某几个城市群的竞争。因此，城市群将成为一系列产业融合发展的地理空间载体与平台。

宏观层面上产业空间分异的驱动机理在于对中低端产业进行优化升级的目标与对区域发展不平衡进行调节的目标相结合，驱动将产业发展目标与区域发展目标相互嵌套，并具体在城市群这个平台上实施，以城市群为单元参与全球竞合过程。宏观层面上产业空间分异的驱动机制如图 3.13 所示。

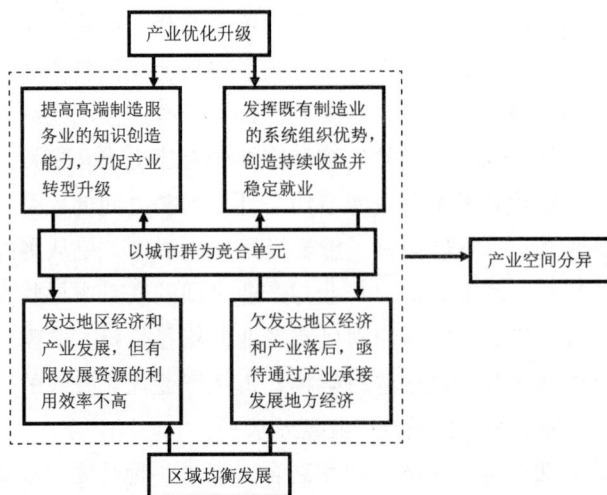

图 3.13　宏观层面产业空间分异的驱动机制过程图

以下进一步分析产业空间分异驱动所产生的结果效应、驱动的作用传导过程，以及驱动形式变化与分异格局之间的关系，并在此基础上分析产业空间分异与城市群之间的关联逻辑，以及其中所蕴含的产业空间分异提升城市群协同发展水平的逻辑过程。

3.2　驱动的结果效应

微观、中观和宏观层面的驱动力量相互重叠、相互渗透、相互影响，共同产生驱动效应，进而导致驱动结果发生。产业空间分异一般是三个层面驱动力量联合驱动的结果，很难单独分析每个层面驱动所对应的结果效应，因此只能从系统的角度加以分析。

企业集聚的主要目的是获得外部性效应（不为外部性效应，而只是追求内部规模经济和内部范围经济，则不需要企业集聚，这种情况不在本书研究的产业空间分异问题范围内），并且企业希望获得正外部性效应。关于外部性效应的研究成果很多，表述也不完全一致，本书认为 Scitovsky P（1954）的研究表述比较适合。他将外部性效应归结为"金钱外部性"（pecuniary externalities）和"技术外部性"（technological externalities）。金钱外部性是指企业集聚后可以利用共享性资源，如基础设施、劳动力、自然资源等，也可以利用彼此间建立的基于产品的投入产出关联关系；技术外部性是指面对面知识交流带来的新思想（知识溢出）引发的外部性。金钱外部性是企业能直接感受和希望的外部性，是企业集聚的主要目的，这种外部性适宜分析产业空间分异中制造业在外围和边缘城市的集聚；技术外部性虽不是企业集聚的直接目的，却是企业集聚的必然结果，同样让企业获益，这种外部性适宜分析产业空间分异中制造服务业在核心城市的集聚。

本书主要研究产业空间分异，且目前产业空间分异仍是产业发展的大趋势，因此本书主要讨论正效应，而不讨论负效应（产业空间分异与产业集群有所不同，前者目前仍处于发展早期和研究初期，主要关注有利的方面，而后者目前已处于发展中后期和研究深入期，要关注有利和不利的方面）。以下三个部分分别分析金钱外部性效应、技术外部性效应以及将两者整合到一起的效率倍增效应。

3.2.1　资源、产品与金钱外部性效应

无论企业如何掩饰和包装，其发展的最终目的都是获取利润。逐利性本质决定了企业会利用各种方法与手段，包括不断搜寻低成本资源、不断调整与合作伙伴的合作方式、不断调整企业选址等，实现更多和持续的利润，其主要目的是利润最大化。

企业之间集聚会为企业带来更多企业独处时所没有的好处，包括吸引大量专业化的劳动力到来、兴建更大规模的基础性设施、集聚更多的中间品供应商等，而这些好处最终都体现到企业的利润增加上。当企业发现与其他关联企业在地理空间上集聚会带来更多利润的时候，也即共享性资源和产品关联性引发的金钱外部性效应开始显现时，企业集聚的动力就会变得非常强劲。在此效应的作用下，（在区域承载极限范围内）企业集聚和利润增加之间呈正向关联关系并出现了两者间相互强化的现象。企业集聚的主要目的是实现这种金钱外部性效应，这也是企业能直接感受和希望的外部性效应。金钱外部性效应的大小也决定了企业集聚和分散的动力强弱。

传统的产业集群研究主要围绕金钱外部性效应展开，而产业空间分异问题中制造业在外围和边缘城市集聚的现象类似传统产业集群，因此可以用这个效应来分析产业空间分异中的制造业集聚问题。

3.2.2 知识关联与技术外部性效应

技术外部性效应是指面对面知识交流所带来的新思想（知识溢出）引发的外部性，它虽不是企业集聚的直接目的，却是企业集聚的必然结果，同样让企业获益。技术外部性效应产生的要求是知识的规模化集聚和多样化集聚，前者保证能由规模形成市场性，后者保证能由关联形成异质性。没有市场性，企业使用技术和知识代价很高，将会阻碍技术的使用和知识的传播；没有异质性，很难出现创造性和创新性的技术与发明，整个产业将因低端化而被淘汰出局。

技术外部性效应是通过知识关联产生的，可以通过 TP 模型（two person model）来描述知识关联。TP 模型假设存在"两个区域、三个部门和两种要素"。三个部门包括传统产业部门、制造业部门和制造服务业部门（具体区分后面会提及）；两种要素包括简单劳动力和技术人员。TP 模型演绎的区域分异过程如图 3.14 所示。

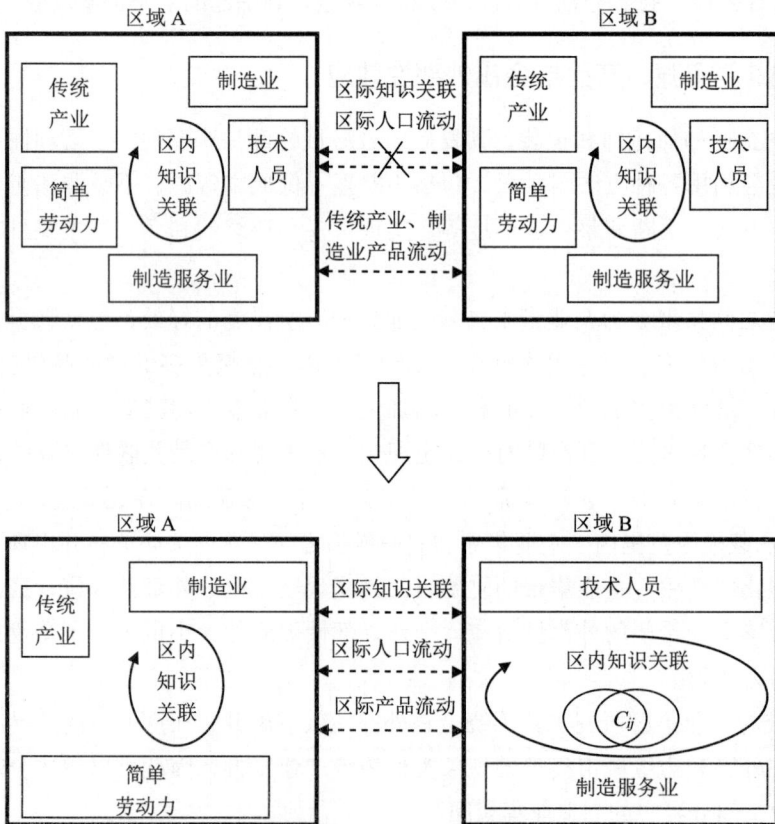

图 3.14　两区域的知识关联发展过程

图 3.14 的上部为初始状态，每个区域都各自存在传统产业、制造业和制造服务业。其中，传统产业按照瓦尔拉斯均衡生产同质化的产品，产品在区际贸易没有成本；制造业按照 D–S 框架生产异质性产品，产品在区内交易无成本，区际交易存在"冰山成本"。制造服务业只为本区域内的制造业提供知识支持，并相应获得制造业提供的知识报酬；简单劳动力只在传统产业和制造业中就业，提供劳动，为制造业企业生产产品；技术人员只在制造服务业中就业，提供知识，为制造业服务企业生产知识。包括简单劳动力和技术人员在内的所有人员均很难自由流动。

传统产业只利用简单劳动力作为投入，因此生产的产品完全同质化；制造业企业将劳动（由简单劳动力提供）和知识（向制造服务业购买的知识）按照一定比例混合作为投入，但知识存在差异，产品也因此存在异质性。和传统产业相比，由于在投入中加入了知识，因此制造业能够生产异质性产品而非同质化产品，并且异质性程度随知识投入在总投入中所占的比例不同而有所不同。

A、B 两个区域存在各自内部的知识关联，这种关联主要表现为技术人员在区内的制造服务业企业间流动带来的知识溢出和扩散。由于缺乏有效的区际技术人员流动，区际之间几乎不存在知识关联。因此，两个区域各自是一个独立的研发和生产系统，只在产品贸易方面保持联系，技术外部性发挥作用的范围被限制在区域内部。

图 3.14 的下部为变化后的状态。假定允许区际人员流动，包括简单劳动力和技术人员都可以自由流动。当一个技术人员从区域 B 之外进入区域 B（现实中，可能是区域 A 中的技术人员进入区域 B，也可能是从其他区域进入区域 B，不管怎样，区域 B 的技术人员规模和知识存量发生变化），并在其中的制造服务业企业就业，导致区域 B 的制造服务业规模扩大，通过本地市场效应和价格指数效应，并在循环累积效应的共同作用下，区域 B 中制造服务业的知识（既包括作为投入的知识，也包括作为产出的知识）变得更为低成本和多样化，区域 A 中的制造业开始购买区域 B 的知识（知识也是产品，因此可以贸易）作为自己的投入，因为来自区域 B 的知识可能比区域 A 的知识更"物美价廉"。

当区域 A 和区域 B 中的大部分甚至全部制造业企业已经使用了区域 B 中制造服务业的知识产品的时候，区域 A 中制造服务业知识产品的购买量就会越来越小，从而使区域 A 中的制造服务业企业收入下降，并引发技术人员大量从区域 A 迁往区域 B，进一步增加了区域 B 的知识规模化和多样化，技术人员的迁移和知识力量的增强正向强化了区域 B 的制造服务业，三者间形成相互强化的作用机制，最终使区域 B 中存在大量的技术人员和大规模的制造服务业，区域 A 中只保留少量的技术人员和制造服务业（为制造业企业提供基本的服务支持）。

一方面，区域 B 中技术人员大量增加，不断提高着区域内的收入和购买力水平（一般而言，技术人员收入高于简单劳动力），简单劳动力在区域 B 的生活成本逐渐变高，相较而言，区域 A 的生活成本就变得更适合简单劳动力生活；另一方面，区域 B 中制造业企业面临较大的生产成本增加压力（来自简单劳动力的收入增加）及区域 A 中制造业企业的产品竞争压力（购买知识后，区域 A 的制造业产品多样性不输于区域 B，且有较大的劳动力成本优势），在区域 B 中开设制造业企业不具优势。在这两方面原因作用下，简单劳动力和制造业企业从区域 B 迁往区域 A，简单劳动力和制造业企业向区域 A 的转移也会形成一种相互强化的机制，最终使区域 B 中几乎不存在（简单的中低端）制造业企业和传统制造业。

这些过程的最终结果是形成一个两区域的 C–P 模型（核心—外围模型），见图 3.14 的下部，其中区域 B 为核心、区域 A 为外围。两区域之间既存在贸易往来（区域 A 购买区域 B 的知识作为中间品投入，区域 B 购买区域 A 的传统产业和制造业产品作为消费品），也存在人员往来（技术人员主要向区域 B 流动，简单劳动力主要向区域 A 流动，但也存在少量的逆向流动，毕竟区域 A 还需要一定的技术人员指导生产、工艺等技术性工作，区域 B 也需要简单劳动力从事简单劳动）。

在这个最终形成的 C–P 模型中，区域 B 留存制造服务业和技术人员，主要提供知识产品，区域 A 留存制造业、传统产业和简单劳动力。区域 B 存在大量的区内知识关联，并且这种知识关联的产出随技术人员之间的知识同质性水平的增加而减少（C 为技术人员之间的同质性知识，其越大，创新性知识的产生量越少），区域 A 存在少量的区内知识关联（主要是关于制造工艺、加工技术等的经验交流），区域 A、B 之间存在大量的区际知识关联（以购买知识产品的形式发生关联）。

3.2.3 匹配、协同与效率倍增效应

金钱外部性效应和技术外部性效应虽然在产业空间分异中的制造业与制造服务业集聚环节都有体现，却各自分别有主要对应的集聚环节。金钱外部性效应对应制造业集聚环节，而技术外部性效应主要对应制造服务业集聚环节。迄今为止，制造业集聚问题研究最受关注，因为这种集聚形式对应现实中非常普遍的制造业集群现象。也许是源于产业发展进程的内在阶段性安排，制造服务业集聚则是最近十几年才逐渐显现的集聚现象，对其进行研究也是近些年才开始的工作，一般将制造服务业集聚归为创新集群的一种主要表现形式进行研究。

如果将以上两类问题分开进行研究，很难分析清楚产业空间分异现象。事实上，在两种效用、两个问题、两类现象之间还存在一种连接效应，正是这种连接效应把产业空间分异问题研究与较为成熟的制造业产业集群问题研究和新兴的创新集群问题研究区分开来。这种连接效应可以表述为效率倍增效应，其通过一个"匹配与协同"的过程得以实现，即完整过程包括产业与区域的匹配，产业与产业、区域与区域的协同，以及由此引发的效率倍增效应（见图3.15）。

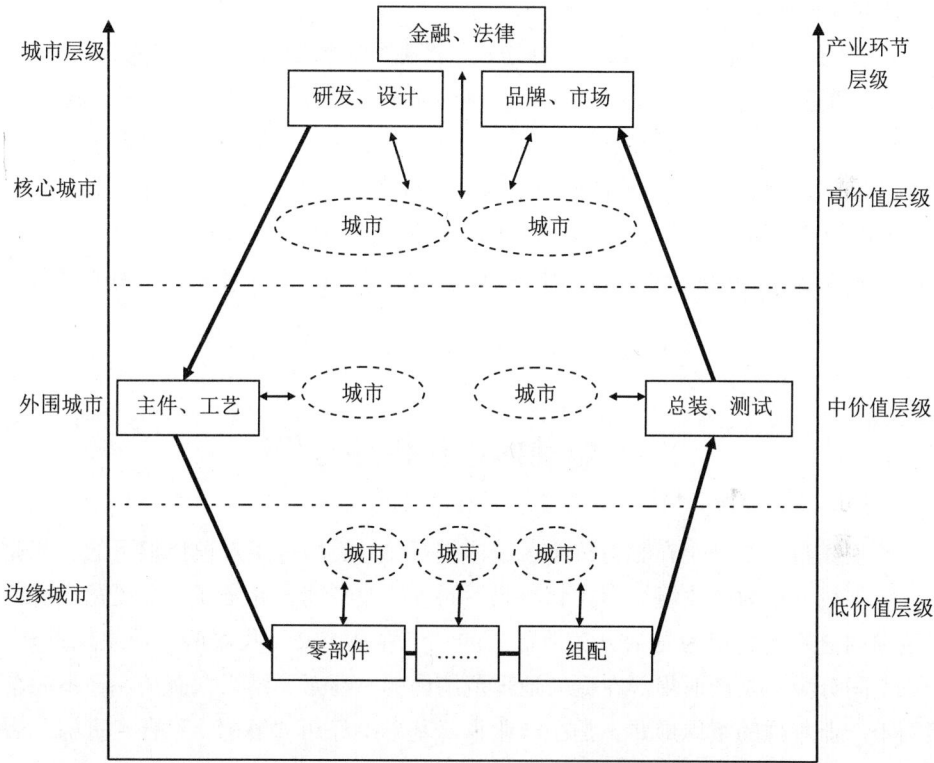

图 3.15　匹配、协同与效率倍增过程

效率倍增效应发挥作用的过程主要包括匹配阶段和协同阶段。在匹配阶段，产业各个环节按照价值贡献大小分为不同的层级，每个价值层级的产业环节与不同城市匹配，匹配涉及价值创造能力与城市商务成本、投入要素与城市资源、产品特征与区位情况等多项内容，匹配之后形成一个产业与城市的对应关系（图3.15细实线所示）。一般情况下，按照价值贡献大小对应之后的城市体系也呈现出层级关系，即价值从大到小对应城市从核心到外围再到边缘，产业和城市两者间出现很强的互嵌性（图3.15两个纵轴上划分的三个区域）。产业与城市匹配是产业空间分异的关键，因为只有某个或某几个产业环节与所在城市匹配，才能使成本效率最高，实现此部分的最优化，才能有后面的高效协同阶段。在协同阶段，产业的各个环节按照价值、资源、产品的不同与城市匹配之后，城市即是产业环节，产业环节也是城市。因为产业过程有很强的自组织过程，每个环节都有序参与这一组织过程（图3.15粗实线所示），所以城市也有序参与到这一组织过程中。各个产业环节的有序组织过程是其对应的各个城市的有序组织过程，城市被编排到产业的顺序组织过程中，最终的结果是产业的协同与城市的协同相互嵌套，通过产业协同完成城市协同。

产业的线性增长源于投入的线性增长，产业的阶跃增长源于分工的深入细化，这已经是普遍共识。产业空间分异将"产业环节嵌入城市"而非"产业嵌入城市"，通过匹配和协同将会成倍放大产出效率。比如，原来有十个城市，各自有十个产业集群，总产出是每个产业集群的产出之和。现在将十个城市变为一个城市群，其中一个城市为核心城市，其余九个城市形成一个垂直产业链，城市群总产出将会数倍于原来十个分散城市的产出。这其中的道理与亚当·斯密当年在制针厂中的发现是一样的。

3.3 驱动的作用传导过程

产业集群是在一个在相对狭小区域内进行的、有限分工规模情形下的、产业环节沿主线分布的产业组织形式。与此不同，产业空间分异是在一个更宽广的地理范围内进行的、更为复杂分工情形下的、产业环节交叉集聚的产业组织形式。产业空间分异不是产业集群在更大地理范围内的"蔓延"结果，而是一种不完全相同于产业集群的组织形式，是在产业集群基础上经历"解构、聚合、重构"后形成的一种全新的产业组织方式。

图3.16是产业集群与产业空间分异的产业组织过程比较图。其中，图3.16（a）为产业集群的产业组织形式，图中三个产业分布在三个产业集群中，三个产业集群分别围绕各自的主导产业呈现鱼骨图分布形态，每个集群占据一个区域，集群内部关联性很强，但集群彼此间的关联比较弱，或者几个集群占据一个区域，但集群间的关联性不强。图3.16（b）为产业空间分异的产业组织形式。从图中可以看出，三个产业融合到一起，呈现金字塔状分布形态，不同产业中类似的产业环节分布在同样的区域，产业与产业之间、区域与区域之间形成紧密联系。因此，产业空间分异是产业集群在分工深化后的一种新的产业组织形式。

总体上看，产业集群是一种产业为主、区域次之的产业空间组织形式，而产业空间分异是一种产业与区域平等互嵌的产业空间组织形式。正因为产业空间分异是一种在地理宽广度和产业细分度上都更复杂的产业空间组织方式，其驱动来源更广泛，驱动传导的过程更系统化、路径更显层次化，因此需要从不同角度分析其驱动作用的传导过程。

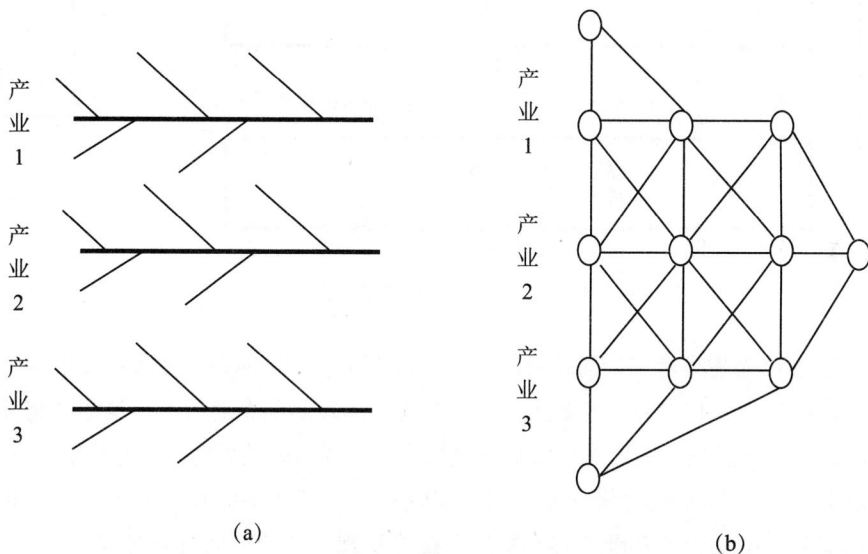

图 3.16　产业集群与产业空间分异的产业组织过程比较

（a）产业集群　　　　　　　　　　（b）产业空间分异

3.3.1　三个层面的递进与互馈

产业空间分异的驱动力量分别来源于微观企业层面对成本、利润和竞合优势的考量，中观集群层面对资源、成本和集聚价值的权衡，以及宏观政策层面对产业优化升级、区域均衡发展和城市群竞合单元的统筹。三个层面的力量形成一种递进与互馈的驱动传导过程，如图 3.17 所示。

其中，递进过程描述为微观层面的力量驱动企业采取近似的行动，大量企业的个体行为聚合之后就会形成群体现象，在中观的集群层面产生影响；中观层面的力量驱动产业集群表现出不同的发展形态，集群的大规模关联效应引发宏观层面的政策关注，最终表现为政策的调整和变化。

```
┌─────────────────────────────────────────────────────────────┐
│   ┌─────────────────────────────────────────────┐           │
│   │   宏观政策层面统筹：                          │           │    ┌──────┐
│   │   产业优化升级、区域均衡发展、城市群竞合单元  │           │    │ 产  │
│   └─────────────────────────────────────────────┘           │    │ 业  │
│  产业政策           群体现象引起政策关注        ↑            │    │ 空  │
│   ┌─────────────────────────────────────────────┐           │    │ 间  │
│   │   中观集群层面权衡：                          │           │    │ 分  │
│   │   资源、成本、集聚价值                        │           │    │ 异  │
│   └─────────────────────────────────────────────┘           │    └──────┘
│  企业扶持   集聚影响      个体行为聚合为群体现象 ↑            │
│   ┌─────────────────────────────────────────────┐           │
│   │   微观企业层面考量：                          │           │
│   │   成本、利润、竞合优势                        │           │
│   └─────────────────────────────────────────────┘           │
└─────────────────────────────────────────────────────────────┘
```

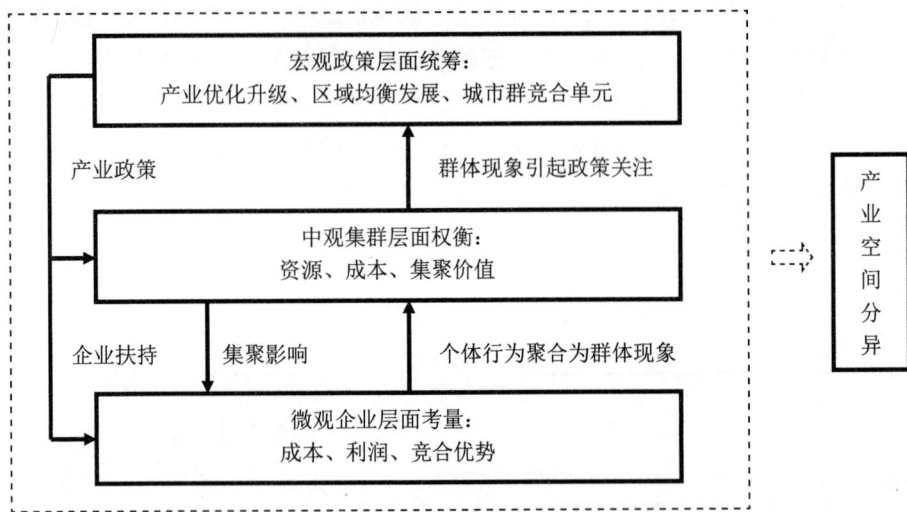

图 3.17　三个层面的递进与互馈示意图

互馈过程描述为宏观层面政策的出台势必影响中观层面的产业集群发展和微观层面的企业行为，其中针对产业集群的政策还会间接影响企业行为，这些影响又会通过前述的递进过程再次形成从微观到中观再到宏观的递进影响，如此反复。

在这三个层面驱动力量的递进和互馈过程中，产业中的各个分工环节不断细化，不同环节中的企业不断转移和集聚，最终实现了产业空间分异过程。

3.3.2　两个维度的交织与互嵌

产业空间分异的驱动力量传导过程还体现在产业维度和地理维度的交织和互嵌上：产业维度描述的是产业空间关系，展示了不同产业环节的分工与协作关系；地理维度描述的是地理空间关系，展示了不同城市的距离和层级关系。

一方面，产业不断分工带来了更多的产业环节，而不同的产业环节之间需要更高效的产业协同和协作；另一方面，产业存在对地理空间的天然附着性，体现为企业必须存在于具体的地理空间中，研究产业问题很难离开地理维度。不仅如此，产业环节之间存在关联性，且产业环节企业又深深根植于所在区域，这些区域之间也因产业环节关联而产生关联，从而使产业网络与区域网络形成了关联形态近似的高度互嵌关系。

由于这种在产业维度和地理维度上交织和互嵌关系的存在，产业环节变化可能引起所在区域变化。比如，产业环节增加可能卷入更多区域，从而扩大区域规模；产业环节的地位提升可能改变区域在区域体系中的层级。反之，区域变化也可能引起所在产业环节的变化。比如，一个区域人口结构变化，可能会影响企业的转出或转入，从而影响所在区域的产业环节。

这种交织和互嵌既能保持一定情形下产业结构与区域结构的稳定，也能因一个维度的变化影响另一个维度的变化而造成整体产业结构和区域结构的变化调整。在这种维度间的作用影响下，驱动力量得以在产业空间和地理空间之间相互传导，从而实现产业空间分异。

3.3.3　三个效应的伴生与互促

产业空间分异的三个效应即金钱外部性效应、技术外部性效应及效率倍增效应，分别是企业希望实现的效应、企业意料之外的效应以及城市群发展希望实现的效应。企业集聚的主要目的是实现金钱外部性效应，但在此过程中，由于集聚效应外溢产生出企业意料之外的技术外部性效应，这两个部分的效应是产业集群特有的效应。由于产业空间分异的产业分工环节与城市高度互嵌，分工细化程度和产业组织模式均优于产业集群，因此在金钱外部性效应和技术外部性效应的基础上还存在效率倍增效应。

在产业空间分异过程中，三个效应相互伴生，金钱外部性效应一定伴随技术外部性效应，同样，技术外部性效应一定伴随金钱外部性效应，效率倍增效应也是金钱外部性效应和技术外部性效应倍增的结果。因此，一个效应存在的同时，另外两个效应一定存在，三个效应相互伴生。

三个效应不仅相互伴生，还相互促进，即一个效应的增强也会带动另外两个效应的增强。在企业通过深化分工、加强协同等方式增强金钱外部性效应的同时，无形中通过人员流动、知识共享等方式增强了技术外部性效应，两者一旦增强，效率倍增效应也会增强。同样，技术外部性效用增强会体现到企业利润上，增强金钱外部性效应。如前所述，效率倍增效应是金钱外部性效应和技术外部性效应倍增的结果，增强前者效应的实质就是增强后两者效应。

虽然企业集聚的初衷只是为了实现金钱外部性效应，但不管怎样，也间接导致技术外部性效应和效率倍增效应的出现，且一个效应过程被启动，其他效应过程也会被启动，然后三个效应就进入一种相互促进的良性发展过程。这一过程不断推动企业和产业变化，最终促进产业空间分异的发生和发展（见图3.18）

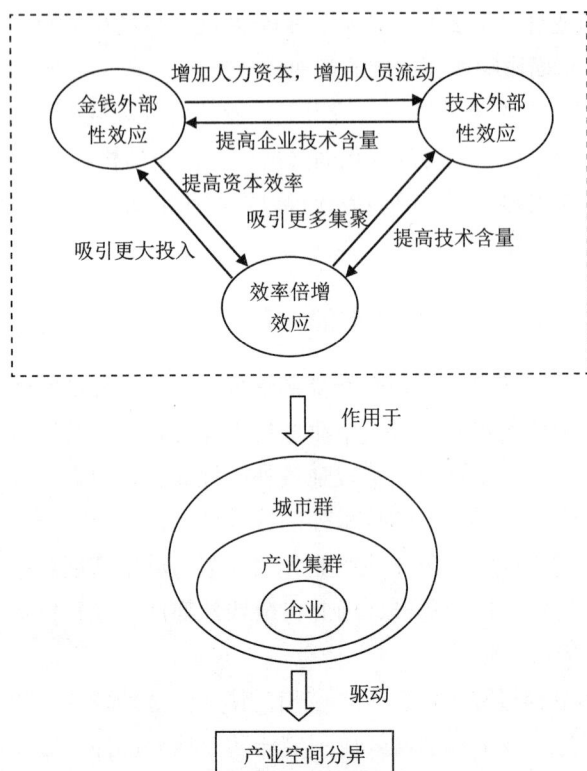

图 3.18　三个效应的伴生与互促示意图

3.4　驱动形式变化与分异格局差异

现实中，不同城市群的产业空间分异格局存在很大差异。比如，有的城市群是单核心，有的城市群是双核心，单核心城市群的制造服务业集聚在唯一的核心城市并服务所在城市群，双核心城市群的制造服务业集聚在两个核心城市并以竞合态势服务所在城市群。又如，有的城市群中的各类产业近似，各类产业和各个城市之间的联系都比较紧密；有的城市群中的各类产业和各个城市之间的联系相对比较松散，产业空间分异格局也存在差异。

由于产业空间分异是各方面驱动力量共同作用的结果，因此产业空间分异的格局差异也是驱动力量综合作用变化的结果。正是这种综合作用的变化（综合表现为驱动形式的变化）导致了产业空间呈现出不同的分异格局。

3.4.1　主导层面变化与分异格局差异

微观的企业、中观的产业集群和宏观的城市群这三个层面的驱动力量呈现一种递进和互馈的关系，共同推动产业空间分异的形成与发展。在理论分析过程中，三个层面相互影响、彼此平等，但实际中存在着规模、地位和影响力的差异，即存在主导层面与非主导层面的差别。主导层面变化及其对分异格局差异的影响比较如表3.3所示。

表3.3　主导层面变化及其对分异格局差异的影响比较

主导层面	表　现	成　因	相应的分异格局差异影响
微观层面	转移和集聚主要是企业自发的决策行为，不会受到产业集群或产业政策的过多影响	企业规模较大、内部体系较全，受集群影响较小；集群本身的凝聚力不强；企业业务受政策影响小	容易形成双核心甚至是多核心的城市群，外围和边缘城市之间联系比较松散；制造服务业的集中度不够，服务规模、层次和水平未到最优点，服务成本较高；制造业之间的联系较松散，且稳定度不够；产业与城市契合性最差，产业空间分异的稳定性最差
中观层面	产业集群是空间分异的主体，企业跟随集群行为而动，集群行为以自身战略为主要依据，不会完全受政策左右	集群发展较为成熟，凝集力很强，不会完全根植或依附于某个固定区域，整体迁移能力强；企业除了依附于集群外，没有别的生存方法	以产业集群的链条环节为顺序形成空间分异格局；城市群中各城市之间的联系紧密程度与集群高度相关，集群联系紧密的城市联系也紧密，反之亦然；集群高端环节集聚的城市成为核心城市；因为集群自由匹配产业环节与城市，所以产业与城市契合性最好；因为极易受到集群行为结果的影响，所以产业空间分异的稳定性居中（比微观层面企业分散行为时的稳定性好）
宏观层面	宏观政策主导下，吸引企业集聚和集群迁入，企业和集群主要以政策为行为依据	企业之间并未形成有效的产业集聚态势，主要依靠政策指引决策；企业和产业集群的主要价值获取来自政策，因此对政策变化非常敏感，也极易受到政策影响	整个产业空间分异及城市群的格局非常清晰，城市地位和城市之间的产业联系非常紧密，且整体体现政策目标；因为是政策引导下的产业环节与城市匹配，所以产业与城市契合性居中（比微观层面企业自发行为时的契合性好）；因为政策的相对稳定性和长期性，所以产业空间分异的稳定性最好

从表3.3可以看出，如果将三个层面分别作为主导层面，对应的产业空间分异格局会出现差异。从总体上看，中观层面主导的契合性最好，但稳定性次之；宏观层面主导的稳定性最好，但契合性次之；微观层面主导的契合性和稳定性在三者中均为最差。

微观层面主导的结果很容易理解，以分散的单个企业个体为决策单位进行的产业空间演化行为，缺乏对整体产业过程的权衡与选择，因此就某个企业而言，可能与所在区域高度契合，但就产业环节而言，可能契合度不高。同样，由于企业独立分散决策，其决策结果比集群群体决策的结果更多样，变化也更频繁，因此稳定性最差。毕竟，十个分散的企业决策与十个企业聚合的集群决策相比，不仅情况更复杂，变化也会更频繁。

中观层面是集群自发的匹配和选择行为，市场化程度较高，每个产业环节都能和所在区域充分比较，并在整体最优情况下匹配和选择，因此契合度在三者中最高。相比分散的单个企业决策过程，源于企业群体的决策过程更具长期性和妥协性，其稳定性高于微观层面情形，但由于市场的逐利本质注定了其可以和所在区域发展"同发展"，很难"共患难"，尤其在本身根植性不强的情况下，产业集群很容易发生转移，因此中观层面驱动的（与宏观层面相比较）产业空间分异格局稳定性没有宏观层面好。

宏观层面驱动是政策引导下的产业环节与城市的匹配和嵌入过程。因为政策的长期性，产业空间分异的稳定性在三者中最强。由于政策引导下的产业空间分异缺乏充分的市场化磨合过程，更多是追逐政策红利的结果，因此其契合性不及中观层面，但由于政策一般是全局性考量的结果，因此其契合性比微观层面好。

无论产业空间分异的格局如何不同，其根本目的都是通过产业协同带动城市群整体发展，因此产业环节和城市的契合性及产业空间分异的稳定性至关重要。除去最不理想的微观层面情形，中观层面和宏观层面情形在契合性和稳定性方面各有优劣，因此最优选择是两者兼顾，即在宏观层面制定规划，使产业在城市体系中有序分布，而后借助政策并基于市场原则引导产业集群自发完成匹配和选择过程。这一过程既要注意完全尊重集群和市场的自发性和自主性，又要注意配置产业集群的本地根植性，以实现分异格局的契合性和稳定性最优的目标。

3.4.2 主导维度变化与分异格局差异

产业和地理两个维度相互交织和互嵌，不同的产业环节融入不同的地理空间，不同特质的地理空间承载不同的产业环节。正因为存在这种产业维度和地理维度的相互影响关系，一个维度的发展很难不受另一个维度的影响，因此研究产业问题离不开具体的承载区域研究，研究城市之间的协同发展也离不开城市间的产业关联研究。

虽然产业和地理两个维度相互关联、彼此呼应，但落实到具体的产业空间分异问题上，依旧避不开两者间谁主导的问题。在产业维度主导的驱动过程中，产业关系是产业空间分异格局的主要驱动力量，产业关系施加的影响大于地理关系施加的影响。在地理维度主导的驱动过程中，情形则刚好相反。主导维度变化及其对分异格局差异的影响比较如表3.4所示。

表3.4　主导维度变化及其对分异格局差异的影响比较

主导维度	表现	相应的分异格局差异影响
产业维度	在产业环节与地理空间的互嵌过程中，产业环节的影响大于地理空间，表现为城市层级由其上承载的产业环节所决定，产业环节的变化会引起城市层级的变化；城市之间联系的紧密度由产业之间联系的紧密度决定，如果两个城市之间的产业联系不再紧密，城市之间的联系也会逐渐变得松散	产业空间分异格局与产业的链状分布格局相近，产业链的垂直分布形状与城市群的垂直分布体系几乎一致；多见于产业链较少的城市群，如果某个城市群仅存在少数几个产业链，则单个产业链将极大影响城市群；常见于城市群的发展早期，城市之间的主要联系限于产业联系，文化、社会、生态等其余联系的影响力不大
地理维度	在产业环节与地理空间的互嵌过程中，地理空间的影响大于产业环节，表现为产业环节选择在何处落地的主要依据是城市资源和发展水平，城市可以主动选择接纳或拒绝某类产业的进入；某类产业在城市之间的关系变化不会对城市间关系产生重大影响	城市群中的城市体系形态不是由某个单一的产业链所决定的，而是众多产业分工、分布并协同的结果；多见于产业链较多的城市群，因此单一产业链变化很难影响城市群发展；或是城市群发展成熟期，城市之间存在多样化联系，产业联系变化的影响力减弱，城市之间的多样性联系使产业联系不再具有决定性

从表3.4可以看出，产业维度主导和地理维度主导的产业空间分异过程存在不同的分异格局，两者没有孰优孰劣之分，更多的可能是发展阶段的差异问题。

城市群发展早期，城市的功能定位优势没有完全显现，城市之间的联系不是很紧密，联系方式也单一化，城市群中的产业链不多也不完整，因此要想强化城市之间的联系并推动城市群整体发展，从产业维度着手可能是一个非常有效的途径。通过完善产业链环节、优化产业链环节地理分布、增加产业链条数量等手段，不仅可以拓展城市间的联系宽度，还可以促进联系的深入程度。因此，围绕这一过程所形成的产业空间分异格局会受到产业维度推进的速度、力度和方向等方面的积极影响。

城市群发展成熟期，产业发展已较为成熟和多样，城市定位明确，功能作用显现，此时如果再以产业维度为主导，可能使城市群发展目标单一化，缺乏持续发展的动力，因此应该以地理维度为主导推进形成以城市群体系为外在表征的产业空间分异格局。通过不同产业分工在城市之间的优化分布、城市联系的多样化等方式，扩展城市群的协同规模，加强深度协同，优化协同方式，夯实城市群协同的多重基础，最大限度地减小产业关系变化对城市群发展的干扰和影响。

3.4.3　主导效应变化与分异格局差异

金钱外部性效应、技术外部性效应和效率倍增效应之间呈现伴生与互促的关系。一种效应的发生总是伴随着另外两种效应的发生，一种效应的增强也会带来另外两种效应的增强。虽然三种效应之间是伴生和互促的关系，但仍然存在某个效应发挥主要影响的情况，也即在产业空间分异过程中某种效应起主导作用，主导效应变化将会带来分异格局差异。主导效应变化及其对分异格局差异的影响比较如表3.5所示。

表3.5　主导效应变化及其对分异格局差异的影响比较

主导效应	表现	相应的分异格局差异影响
金钱外部性效应主导	企业行为的主要目的是获取来自集聚和合作的收益，并且这种收益占集聚总收益的比例较大；技术水平不高，人员流动不频繁，因此存在技术外溢但影响不大；协同水平不高，分工不够深入，因此存在效率倍增效应，但影响不大	产业空间分异格局与企业间的纵向产业协作方向相似，产业分布与自然资源、劳动力资源的分布一致；城市间联系更多体现产业协同紧密程度；由于金钱外部性效应主要存在于制造环节，外围和边缘城市地位重要，核心城市的制造服务业集聚度和集聚水平不高
技术外部性效应主导	尽管企业依旧将金钱外部性效应当作行为目标，但从整体上看，集聚总收益中源于技术水平提高并共享的技术外部性效应的比例越来越高；知识生产及知识外溢发挥主导作用，并由此产生主要的集聚收益，企业自身决断时希望获取的收益反而变得微不足道	产业空间分异格局与产业中技术对整个产业环节的影响方向一致，技术向下辐射的方向就是产业空间分异的方向；由于技术外部性效应主要存在于制造服务业环节，核心城市的地位重要，外围和边缘城市服从和服务于核心城市

主导效应	表现	相应的分异格局差异影响
效率倍增效应主导	金钱外部性效应和技术外部性效应间形成一种良性的互动关系，两者共同发挥作用使整体产出呈现效率的成倍增长	产业协同环节分布呈现"树状"分布，制造服务业集聚于"树干"，各个产业如同"树枝"，共同汲取"树干"的技术外部性效应，并通过服务外包为"树干"提供金钱外部性效应；多个制造业集聚在同一城市群，其共性的制造服务业环节在核心城市规模化集聚，以高水平的服务质量支持制造业环节

从表3.5可以看出，不同效应主导的产业空间分异格局差异既是企业集聚目的和理念转换过程的差异，又是空间分异驱动动能转换过程的差异，还是产业空间分异由内在激励到外在激励再到内外激励相结合的过程的差异。

金钱外部性效应主导时，企业的集聚和迁移的主要目的是获取更多利润，支撑企业经营行为的基本理念来源于对更多金钱的攫取，利用自然资源和劳动力资源的观念将产业发展水平固定在中低端的低附加值环节，集中体现在产业空间分异格局以制造业环节为主，主要布局外围和边缘城市。产业在此两类城市布局主要看其自然资源和劳动力资源的丰匮情况，城市之间的联系主要体现为更好地实现产业环节的低成本和高效率运行。驱动产业空间分异格局转换的主要动力是资源情况变动带来的金钱外部性效应变化，由于资源丰富性的相对不稳定性，因此格局转换的概率较高，频率较快。格局转换由企业内在激励所驱动，由于企业个体的分散性，内在驱动形式多样，同样存在较大的不稳定性，进而引发格局的高度不稳定性。

技术外部性效应主导时，虽然企业仍然考量金钱外部性效用带来的利润，但由于企业之间存在密切的技术关联性，单一企业脱离这种关联关系很难生存，并且技术外溢效应产生的价值高于金钱外部性效应产生的价值，因此企业获取的总收益中很大比例来源于技术外部性效应。驱动产业空间分异格局变化的主要力量是技术变化，这种技术变化相对而言比较稳定，因此分异格局也比较稳定。技术合作和外溢是一种外在的激励，源于相互之间的协作，这种集中协作的形式比分散的企业形式更单一，更持续稳固。

无论金钱外部性效应，还是技术外部性效应，都是一种单一效应主导的局面，虽然两者皆可以提高集聚和协同的效率，但效率并未完全发挥。当两者进入一种良性互动发展的局面时，即企业基于金钱外部性效应实施行为，会有效促进技术外部性效应的发挥，后者又会刺激金钱外部性效应，这再次促进了技术外部性效应的发挥，如此反复的相互促进（企业为获取利润加大研发投入和技术协同力度，促进技术提升并外溢，后者又促进企业利润增加，企业有能力也更愿意进行技术投入，如此反复），就可以产生效率倍增效应。产业空间分异格局形成的驱动力量来源于企业内在激励和外在激励的有机结合过程，这种力量比前两种效应的驱动更稳定，是一个自强化的驱动系统，因此空间分异格局更稳定。

3.5 产业空间分异与城市群协同发展之间的关联逻辑

3.5.1 产业空间分异与城市化过程的关联表现

由于产业的空间附着性及其与城市发展的密切关联性，产业空间分异与城市化过程之间存在高度关联，这种关联在我国具体表现为块状经济、工业区、开发区和特色小镇等形式。这四种产业空间分异形式与城市化过程的主要关联表现如表 3.6 所示，其关联发展如表 3.7 所示。

表3.6 四种产业空间分异形式与城市化过程的主要关联表现

形式	产业情况（主要针对第二产业、第三产业）		经济导向	所处区域	与中心城市距离	主导行政科层	主导力量	政府行为	驱动力量
块状经济	制造业简单聚集	制造服务业匮乏且分散	内需与外向型	乡/镇	由远及近	乡/镇	市场自发	无为而治	市场化
工业区	制造业复杂聚集	制造服务业匮乏且分散	外向型	城市	由远及近	市/县	行政主导	有为	工业化

形式	产业情况（主要针对第二产业、第三产业）	经济导向	所处区域	与中心城市距离	主导行政科层	主导力量	政府行为	驱动力量
开发区	制造服务业得到一定发展，制造业与制造服务业出现协同聚集	外向型	中心城市外围	由远及近	省/市/县	行政主导	有为	城市化
特色小镇	制造业与制造服务业协同，但同类的制造服务业开始重新聚集	内需与外向型	城市外围	不完全是中心城市，主要是特色	省/市/县	市场主导，行政为辅	有所为，有所不为	产业升级，新型城市化

驱动产业空间分异与城市化过程相互关联的因素主要包括四个方面。

（1）分工协同。企业业务剥离后形成业务专业化，同类业务集聚形成地区专业化。地区专业化是区域发展的一个有效手段，大城市发展总的趋势是由地区制造业专业化向地区服务业专业化发展。

（2）制度协同。协同是为了寻求一种介于企业和市场之间的协同聚集形式，使成本最小化，这种协同需要城市根据产业发展的需要协调彼此的制度，形成城市跟随产业的关联形式。

（3）创新协同。网络视域下，可编码知识的地位被不可编码知识取代，协同聚集日趋重要。在复杂创新环境下，单一的产业很难有所突破，而产业间渗透和融合的关键平台是城市，没有城市的发展，就没有规模化和多样化的产业。

（4）资本协同。资本协同可以理解为社会网络协同或是关系协同，但社会网络或关系网络并非完全基于产业关系而建立，还会基于亲群、社群等其他关系建立，这些关系显然是根植于城市发展过程中的。

3

分异驱动机理及其对协同发展的影响机理

表3.7 四种产业空间分异形式与城市化过程的关联发展

演化阶段	表现形式	图形示意	形成说明
产业空间集聚	块状经济	集聚体1　集聚体2	制造业在某个区域内集聚（在中国多为城镇），彼此间主要为前后向关联关系。制造业低端，因此制造服务业不发达
	工业区		制造业提升，出现一定规模的制造服务业，但层次不高，专业性不强。制造业集中在城市周边的城镇（形成工业区），服务业集中在城市
	开发区		出现专业性的制造服务业，并与相关的制造业邻近。在产业维度上，前后向关联密切，水平关联的支持力度加大；在地理维度上的邻近性增强。一般为政府主导的、产业特色明显的开发区
产业空间分异	特色小镇		随着制造水平的提升，对高水平服务的要求越来越高，制造服务业本身也需要规模化集聚以寻求更优的外部效应，因此制造服务业开始转移，并在同一个城市中的某处再集聚（分异），形成制造服务业按服务业类别集聚（如金融特色小镇）、制造业按产业类别集聚（如灯具特色小镇）的同城分离模式
	城市体系		由于相互邻近的不同城市之间的制造服务业具有很多共性，且服务业本身需要更大规模扩张以寻求外部规模效应，因此一些城市集中了大量的制造服务业，其余城市集中各具特色的制造产业，形成城市体系

说明：Ⓐ制造业　Ⓑ制造服务业　⭕城市/城镇

3.5.2 产业空间分异与城市群协同发展的关联机制

由前所述，产业空间分异与城市化过程之间存在关联性。随着城市化的不断推进，从单一城市发展阶段进入城市体系发展阶段时，产业空间分异和城市群之间就会建立起更紧密的联系，这种联系主要体现在以下三个方面。

（1）产业空间分异带来分工深化与规模集聚，推动城市群规模不断扩大、联系紧密度不断增强。产业空间分异必然伴随产业分工的深化，产业环节又会分类集聚，衍生出更多集聚体，进而吸引更多资源参与产业空间分异的深度发展，并且这个过程始终处于动态推进过程中。这是因为产业迂回度增加、交易品种增多等达到一定程度时，单一城市本身不具备足够的资源承载，又很难吸引足够资源集中于单一城市空间范围内，就需要更多城市参与正在深化并将不断持续的产业分工过程。在这种以产业空间分异为"因"、城市群发展为"果"的演化过程中，存在一种往常被提到的"以产促城"的推进机制，不同的是，以往这种机制多用于理解某个城市的局部产业发展，而这里指整个城市群的产业系统。我们可以借助图 3.19 理解这种机制从城市到城市群的应用变化过程。

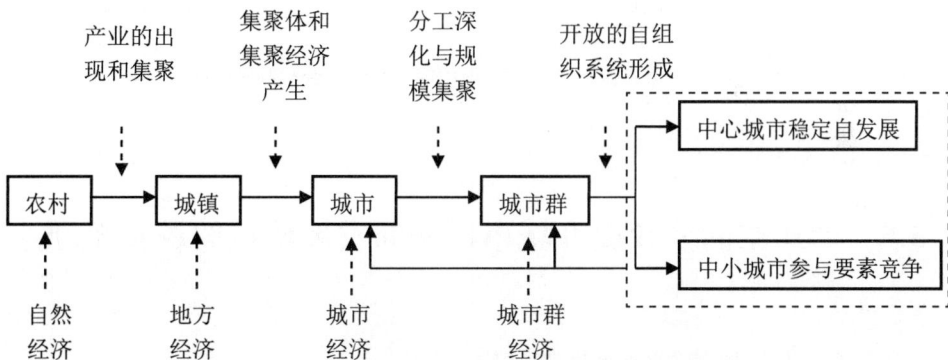

图 3.19 产业空间分异促进城市群发展的过程示意图

资料来源：参考李军辉（2013）绘制，有修改。

（2）城市群发展为实施产业空间分异必须要面对的产业环节裂变与集聚过程提供了从要素、空间等实体资源到智力支持、后勤服务等虚拟资源的系统化支持。深度分工必然带来产业环节的高频裂变，新的产业环节会按照各自的最优目标进行迁移和再集聚，这实质上已突破了单一城市的要素依赖，而在城市群中重新组合必要的产业资源。单一城市发展难以回避的土地制约也会因为其他城市的参与而得到有效解决，此时的城市群可以被理解为一个更大规模的城市（当然由于彼此间协调难度的增加，并非城市产业政策应用范围的简单扩大）。城市群发展也会为产业空间分异的深化提供更大规模和更专业的治理支持，专业化分工后的城市更容易提供针对性强、目标明确的信息、金融、法律、教育和技术研发服务，也能根据城市主要居住人群的特点提供更方便有效的公共管理和社会服务资源。这个过程进一步强化了产业空间分异的效果。

（3）产业空间分异与城市群协同发展之间是一种相互反馈、相互制约和相互促进的关联关系。城市群协同发展一般始于产业空间分异带来的产业协同，即前面提及的"以产促城"机制。一旦产业协同这个助燃剂发挥作用后，接下来就会启动"以城促产"这个反馈、制约和促进机制，产业空间分异的发展必然受到城市群发展的影响。两者间不断作用，最终会形成"产城融合"的良性发展局面。产业空间分异与城市群协同发展的关联机制如图 3.20 所示。

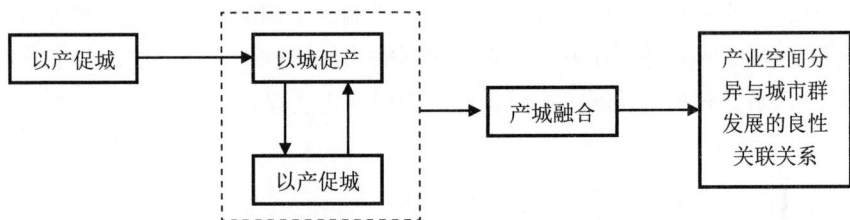

图 3.20　产业空间分异与城市群协同发展的关联机制示意图

3.6　产业空间分异提升城市群协同发展质量的逻辑机理

3.6.1　提升城市群经济性的逻辑机理

产业空间分异使不同企业面临不同的发展环境，为适应由此带来的经营内容、方式和规模等的变化，不同的管理方法和生产技术将被运用。同时，随着不同的生产方式、技术手段和社会网络的引入，产业系统变得更加开放，能有效避免产业发展中常见的"自我锁定"现象的发生。不同产业环节在不同城市的价值不完全相同，核心城市价值不高甚至是负价值的产业环节在外围和边缘城市可能由于成本降低的原因成为高价值的产业环节，因此通过空间分异向外围和边缘城市有序转移中低端产业环节，也能积极应对产业发展的结构化困局，实现产业结构调整的目的。

产业结构层次的提升可以从两个方面实现：一是原有产业环节的升级；二是新的更高产业环节的进入。核心城市中的中低端产业环节迁出后，腾出的大量资源要素不仅可以用于原有产业环节的升级需要，还可为新产业环节的进入创造条件，因为中低端产业环节的存在不仅会影响升级时的资源要素再分配，也会降低当地吸引中高端产业环节进入的热情。

同类产业环节的规模化集聚也拓展了所在城市的知识和技术扩散渠道和范围，改变了信息传递方式，商业环境、产业环境和配套环境的变化促使核心城市相应调整协作机制、激励机制、知识学习和技术扩展渠道，以走出"固步自封"的困局。

通过产业空间分异，一方面，可以在更大空间上重新配置资源要素，从而使要素禀赋失去地理意义；另一方面，可以突破产业发展的规模瓶颈，充分发挥内生比较优势。同时，消费市场扩容和地区间经济差异缩小可以刺激整个城市群产业规模的进一步扩大。总的来看，产业空间分异提升城市群经济协同发展质量的逻辑机制如图 3.21 所示。

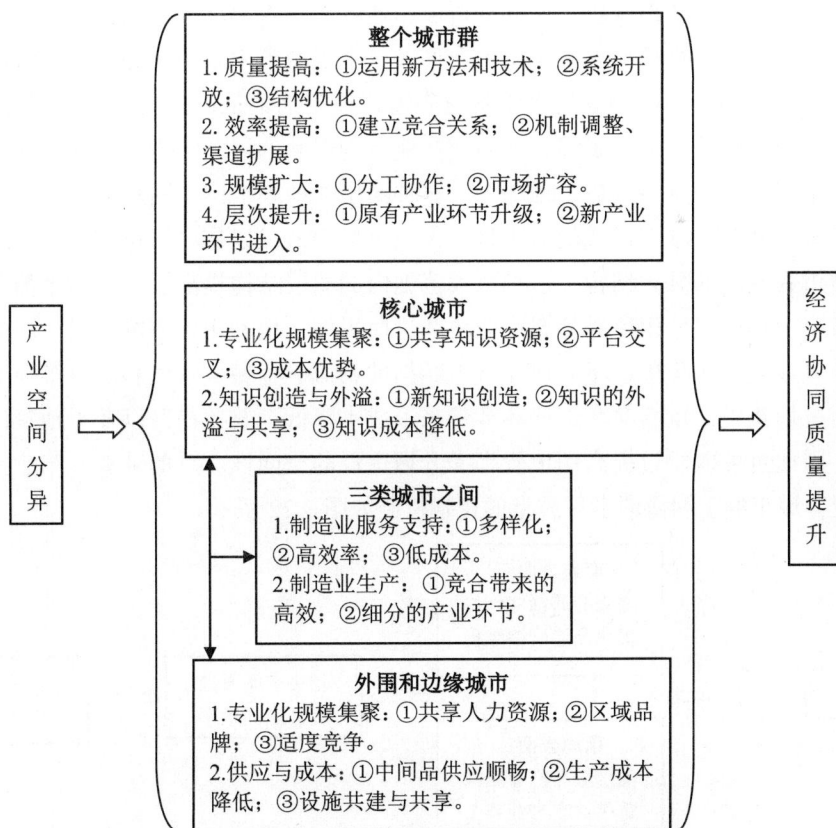

图 3.21 产业空间分异提升城市群经济协同发展质量的逻辑机制图

3.6.2 提升城市群空间性的逻辑机理

产业空间分异可以提升城市群的空间性，这种提升主要从交通和用地两个方面实现。

在交通方面，可以进一步从运输网络的增强和优化两个方面阐述。产业环节在邻近的城市间分布，可以进一步促进城市之间的货物和人员往来，包括公路、铁路和水路在内的主要交通基础设施不断增加，形成了密集的城市群内外部交通网络，改善了城市群内部城市之间以及整个城市群与外部城市的客货运输条件，增强了城市群的空间凝集性。交通运输网络是根据产业联系的紧密程度（这种紧密程度尤其体现为客货运输量的多少）不断优化的，使城市间交通运输网络出现"宽"和"窄"的差异，也即道路数量、等级等差异。这种差异与产业联系的紧密度一致，是城市群空间结构优化的主要结果。

在用地方面，产业空间分异提升城市群空间性的逻辑机制可以从级差地租和重叠共享两个角度加以分析，这种分析以用地效率是否提高为评判标准。级差地租描述的是这样一个现象，某个城市会形成一个以城市中心为核心向外发散的级差地租圈层结构，同时沿着这个结构分布着产业附加值从高到低的制造服务业、制造业和农业，从而形成了级差地租和产业结构嵌套的层级结构。以往主要集中研究某个城市中的圈层现象，现如今，这种圈层的地理范围不断扩大，已经从单一城市扩展到多个城市形成的城市群，在城市群中形成以核心城市、外围城市和边缘城市为圈层的分布结构，这种更大范围内的圈层结构提高了不同城市的土地利用效率。在按照地租差异分布产业环节进而提高土地利用效率的同时，同类产业环节可以规模化集中，不同产业链中相同的物流、金融、营销和法律等环节也会因重叠而集中，重叠共享这些环节带来了成本降低、效益提升以及土地资源的节约，因此也可以通过提高用地效率提升城市群的空间性。总的来看，产业空间分异提升城市群空间协同发展质量的逻辑机制如图 3.22 所示。

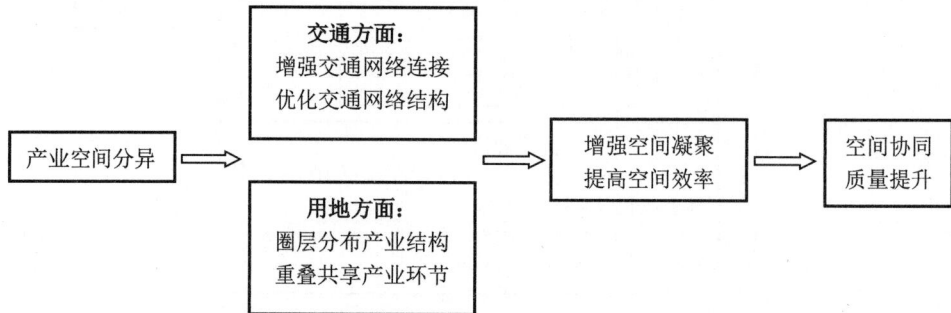

图 3.22 产业空间分异提升城市群空间协同发展质量的逻辑机制图

3.6.3 提升城市群社会性的逻辑机理

产业空间分异所形成的层级产业结构可以通过要素的有效配置与高效使用有效改善各城市要素资源紧张的局面，资源要素价格回落有助于商品成本降低，提高居民收入的实际购买力。同类产业环节集聚利于社区规划、交通布局、人力培训等公共和社会服务更好定位。集中的产业环节也利于排污、节能设施和设备的高效投入，改善城市群整体生态环境。

除此以外，产业空间分异还会增强城市之间的人员往来、文化交往和价值认同，最终在社会层面上形成城市群整体协同发展的理念。这种建立在社会层面上的城市群协同发展理念是维系整个城市群完整性和系统性的终极力量，一旦形成，不仅不会因为产业布局和空间格局的变化而变化，还会影响产业布局和空间格局的变化。从这个角度看，城市群协同发展源于产业协同，并经过产业协同和空间协同的互馈强化，进一步形成社会协同，这种社会协同将左右此后的产业协同和空间协同，至此产业协同、空间协同和社会协同共同构建起城市群协同发展的三位支撑体系（见图 3-23）。

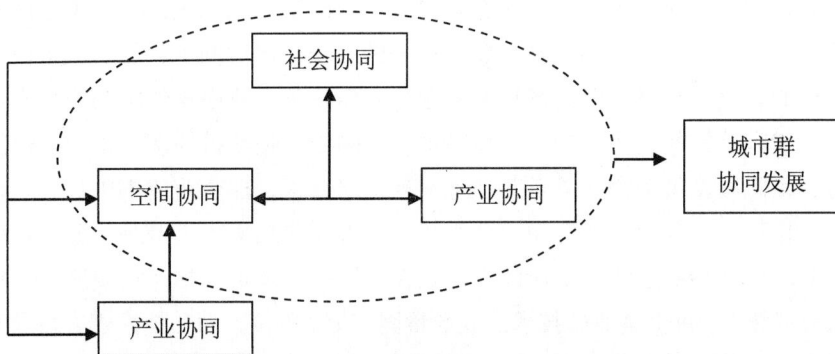

图 3.23　城市群协同发展的三位支撑体系图

3.7　机理模型

3.7.1　模型构建

由于城市群中的不同城市之间一般会根据资源禀赋差异形成一定的产业差异，进而形成产业分工与协同的格局，而这种城市之间的协同可能在制造业和制造服务业之间展开，为方便研究，假设一个城市群只存在两个城市，期初两个城市的产业分布均匀且相对独立，经过一定的演化发展，将会形成核心城市（制造服务业为主）和外围城市（制造业为主）的协同发展格局，整体的城市群协同发展水平（指产业效益）较之期初也将会有所提升。

假设产业可以在 N 和 S 两个城市之间自由转移。其中，城市 N 拥有完整的配套产业（包括完整的制造业和制造服务业体系），但缺乏制造业发展所需的廉价劳动力（一般在核心城市中，人力资源相对匮乏，中低端人力资源尤其如此）；城市 S 廉价劳动力充裕，但缺乏完整的配套产业（一般在外围城市中，产业水平低，配套产业少且层次低）。

假设经济体中存在制造业产品和农产品两大品种。制造业产品存在垄断竞争，本地区销售不会产生贸易成本，跨地区销售则产生贸易成本。其中，贸易成本是指由于运输、地方保护和市场分割等原因而产生的异地交易成本，其遵循冰山成本理论（Samuelson P, 1952），即每单位产品中只有 $1/T$ 单位（$T \geq 1$）能到达异地销售。农产品无差异，本地区和跨地区销售均不会产生贸易成本，不存在制造业产品的完全地区专业化。

假设两地共有 m 个企业，每个企业只生产一种制造业产品，因此共有 m 种产品，其中 m 是连续变量。由于从现在到未来的很长一段时间内，核心城市向外围城市转移的企业多数属于劳动密集型制造业，而该类企业中操作类的非技术工人数量远多于设计类的技术工人，转移的主要目的之一是获得外围城市充裕的廉价劳动力，因此假设每个企业只有劳动力一种生产投入，即企业成本中只有劳动力成本，并且每个企业使用的劳动力分为技术工人和非技术工人两种（分别对应制造服务业和中高端制造业所指向的中高端人力资源以及中低端制造业所指向的中低端人力资源），每个企业的技术工人数量固定为 f 单位，而非技术工人数量不固定。考虑到企业转移的劳动力多数为非技术工人，为集中精力研究非技术工人工资率对企业利润的影响，令两个城市的技术工人工资率都为 w^H，而核心城市和外围城市的非技术工人工资率分别为 w_N^L 和 w_S^L。非技术工人在从事制造业生产和农业生产之间不存在转换成本。两个城市的非技术工人总收入对称，外围城市的非技术工人数量是核心城市的 a 倍（$a > 1$），因此有 $w_N^L = aw_S^L$，即核心城市非技术工人的工资率是外围城市的 a 倍（核心城市整体生活成本高于外围城市，因此工资率一般也较高）。相对而言，外围城市廉价劳动力充裕但生产率低下，因此工资率较核心城市更低。

每个城市的地方政府为吸引企业，会在税收、信贷和用地等方面提供政策优惠，其作用最终体现为单位产品成本的减少（政策优惠内化为企业成本，使企业产出产品的成本减少）。核心城市和外围城市的政策成本效应分别用 F_N 和 F_S 表示，取值范围为（0,1）。该值越小，则单位产品成本越小，说明该地政策越优惠。

配套产业的完整与否也会体现在单位产品成本上。配套产业不完整时，很难形成集聚的规模效应，也很难提供低价优质的制造服务业支持，因此单位产品成本就会增加。这种集聚成本效应用 A 表示（$A \geqslant 1$），核心城市 $A=1$，外围城市 $A > 1$，表明由于外围城市配套产业不完整，单位产品成本较高。

每个消费者的效用函数相同，都为 Cobb–Douglas 函数形式（C–D 函数）：$U=Q^\mu B^{1-\mu}$，其中，U 表示消费者的总效用值，Q 表示制造业产品的子效用，B 表示农产品的消费量，μ（$0 < \mu < 1$）表示消费者花在制造业产品上的收入份额。可见，给定代表性消费者收入 Y 之后，每个消费者将把 μY 部分用于购买制造业产品，（$1-\mu$）Y 部分用于购买农产品。

下面开始构建模型。思路是从消费者开始，倒推回生产者。先看消费者方面，消费者收入中的部分用于制造业产品支出，产生子效用 $R_F\phi_A$。令子效用为 CES 函数，形式[1]如下：

$$Q = \left[\int_0^m q(i)^\rho \, \mathrm{d}i\right]^{\frac{1}{\rho}}, 0 < \rho < 1 \qquad (3\text{-}1)$$

其中，$q(i)$ 是消费者对第 i 种制造业产品的消费数量，ρ 是消费者对存在差异化的制造业产品的偏好程度。[2]令 Q 为目标函数，目标是子效用最大化，限制条件为 μY，则在第 i 种制造业产品的价格为 $p(i)$ 时的表达式为

$$\begin{cases} \max Q = \left[\int_0^m q(i)^\rho \, \mathrm{d}i\right]^{\frac{1}{\rho}} \\ \text{s.t.} \int_0^m \rho(i)q(i)\mathrm{d}i = \mu Y \end{cases} \qquad (3\text{-}2)$$

令 $\sigma = (1-\rho)^{-1}$，$\sigma \in (1,+\infty)$，表示任意两件差异化产品之间的替代弹性。σ 必须满足空间经济学中的非黑洞条件：$\sigma-1 > \mu\sigma$。求解式（3-2）得出 $q(i)$ 的表达式[3]：

$$q(i) = \frac{\mu Y}{p(i)} \frac{p(i)^{-(\sigma-1)}}{\int_0^m p(i)^{-(\sigma-1)} \, \mathrm{d}i} \qquad (3\text{-}3)$$

---

[1] CES 函数为常替代弹性效用函数，适合于有差异的产品。

[2] 当 ρ 趋近 1 时，表示所有制造业产品在消费者看来都一样，不同产品之间可以完全替代；当 ρ 趋近 0 时，表示不同产品之间完全不可替代，消费者希望将收入用于更多种类的商品。

[3] 式（3-3）推导见附录1。

令制造业产品的价格指数为 $I = \left[\int_0^m p(i)^{-(\sigma-1)} \, \mathrm{d}i \right]^{\frac{-1}{\sigma-1}}$，则式（3-3）可改写为

$$q(i) = \mu Y p(i)^{-\sigma} I^{\sigma-1} \tag{3-4}$$

由式（3-4）可知，某种制造业产品的消费量与收入在制造业产品上的消费份额 μY 呈正相关，与该种产品的价格 $p(i)$ 呈负相关，与制造业产品的价格指数 I 呈正相关。这很容易理解，因为制造业产品上的收入份额越多，每种产品就会被越多消费；该种商品定价越高，消费者购买量就越少。

现在看制造业企业方面。当某企业位于 k 地区时（k 可以分别取 N 或 S，代表两个城市），其对非技术工人的劳动力需求为 $l(i) = c_k q(i)$，其中 c_k 是产品的边际非技术工人需求，其设置应该体现出：当企业位于配套产业完备的城市时，成本应该最低，而转移到配套不完备的城市时，成本应该上升，即体现出集聚成本效应；当企业位于某城市时，企业成本受到当地政策影响，即体现出政策成本效应。因此，可以令 $c_k = F_k A$，此时可以得出位于 k 城市的第 i 个企业的成本函数为

$$C_k(i) = w^H f + w_k^L l(i) = w^H f + w_k^L F_k A q(i) \tag{3-5}$$

式（3-5）由两个部分组成：技术工人工资产生的固定成本和非技术工人工资产生的可变成本。可见，企业成本因当地的非技术工人工资率 w_k^L、政策成本效应 F_k 和集聚成本效应 A 的不同而不同。当企业位于核心城市时，以上参数分别为 w_N^L、F_N 和 1；当企业位于外围城市时，分别为 w_S^L、F_S 和 A。

令两个城市的非技术工人的总收入为 L，则由模型假设的城市非技术工人总收入对称可知每个城市的非技术工人总收入为 $L/2$。制造业企业总数为 m，记城市的企业总数为 m_k，其中 k 为 N 或 S，可知 $m_N + m_S = m$。那么，k 城市的总收入为

$$Y_k = m_k + w^H + \frac{L}{2} \tag{3-6}$$

从式（3-6）可知，一个城市的总收入由两个部分组成：一是技术工人总收入，因为每个企业的技术工人数量固定为 f，所以为 $m_k f w^H$；二是非技术工人总收入，即从事制造业企业和农产品生产工作的非技术工人总收入。

无论制造业产品在哪里生产，其消费市场包括整个经济体。根据假设中的冰山成本理论，产品在本地销售的价格是 $p(i)$，在另一个地方销售的价格是 $p(i)T$。根据式（3-4）的消费量形式，可以得出 ❶：

$$q_k(i) = \mu Y_k p_k(i)^{-\sigma} I_k^{\sigma-1} + \mu Y_r \left[p_k(i) T \right]^{-\sigma} I_r^{\sigma-1} T \tag{3-7}$$

---

❶ 式（3-7）推导见附录2。

其中，r 代表的意义与 k 相同，可以取 N 或 S，分别代表核心城市或外围城市，并且 $r \neq k$，即 r 和 k 分别对应不同的两个城市。式（3-7）中的 $q_k(i)$ 表示消费者对位于 k 城市的第 i 种产品的总消费量，由两个部分组成：该种商品在本地的消费量及运输到另一个城市的消费量。总消费量与城市的市场容量 μY ❶及价格指数 I 正相关，与产品定价 $p(i)$ 及贸易成本 T ❷负相关。k 城市的第 i 个企业利润函数为

$$\pi(i) = p_k(i)q_k(i) - C_k(i) = p_k(i)q_k(i) - w^H f - w_k^L F_k A q_k(i) \quad (3\text{-}8)$$

将式（3-7）代入式（3-8）后，令 $\dfrac{\partial \pi_k(i)}{\partial p_k(i)} = 0$，求出企业利润最大化时的产品价格 ❸：

$$p_k^*(i) = \frac{\sigma}{\sigma - 1} w_k^L F_k A \quad (3\text{-}9)$$

从式（3-9）可以看出，一个城市企业生产的产品在当地的定价由当地的非技术工人工资率、政策成本效应及集聚成本效应决定。将式（3-7）和式（3-9）代入式（3-8），可以消去式（3-8）中的 $q(i)$ 和 $p(i)$，得到：

$$\pi_k(i) = \mu \sigma^{-\sigma}(\sigma - 1)^{\sigma - 1}(w_k^L F_k A)^{1-\sigma}(Y_k I_k^{\sigma - 1} + Y_r I_r^{\sigma - 1} T^{1-\sigma}) - w^H f \quad (3\text{-}10)$$

由于制造业产品的价格指数为 $I = \left[\int_0^m p(i)^{-(\sigma-1)} \mathrm{d}i\right]^{\frac{-1}{\sigma-1}}$，每个城市既包括本地企业生产的产品，也包括异地企业生产并运输过来的产品，因此某地制造业产品的价格指数为 ❹

$$I_k = \left[m_k\left(\frac{\sigma}{\sigma - 1} w_k^L F_k A\right)^{-(\sigma-1)} + m_r\left(\frac{\sigma}{\sigma - 1} w_r^L F_r A T\right)^{-(\sigma-1)}\right]^{\frac{-1}{\sigma-1}} \quad (3\text{-}11)$$

至此，我们已得到三个重要的公式：式（3-6）、式（3-10）和式（3-11），分别对应城市总收入、城市企业利润和城市价格指数，并且式（3-10）中包含式（3-6）和式（3-11）中的 Y_k 和 I_k。下面分别将这三个公式中的 k 或 r 各自取为 N 或 S，可以计算出核心城市和外围城市的总收入、企业利润和价格指数。为减少变量，同时可以体现产业规模，令核心城市制造业企业数量占总数的比例为 θ，0

---

❶ 消费者在制造业产品上的收入份额 μY 可以理解为当地市场容量，μ 和 Y 变化所造成的份额变化将影响当地市场容量大小。

❷ 因为 $\sigma \geqslant 1$，$1 - \sigma \leqslant 0$，所以总消费量与贸易成本负相关。

❸ 式（3-9）推导见附录3。

❹ 式（3-11）推导见附录4。

$< \theta < 1$❶，则可知：$m_N = m\theta$，$m_S = m(1-\theta)$。由式（3-6）可分别得到核心城市和外围城市的总收入如下：

$$Y_N = m\theta f w^H + \frac{L}{2} \tag{3-12}$$

$$Y_S = m(1-\theta) f w^H + \frac{L}{2} \tag{3-13}$$

令 $w_S^L = 1$，则 $w_S^L = 1/a$。由式（3-11）可分别得到核心城市和外围城市的制造业产品价格指数如下❷：

$$I_N = \left[m\theta(\frac{\sigma}{\sigma-1} F_N)^{-(\sigma-1)} + m(1-\theta)(\frac{\sigma}{\sigma-1} \frac{F_S AT}{a})^{-(\sigma-1)} \right]^{\frac{-1}{\sigma-1}} \tag{3-14}$$

$$I_S = \left[m(1-\theta)(\frac{\sigma}{\sigma-1} \frac{F_S AT}{a})^{-(\sigma-1)} + m\theta(\frac{\sigma}{\sigma-1} F_N T)^{-(\sigma-1)} \right]^{\frac{-1}{\sigma-1}} \tag{3-15}$$

令 $(A/a)^{1-\sigma} = \phi_A$，$(T)^{1-\sigma} = \phi_T$，$\phi_A > 0, 0 < \phi_T \leqslant 1$，则式（3-14）和式（3-15）进一步变化为

$$I_N = m^{\frac{1}{1-\sigma}} \frac{\sigma}{\sigma-1} \left[\theta F_N^{1-\sigma} + (1-\theta) F_S^{1-\sigma} \phi_A \phi_T \right]^{\frac{1}{1-\sigma}} \tag{3-16}$$

$$I_S = m^{\frac{1}{1-\sigma}} \frac{\sigma}{\sigma-1} \left[(1-\theta) F_S^{1-\sigma} \phi_A + \theta F_N^{1-\sigma} \phi_T \right]^{\frac{1}{1-\sigma}} \tag{3-17}$$

ϕ_A 包含集聚成本效应 A 和外围城市非技术工人劳动力的丰裕程度 a（外围城市非技术工人劳动力低廉所带来的生产成本的减少）两个因素，两者相除表示每一单位廉价劳动力带来的生产成本减少所负担的脱离配套产业而带来的成本增加。也可以简单理解为外围城市非技术工人劳动力的丰裕使工资率较低，从而降低企业生产成本，这是制造企业转移到外围城市的正效应。但与此同时，转移就脱离了核心城市完备的配套产业，使成本增加，这是转移的负效应。ϕ_A 就是这两种效应的权衡：当 $\phi_A = 1$ 时是均衡点；当 $\phi_A > 1$ 时 $a > A$，正效应明显；当 $\phi_A < 1$ 时则负效应明显。不妨将 ϕ_A 称为转移成本指数，ϕ_T 称为贸易成本指数。由式（3-10）可分别得到核心城市和外围城市的制造业企业利润函数如下：

$$\pi_N = \mu\sigma^{-\sigma}(\sigma-1)^{\sigma-1} F_N^{1-\sigma}(Y_N I_N^{\sigma-1} + Y_S I_S^{\sigma-1}\phi_T) - w^H f \tag{3-18}$$

❶ 因为 θ 等于 0 或 1 时，说明有一个地区没有制造业企业存在，研究利润没有意义，因此 $0 < \theta < 1$。

❷ 核心城市的集聚成本效应 $A=1$，非核心城市则为 $A > 1$。

$$\pi_S = \mu \sigma^{-\sigma} (\sigma-1)^{\sigma-1} F_N^{1-\sigma} \phi_A (Y_S I_S^{\sigma-1} + Y_N I_N^{\sigma-1} \phi_T) - w^H f \qquad (3-19)$$

令 $R_F = (F_S / F_N)^{1-\sigma}$，并将式（3-12）和式（3-16）代入式（3-18）后，可以消去 Y_N 和 I_N，得到核心城市制造业企业利润函数：

$$\pi_N = \frac{\mu}{m\sigma} \left[\frac{m\theta f w^H + \frac{L}{2}}{\theta + (1-\theta) R_F \phi_A \phi_T} + \frac{m(1-\theta) f w^H + \frac{L}{2}}{\theta + (1-\theta) R_F \phi_A \phi_T^{-1}} \right] - w^H f \qquad (3-20)$$

同理得到外围城市制造业企业利润函数：

$$\pi_S = \frac{\mu}{m\sigma} \left[\frac{m(1-\theta) f w^H + \frac{L}{2}}{(1-\theta) + \theta R_F^{-1} \phi_A^{-1} \phi_T} + \frac{m\theta f w^H + \frac{L}{2}}{(1-\theta) + \theta R_F^{-1} \phi_A^{-1} \phi_T^{-1}} \right] - w^H f \qquad (3-21)$$

这里将 R_F 称为政策成本效应相对指数，代表核心城市和外围城市的地方政策对企业生产成本消减作用的比较。一般情况下，为更好地吸引核心城市的企业进入，外围城市在税收、用地、信贷等各方面的政策扶植力度与核心城市相比较大，因此可以认为 $F_S \geq 1$，所以 $R_F \geq 1$。式（3-20）和式（3-21）就是核心城市和外围城市制造业企业利润及其影响因素之间的函数关系式，以下内容讨论因素变化对企业利润的影响。

3.7.2 模型讨论

为便于理解，下面给出本书所涉及的利润影响因素的关系图和表示变量说明表，如图 3.24 和表 3.8 所示。

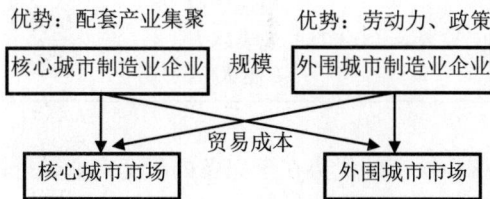

图 3.24 企业利润影响因素关系图

表3.8 企业利润影响因素的表示变量说明表

影响因素	简要说明	表示变量		演化变量	
		变量	变化规律	变量	变化规律
政策成本效应	地方政策对企业成本的影响	$F_k \in (0,1]$	随政策支持力度的加大，F_k减小	$R_F = (F_S / F_N)^{1-\sigma}$ $R_F \in (1,+\infty)$	外围城市政策力度较大，$R_F \geq 1$且随外围城市政策力度加大而变大
集聚成本效应	配套产业的完整性影响企业成本	$A \in (1,+\infty)$	核心城市$A=1$，外围城市$A>1$，且随完整性降低A逐渐增加	$\phi_A = (A/a)^{1-\sigma}$ $\phi_A \in (0,+\infty)$	$\phi_A = 1$，正负效应平衡；$\phi_A > 1$，正效应明显；$\phi_A < 1$，负效应明显
劳动力充裕程度	外围城市非技术工人数量是核心城市的a倍，工资率是核心城市的1/a	$a \in (1,+\infty)$	随外围城市非技术工人劳动力充裕程度的增加，a增加		
贸易成本	产品异地销售产生贸易成本	$T \in (1,+\infty)$	贸易成本越大，T越大	$\phi_T = (T)^{1-\sigma}$ $\phi_T \in (0,1]$	贸易成本越大，ϕ_T越小
产业规模	增加当地总收入和竞争企业数量	$\theta \in (0,1)$	当地产业规模越大，θ越大	—	—

在图3.24中，核心城市的优势在于完备的配套产业，外围城市的优势则是劳动力和政策，都能降低各自地区的企业生产成本。贸易成本影响异地销售价格，从而影响利润，其对双方均有影响。产业规模的增大对企业利润有正负两方面影响，正面影响是指企业数量增加会增加劳动者数量和总收入，从而通过扩大本地市场容量来增加利润；负面影响是指在一定的本地市场容量下，企业数量的增加会减少企业的平均利润。

从表3.8可以看出，最终的演化变量共有四个：R_F、ϕ_A、ϕ_T和θ，这四个变量的变化将引起企业利润变化，进而通过企业迁移行为影响产业在城市之间的布局。

1. R_F 的影响

目前，产业转移的主要目标之一是通过加大外围城市政策优惠力度，将核心城市劳动密集型产业吸引到外围城市，即形成以核心城市制造服务业为主和外围城市制造业为主的空间格局。外围城市优惠政策力度的加大体现在本书中就是 F_S 的不断增加，进而政策成本效应相对指数 R_F 也不断增加。当 R_F 增加时，由式（3-20）和式（3-21）可知 π_N 减少而 π_S 增加。这说明外围城市扶植和吸引产业的政策不仅可以增加外围城市企业的利润，还减少了核心城市企业的利润。比如，城市 B 出台的针对某类制造业企业的优惠政策不仅会增加城市 B 的该类制造业企业利润，还减少了城市 A 的制造业企业利润。其根本原因在于垄断竞争企业的产品替代弹性。内部传导过程如下：城市 B 出台政策帮扶本地企业后，在城市 B 生产并在城市 A 销售的此类制造业产品价格就会下降，从而销量上升，也使城市 A 生产的产品销量下降，最终城市 B 的企业利润上升而城市 A 的企业利润下降。外围城市产业政策的初衷是通过增加本地企业利润来达到扶植和吸引企业的目的，却间接对核心城市企业利润产生负面影响，即一地的产业政策超越本地企业范畴而对另一地企业产生影响，可以理解为本地政策的跨空间传导效应。

2. ϕ_A 的影响

当 a 的增速高于 A 的增速时，转移成本指数 ϕ_A 就会增加，由式（3-20）和式（3-21）可知 π_N 减小和 π_S 增加。也就是说，相对于一定的配套产业完备性，劳动力的吸引力优势变化更为明显时，核心城市企业利润将会下降，而外围城市则上升。原因在于：核心城市优势在于配套产业的完备性，这能降低企业的生产成本，而外围城市优势在于数量充裕且价格低廉的非技术工人。当后者变化较前者更为明显时，外围城市的劳动力优势就可以抵消并超越配套产业劣势，从而使外围城市产品更有价格优势，并通过与前述 R_F 类似的传导过程影响两地企业利润。同理可知，当 a 的增速低于 A 的增速时，转移成本指数 ϕ_A 将会减小，则 π_N 增加 π_S 减小，核心城市的配套产业优势超越外围城市的劳动力优势。

在式（3-20）和式（3-21）中，R_F 和 ϕ_A 同时出现并且幂相同，因此可以将两者结合起来考虑。因为 $R_F \phi_A$ 包含了两地各自的优势变量，本书将其称为地区综合优势。无论 F_N、F_S、a 和 A 如何取值和变化，只要 $R_F \phi_A > 1$，则称为外围城市综合优势明显；$R_F \phi_A < 1$，则称为核心城市综合优势明显；$R_F \phi_A = 1$，则称为

两地地区综合优势相当。同时，当 $R_F \phi_A$ 增加时，称为外围城市综合优势增强（也可理解为核心城市综合优势减弱）；当 $R_F \phi_A$ 减小时，称为核心城市综合优势增强（也可理解为外围城市综合优势减弱）。

3. ϕ_T 和 θ 的影响

$\phi_T=0$。此时有 $T \to +\infty$，即贸易成本无穷大。根据式（3-20）和式（3-21）分别得到式（3-22）和式（3-23），对应的利润线为图 3.25 中的曲线 π_N 和 π_S。

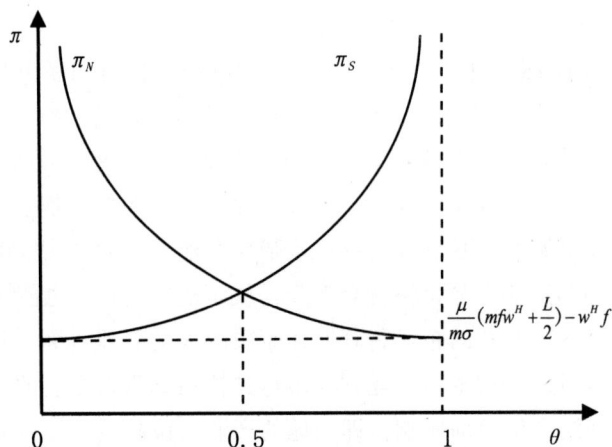

图 3.25 $\phi_T=0$ 时的企业利润变化图

$$\pi_N = \frac{\mu}{m\sigma}\left[mfw^H + \frac{L}{2\theta}\right] - w^H f \tag{3-22}$$

$$\pi_S = \frac{\mu}{m\sigma}\left[mfw^H + \frac{L}{2(1-\theta)}\right] - w^H f \tag{3-23}$$

从上面两个公式可以看出，此时的利润与 R_F 和 ϕ_A 无关，说明市场被完全分割（只在本地销售）时，各地的优势均无效。

从图 3.25 可以看出，各地企业利润与本地产业规模负相关，核心城市和外围城市分别对应 θ 和 $(1-\theta)$，即产业规模越小，企业利润越高。原因是市场被完全分割后，每个地区的市场容量固定。在固定的市场容量下，更多企业的存在将会"摊薄"每个企业的平均利润。

$\phi_T = 1$。此时有 $T=1$，即无贸易成本，市场完全光滑。根据式（3-20）和式（3-21）分别得到式（3-24）和式（3-25）。

$$\pi_N = \frac{\mu}{m\sigma}\left[\frac{mfw^H + L}{\theta + (1-\theta)\ R_F\theta_A}\right] - w^H f \qquad (3-24)$$

$$\pi_S = \frac{\mu}{m\sigma}\left[\frac{mfw^H + L}{(1-\theta) + \theta R_F^{-1}\theta_A^{-1}}\right] - w^H f \qquad (3-25)$$

因为 $R_F\ \phi_A$ 的不同取值对应不同的地区综合优势，所以又可进一步分为以下三种情况。

第一种情况，当 $R_F\ \phi_A = 1$ 时，两个城市的地区综合优势相当。上两式变为式（3-26），对应的利润线为图 3.26 中的水平粗实线（π_N 和 π_S 两根利润线重合）。从公式和图中都可以看出，由于市场交易无摩擦且两地各自的优势均衡，因此在哪里建厂的利润都一样（相当于两地融合），并且利润与产业规模无关。

$$\pi_N = \pi_S = \frac{\mu}{m\sigma}(mfw^H + L) - w^H f \qquad (3-26)$$

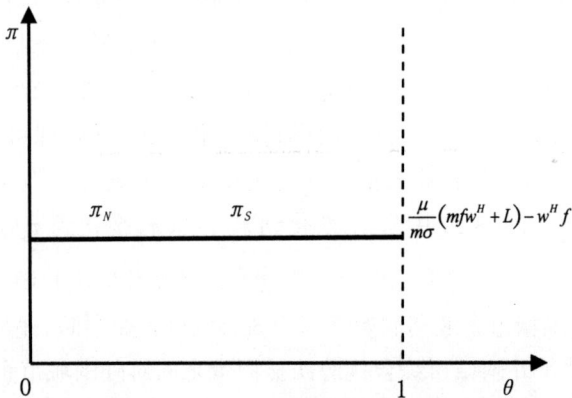

图 3.26　$\phi_T = 1$，$R_F\phi_A = 1$ 时的企业利润变化图

第二种情况，当 $R_F\ \phi_A > 1$ 时，外围城市综合优势明显。对式（3-24）中的 π_N 求 θ 的偏导，可知 $\theta \in (0,1)$ 时，$\dfrac{\partial \pi_N}{\partial \theta} > 0$，即 π_N 为 θ 的增函数。同理可得 π_S 为 θ 的增函数。π_N 和 π_S 随 θ 的变化曲线如图 3.27 所示。

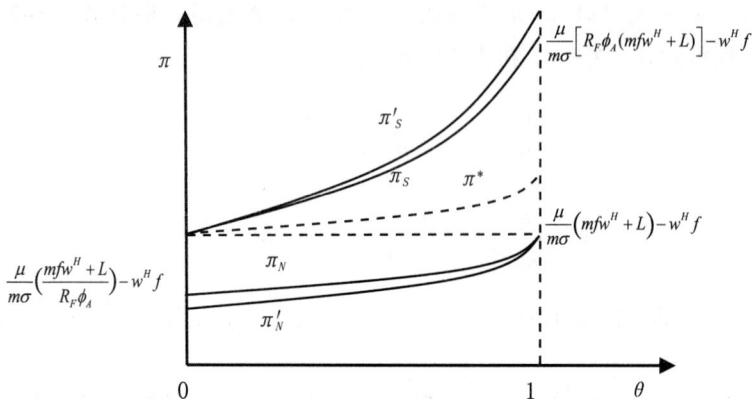

$$\frac{\mu}{m\sigma}\left[R_F\phi_A(mfw^H+L)\right]-w^H f$$

$$\frac{\mu}{m\sigma}(mfw^H+L)-w^H f$$

$$\frac{\mu}{m\sigma}\left(\frac{mfw^H+L}{R_F\phi_A}\right)-w^H f$$

图 3.27 $\phi_T=1$，$R_F\phi_A>1$ 时的企业利润变化图

由图 3.27 可知：①π_N 和 π_S 利润线随 θ 增加而上升，对此的解释是 θ 较小时，外围城市企业综合优势明显（$R_F\phi_A>1$），因此产品成本较低，且企业数量远多于核心城市，从而整体（包括两地）的市场价格也较低（无贸易成本，外围城市产品进入核心城市市场不额外增加成本），因此两地企业利润均不高；随着 θ 增加，综合优势明显的外围城市企业数量逐渐减少，核心城市企业产品的价格压力减少，市场价格因此上升，从而两地企业利润均增加。②图 3.27 中 π_N 线可以看作将图 3.26 中 π_N 线的左端"压下去"而得到的，图 3.27 中 π_S 线可以看作将图 3.26 中 π_S 线的右端"提起来"而得到的，并且随着 $R_F\phi_A$ 的增加，"压下去"和"提起来"的程度增加（如图 3.27 中从 π_N 变化到 π'_N，从 π_S 变化到 π'_S）。原因是 $R_F\phi_A$ 的增加使外围城市综合优势愈加明显，因此利润的变化幅度也随之变大。③π_S 始终高于 π_N，即外围城市企业利润始终高于核心城市企业利润。两者间的利润差产生于 $R_F\phi_A$，即由于外围城市综合优势明显而带来的对外围城市企业的利润倾斜。式（3-25）减去式（3-24），得到：

$$\pi_S-\pi_N=\frac{\mu}{m\sigma}(mfw^H+L)+\frac{\mu}{m\sigma}(mfw^H+L)\frac{\theta(R_F\phi_A-1)-1}{\theta(1-R_F\phi_A)+R_F\phi_A} \qquad （3-27）$$

再对式 3-27 求 θ 的偏导，可知 $\theta\in(0,1)$ 时，$\dfrac{\partial(\pi_S-\pi_N)}{\partial\theta}>0$，即 $(\pi_S-\pi_N)$ 为 θ 的增函数，所以图 3.27 中 π_S 和 π_N 利润线之间的开口从左向右逐渐增大，即两地利润差随 θ 增加不断增加。式（3-27）为两地利润差，由两个部分相加得到，前一个部分与 θ 无关，后一个部分随 θ 增加而增加。图 3.27 中曲线 π_S 和 π_N 之间的垂直距离为两地利润差，该垂直距离可以分解为 π_S 与 π^*、π^* 与 π_N 之间的垂直距离之和，其中 π^* 为 π_N 向上平移至左端起点与 π_S 左端起点重合后的新曲线，用虚线表示。π^* 与 π_N 之间的垂直距离对应式（3-27）中的前一个部分，是 $(\pi_S - \pi_N)$ 不随 θ 变化的固定利润差；π_S 与 π^* 之间的垂直距离对应式（3-27）中的后一个部分，是 $(\pi_S - \pi_N)$ 随 θ 变化的变动利润差。固定利润差是由两地企业"身份"的差别造成的，即企业所处的是外围城市还是核心城市。该固定利润差只和企业所处区域有关，而与产业规模无关。变动利润差则产生于"分享者"的减少，因为随着 θ 增加，外围城市企业减少，能享受外围城市综合优势的企业越来越少，因此每个外围城市企业能"分享"到的优惠变得更多。当 θ 接近 1 时，少有的几个外围城市企业将会完全"瓜分"原来属于很多企业的综合优势，所以利润非常高。

第三种情况，当 $R_F \phi_A < 1$ 时，核心城市综合优势明显，同理可得此时的利润 π_N 和 π_S 随 θ 的变化曲线（见图 3.28）。

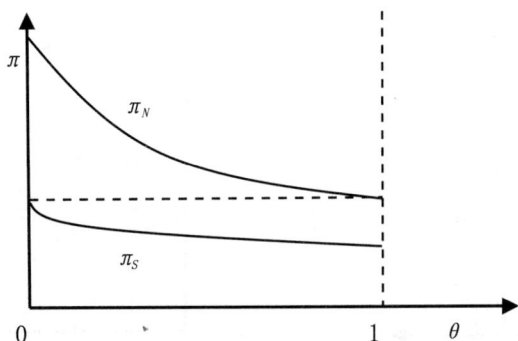

图 3.28 $\phi_T = 1$，$R_F \phi_A < 1$ 时的企业利润变化图

$0 < \phi_T < 1$。此时存在一定的贸易成本。因为前面部分已经分析清楚 $R_F \phi_A$，此处不再考虑，令 $R_F \phi_A = 1$，此时式（3-20）和式（3-21）变为

$$\pi_N = \frac{\mu}{m\sigma}\left[\frac{m\theta f w^H + \dfrac{L}{2}}{\theta + (1-\theta)\phi_T} + \frac{m(1-\theta)f w^H + \dfrac{L}{2}}{\theta + (1-\theta)\phi_T^{-1}}\right] - w^H f \tag{3-28}$$

$$\pi_S = \frac{\mu}{m\sigma}\left[\frac{m(1-\theta)f w^H + \dfrac{L}{2}}{(1-\theta) + \theta\phi_T} + \frac{m\theta f w^H + \dfrac{L}{2}}{(1-\theta) + \theta\phi_T^{-1}}\right] - w^H f \tag{3-29}$$

对上两式分别求 θ 的偏导，令 $\dfrac{\partial \pi_N}{\partial \theta} = 0$ 和 $\dfrac{\partial \pi_S}{\partial \theta} = 0$，可分别计算出 π_N 和 π_S 极值点时的产业规模❶分别是 $\theta_N^* \dfrac{\phi_T - \phi_T^{-1/2}}{\phi_T^{-1/2} - \phi_T^{-1/2} + \phi_T - 1} \in \left(\dfrac{1}{2}, 1\right)$ 和 $\theta_S^* \dfrac{\phi_T^{-1/2} - 1}{\phi_T^{-1/2} - \phi_T^{-1/2} + \phi_T - 1} \in \left(\dfrac{1}{2}, 1\right)$。

❶ π_N 和 π_S 分别有两个极值点，但各自只有一个 θ 满足（0，1）取值范围。

由 $\dfrac{\partial \pi_N}{\partial \theta}$ 和 $\dfrac{\partial \pi_S}{\partial \theta}$ 可知，$\phi_T = \dfrac{L}{2mfw^H + L}$ 是重要划分点（临界点），因为在该

点及其左右两侧时，$\dfrac{\partial \pi_N}{\partial \theta}$ 和 $\dfrac{\partial \pi_S}{\partial \theta}$ 的符号不同，π_N 和 π_S 的形状也不同，因此令

$\phi_T' = \dfrac{L}{2mfw^H + L}$。当 ϕ_T 分别在 $(0, \phi_T')$ 和 $(\phi_T', 1)$ 范围内时，π_N 和 π_S 的图形分别如

图 3.29 的（a）和（b）所示。

当 $\phi_T < \phi_T'$ 时，本地产业规模 θ 的增大引起本地企业利润先减小后增大，如图 3.29（a）的 π_N 从左向右变化，π_S 从右向左变化。当 $\phi_T > \phi_T'$ 时，本地产业规模的增大引起本地企业利润先增大后减小，如图 3.29（b）的 π_N 从左向右变化，π_S 从右向左变化。

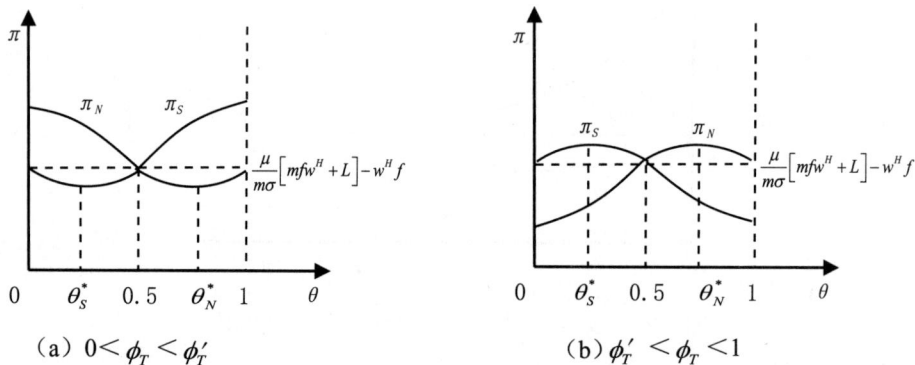

图 3.29　ϕ_T 与 ϕ_T' 变化时的企业利润变化图

存在这种变化的原因是，如前所述，产业规模的增大对企业利润有正负两方面影响。当 $\phi_T < \phi_T'$ 时，对应的 $T > T'$，即贸易成本大于临界点，由于异地销售成本较高，企业更愿意在本地销售，市场仅限于本地，因此市场容量变化相对缺乏弹性。当产业规模不断增大时，企业数量相应增加而市场容量增加有限，产业规模的负面影响强于正面影响，因此企业平均利润随企业数量增加而减少。直至到达极值点 θ_N^* 或 θ_S^*，产业规模的正面影响超过负面影响，则企业平均利润随企业数量增加而增加。同理，当 $\phi_T > \phi_T'$ 时，对应的 $T < T'$，即贸易成本小于临界点，异地销售成本较低，产品可以异地销售，市场不仅限于本地，市场容量变化更具弹性，因此企业平均利润随产业规模扩大而增加，直至到达极值点 θ_N^* 或 θ_S^* 时才开始减少。当 $\phi_T = \phi_T'$ 时，π_N 和 π_S 的图形与图 3.26 完全相同，即临界点贸易成本与无贸易成本时的企业利润一致，这是一个有趣的现象。两者虽表象一样，成因却

不相同。各自成因是，无贸易成本时，两地间形成一个完整体，无论在哪里设厂，利润都一致。此时的主要成因是无贸易成本。而在临界点时贸易成本则不同，在该点时市场容量呈现常数弹性变化，即企业数量增加而市场容量也相应增加，因此集群规模的正负影响相当，π_N 和 π_S 不随 θ 变化而变化。比如，当企业数量与市场容量相当时，产品各自在本地销售。当企业数量与市场容量不相当时，因为贸易成本适中，企业多的城市的部分产品在异地销售，企业少的城市接受产品进入，最终保证企业数量增加和市场容量增加相对应。此时的主要成因包括临界点贸易成本和常数弹性市场容量两个方面。

通过以上构建并讨论的两个城市产业空间格局形成过程机理模型，分析了城市之间产业分布差异的形成过程、驱动力量和影响机制等相关问题，一定程度上有助于理解产业空间分异的形成机理❶及其对整体城市群协同发展质量提升的促进作用。❷通过本数理模型可以得到以下几点启示。

第一，以利润为导向的企业行为是产业空间分异的根本性驱动力量。从数理模型的分析讨论中可以看出，企业迁移行为始终围绕利润进行，迁移行为本身是企业对迁移前后利润进行比较之后的行为选择结果。本书第三部分所提及的产业空间分异的驱动力量分为微观、中观和宏观三个层面，其实无论从哪个层面分析，最终都会聚焦到企业的利润上。从本质上看，无论是制造服务业集中于核心城市、制造业集中于非核心城市的产业空间分异理想结果，还是制造服务业和制造业都较为均匀地分布在核心城市和非核心城市的产业空间分异非理想结果，其都根本上源于制造服务业和制造业企业各自权衡它们在核心城市或是非核心城市选址后的利润差异所做出的决定。

第二，产业规模化集聚是产业发展的趋势。无论对于制造服务业还是制造业而言，产业的规模化集聚是实现包括成本降低、效益提高、创新增强等在内的企业综合竞争力提升的必由之路。当然，规模化集聚固然是必然趋势，但怎样集聚却不必然相同，即集聚方式可能会多样化。比如，过去常见的制造服务业和制造业都集聚在核心城市是一种集聚方式，而目前逐渐凸显的制造服务业和制造业分别集聚在核心城市和非核心城市的现象又是另一种集聚方式，甚至不同的制造服

❶ 数理模型以产业规模在城市间的差异变化为产业空间分异形成的标志。由于模型所限，只能分析制造业或制造服务业中某一个单一产业的规模变化，并不能在本数理模型中同时演示两个产业在不同城市的规模变化。

❷ 数理模型以总体利润增加为协同发展质量提升的标志。当然，城市群协同发展质量除了包含本数理模型所涉及的经济性发展质量（利润）以外，还涉及包括空间和社会等在内的综合性发展质量，这些因素将在实证中涉及。

务业又会进一步集聚在不同的核心城市中（如双核心城市的城市群），形成更为复杂和多样的集聚形式，这些都是不同集聚方式的表现形式。这也表明，产业空间分异问题研究既需要对过去的产业集聚研究成果做继承，更需要有针对性地进行分类和分阶段等的创新性研究。

第三，产业按照类别在城市间的分布格局的形成是市场与政策力量共同主导的结果。作为一个复杂的经济发展现象，产业空间分异本身受到多种因素的影响。面对这么多影响因素，不仅数理模型很难做到完全涉及，即便是实证分析也很难涵盖大多数的影响因素。但总的来看，不同产业类别在不同城市之间形成的分布格局差异是由市场和政策两个方面力量共同主导的结果，并且两个方面力量呈现融合互促的发展局面。一方面，市场力量会影响政策力量，政策力量是对市场力量的补充；另一方面，政策力量也会影响市场力量，政策力量是对市场力量的修正甚至纠偏。这为在市场主体基础上通过产业政策实现产业发展目标提供了理论支撑，也为进一步实证研究指明了指标选取的方向。

第四，产业空间分异会对城市群协同发展质量产生影响。在本数理模型中，用产业规模作为产业空间分异的代理标量，在此基础上用产业规模的变化展示了产业在城市群中不同城市之间的空间分异过程，同时揭示了这种规模变化会对城市群利润（两个城市的企业利润总和）产生影响，并以此展示产业空间分异对城市群协同发展质量的影响。这表明在数量模型层面上，产业空间分异会对城市群的经济性协同发展质量（数理模型仅能考量经济性协同发展质量）产生影响。也就是说，数理模型能够演示从产业均匀集聚并孤立发展到分类规模集聚且协作发展这个过程中的整体性收益变化过程，但具体影响如何、怎样影响、影响什么以及对空间性和社会性协同发展质量的影响等问题，还需要通过实证做进一步研究分析。

3.8 本章小结

本章围绕产业空间分异的驱动问题展开研究，主要从微观、中观和宏观层面分析了产业空间分异的力量来源，研究了包括金钱外部性效应、技术外部性效应和效率倍增效应在内的三个产业空间分异结果效应，从微观、中观、宏观三个层面，产业和地理两个维度，金钱外部性效应、技术外部性效应和效率倍增效应三个效应的不同角度探讨了驱动的作用传导过程，分析了驱动形式在主导层面、主导维度和主导效应变化时的分异格局差异。

建立产业空间分异与城市群协同发展之间的机制模型，并利用模型中的参数变化讨论了两者间的影响关系。

通过本章研究进一步理清了产业空间分异的形成力量、结果效应、形成力量与结果效应之间的关系路径与变化影响等问题，为深入开展分异与协同质量提升研究奠定基础。

研究了以产促城、以城促产和产城融合对形成产业空间分异与城市群发展之间关联性的作用过程和逻辑机制。从产业性、空间性和社会性的角度分别分析了产业空间分异提升城市群协同发展质量的逻辑机制，并进一步讨论了城市群协同发展的三位支撑体系。

本章的研究有助于理清从产业空间分异的驱动力量到产业空间分异提升城市群协同发展质量的逻辑机制之间的系统完整的空间分异形成、作用和变化影响等过程，为下一步通过测度产业空间分异和城市群协同发展质量，并研究两者间关系提供理论支持。

4 产业空间分异与城市群协同发展质量的测度与评估

4.1 研究对象与产业类别

4.1.1 研究对象

目前，我国正在建设和规划的城市群共有 22 个，共涉及 208 个直辖市和地级市，分布在东、中、西部地区，具体如表 4.1 所示。截至 2015 年，22 个城市群常住人口约占全国总常住人口的 85%，GDP 总量约占全国总量的 95%。

为进一步具体分析不同地区的城市群发展情况，本章节分别从东部、中部和西部地区各选择一个典型的城市群——珠三角城市群、长株潭"3+5"城市群和成渝城市群进行研究。

表4.1　中国在建和规划城市群

序号	名称	包含城市	位置
1	京津冀城市群	北京 *、天津 *、石家庄 *、唐山、保定、秦皇岛、廊坊、沧州、承德、张家口	东部
2	长三角城市群	上海 *、南京 *、杭州 *、苏州、无锡、常州、镇江、扬州、南通、盐城、泰州、淮安、宁波、金华、嘉兴、湖州、绍兴、舟山、台州、衢州、合肥、马鞍山	东部
3	珠三角城市群	广州 *、深圳 *、香港 *、澳门、珠海、惠州、东莞、肇庆、佛山、中山、江门	东部
4	山东半岛城市群	济南 *、青岛 *、淄博、东营、烟台、潍坊、济宁、泰安、威海、日照、莱芜、滨州、德州、聊城	东部

序号	名称	包含城市	位置
5	辽中南城市群	沈阳*、鞍山、抚顺、本溪、营口、辽阳、铁岭、阜新	东部
6	海峡西岸城市群	福州*、厦门*、泉州、漳州、莆田、宁德	东部
7	武汉城市群	武汉*、黄石、鄂州、黄冈、孝感、咸宁、仙桃、天门、潜江	中部
8	长株潭城市群	长沙*、株州、湘潭、衡阳、岳阳、常德、益阳、娄底	中部
9	环鄱阳湖城市群	南昌*、九江、上饶、抚州、景德镇、鹰潭	中部
10	江淮城市群	合肥*、马鞍山、芜湖、铜陵、池州、安庆、六安、滁州、蚌埠、淮南、阜阳	中部
11	中原城市群	郑州*、洛阳、开封、新乡、焦作、许昌、平顶山、漯河、济源	中部
12	哈长城市群	哈尔滨*、长春*、大庆、齐齐哈尔、绥化、牡丹江、吉林、四平、辽源、松原、延边	中部
13	成渝城市群	重庆*、成都*、自贡、德阳、绵阳、遂宁、内江、乐山、南充、眉山、广安、达州、资阳	西部
14	北部湾城市群	南宁*、北海、钦州、防城港、玉林、崇左、湛江、茂名、阳江、海口、儋州、东方、澄迈、临高、昌江	西部
15	关中城市群	西安*、咸阳、宝鸡、渭南、铜川、商洛、天水	西部
16	呼包城市群	呼和浩特*、包头*、鄂尔多斯、巴彦淖尔、乌海、阿拉善、榆林	西部
17	宁夏沿黄城市群	银川*、石嘴山、吴忠、中卫、青铜峡、宁武	西部
18	滇中城市群	昆明*、曲靖、玉溪、楚雄	西部
19	黔中城市群	贵阳*、遵义、安顺、都匀、凯里	西部
20	天山北坡城市群	乌鲁木齐*、昌吉、克拉玛依、米泉、阜康、石河子、乌苏、奎屯	西部
21	晋中城市群	太原*、晋中、吕梁、阳泉、忻州、吕梁、忻州	西部
22	兰西城市群	兰州*、西宁*、定西、天水、平凉、庆阳、陇南、白银、武威、金昌、张掖、嘉峪关、酒泉、海北、海西、玉树、海南、果洛、黄南	西部

注：*为所在城市群的核心城市。由于统计口径问题，实际计算中珠三角城市群不包括香港和澳门。

1. 珠三角城市群

珠三角城市群（即珠江三角洲城市群）包括广州、香港、深圳、澳门、佛山、东莞、中山、珠海、江门、肇庆、惠州共 11 个城市（由于香港和澳门统计口径与内地不完全一致，此后研究不包括香港和澳门）。该城市群面积共约 15 万平方千米，截至 2016 年底人口约 6 500 万，GDP 约 7.3 万亿，城市化率接近 80%。珠三角城市群是我国城市群中经济发展最有活力、城市化率最高的城市群。珠三角城市群的形成与发展主要得益于以下几个方面原因。

一是政策机遇。自 1978 年我国实行改革开放政策以来，城市化发展出现了新的契机，经历了跨越式的大发展，尤其是处于改革开放前沿的珠三角地区，更是得到了空前的发展。国家给予珠三角地区改革开放先行一步的政策优惠，对珠三角城市群的形成和发展具有重大意义，是助推珠三角城市群发展的重要因素。经济体制改革、对外开放格局以及两者间相互呼应和促进机制的形成极大地吸引了全国乃至全球各地的资金、人才、技术等生产要素在这里聚集，为珠三角城市群的形成铺平道路，启动了珠三角城市群的发展引擎。可以说，政策机遇是珠三角城市群有别于包括我国其他城市群在内的世界众多城市群形成和发展的特殊因素。

二是行政区域规划优势。一般情况下，处于同一个行政区域的城市群具有更为明显的区域规划优势。珠三角城市群中所有城市同属一个省管辖，在资源整合协调上明显优于包括长三角、京津冀和成渝等在内的其他跨省城市群。跨省城市群一般整合协调资源相对较难，而同一省份内的城市可以有效规避这一不足。处于同一个省份内可以使珠三角城市群能够更好地通过统一的规划协调和优化所辖城市的资源，发挥每一个城市的优势，相互分工合作，相互弥补不足，使整个城市群在统一的区域性规划的指导下协调分工进而进入良性循环的局面。

三是地缘方面的优势。珠三角城市群的区位优势十分明显，主要体现在珠三角比邻港澳，且改革开放初期正逢港澳产业结构升级换代，需要依托内地转移其成本日渐增高的轻工业，而珠三角城市群由于有政策、人力和土地等资源优势，恰好可以和港澳转移产业对接，因此大量资金流入珠三角城市群。珠三角城市群还面临南海，与东南亚隔海相望，越过海洋能与世界连接在一起，水运物流优势进一步扩大了其辐射范围。同时，珠三角城市群背靠广西、贵州、湖南等多省区，便捷的铁路和公路运输无形中增加了珠三角城市群的经济腹地。

四是强大的包容文化。长久以来，珠三角地区一直有"出海下洋"的传统，东南亚、北美西海岸等地区都有大量的广东移民及其后代居住，这种相互交融形成了特有的岭南文化，岭南文化毫不排斥地接受来自五湖四海的投资者、企业家和各方面的人才，也填补了本土很多资源的不足。在珠三角城市群的发展历程中，外来人员和外来文化所做的贡献是巨大的，蕴含此中的包容性文化帮助珠三角城市群成了世界级城市群。

五是足够的资金流入。珠三角城市群是我国著名的侨乡，港澳同胞、海外侨胞最多，与海外有天然便利的人文联系。在早期珠三角城市群吸引的外资中，港澳资本和侨资占绝大部分，这些资金及其随之而来的技术和管理经验对珠三角城市群外向型经济发展起了关键主导性作用。

目前，珠三角城市群产业格局已形成"深圳、东莞、惠州""广州、佛山、肇庆"和"珠海、中山、江门"三个产业子圈层。其中，"深圳、东莞、惠州"位于珠江东岸圈层，由于目前深圳处于工业化后期向后工业化的过渡阶段，而东莞和惠州分别处于工业化后期和中期阶段，所以在此子圈层中，深圳是中心城市，两个副中心城市分别是东莞和惠州。"广州、佛山、肇庆"位于中部子圈层，根据工业化阶段的高级化程度，广州是中心城市，佛山为副中心城市，肇庆为第三级中心城市。"珠海、中山、江门"位于珠江西岸子圈层，该子圈层内，各个城市工业化水平比较接近，珠海和中山都处于工业化后期阶段，但珠海各项指标值都要比中山好，所以珠海是中心城市，副中心城市是中山，而江门处于工业化中期，因此是此子圈层的第三级中心城市。

2. 长株潭城市群

作为促进中部崛起并承接东西部产业转移的重要城市群，长株潭"3+5"城市群（以下简称"长株潭城市群"）包含长沙、株州、湘潭，以及衡阳、岳阳、常德、益阳、娄底共8个城市。截至2016年底，该城市群面积、常住人口和GDP分别约占湖南省的47%、60%和76.9%。

长株潭城市群格局具有如下特点：①长株潭是多中心的网络城市群，从空间结构、城市效益、科学发展、宜居环境的角度来看，这种多中心的网络城市群比单一中心的城市群更能发挥效益；②长株潭城市群中的前三位城市（长沙、株州、湘潭）都是老工业基地，重工业与化学工业的基础比较好，整体工业能力比较强；③前三位城市的基础比较好，联系比较紧密，基本在半小时车程的范围内，长株潭城市群中所有城市也基本在一个半小时的交通范围内。

在实际传统产业基础方面，长沙以电子信息、工程机械、食品、生物制药为主，株州以交通运输设备制造、有色冶金、化工原料及陶瓷制造为主，湘潭以黑色冶金、机电与机械制造、化纤纺织、化学原料及精细化工为主，其规模和比重在各自城市基础工业方面均为主导部分。针对未来的发展方向，长沙提出"重点加快天心生态新城建设，推动一体化进程在地理空间上的实质性进展""以高新技术产业为主导，制造业和服务业为主体"的发展目标；株洲推出"东提西拓，合拢三角"和"打造轨道交通设备制造业基地，突出有色深加工、化工、陶瓷产业优势"的产业发展政策；湘潭提出"东扩西改"和"建设先进制造业中心、现代物流中心、生态休闲中心"的总体发展目标。

整体上看，长株潭城市群第一产业、第二产业和第三产业的全省占比分别为66.4%、80.3%和75.4%。在湖南省的14个地级市中，该8市以半数左右的土地和人口、产出三分之二以上的GDP、尤其突出的第二产业，显示出了其在地区发展中的重要地位。三次产业结构分别为9.6%、53.7%和36.7%，"231"特征显著，表明城市群目前还处于工业主导发展时期。前三市的三次产业结构分别为5.4%、56.6%和38%，后五市分别为46.2%、34.9%和33.5%，"3+5"的城市群组合存在较大的产业互补空间。

3. 成渝城市群

成渝城市群位于成渝地区，是西部大开发的重要平台，是长江经济带的战略支撑，也是国家推进新型城镇化的重要示范区。具体范围包括四川省的成都、自贡、德阳、绵阳、遂宁、内江、乐山、南充、眉山、广安、达州、资阳12个市及重庆市，总面积18.5万平方千米。截至2016年底，该城市群常住人口约9 400万人，地区生产总值5.1万亿元。

成渝城市群协同发展规划的总体要求如下：①要实施生态共建和环境共治，严格保护长江上游重要生态屏障，强化水资源安全保障，建设绿色城市群；②要发展壮大装备制造、生物医药、农林产品加工等优势产业和产业集群，大力发展商贸物流、旅游、文化创意等现代服务业，有序承接产业转移；③要进一步扩大开放，推动中外产业和创新合作平台建设，依托长江黄金水道和铁路、公路网络，畅通对内对外开放通道，进一步加快交通、能源、水利、信息等基础设施互联互通的步骤；④要建立成本共担和利益共享的协同发展机制，通过协作推进管理、资本、技术、服务等市场一体化进程，因地因城施策，促进劳动力等生产要素自由流动和农业转移人口市民化，鼓励农民就地创业就业；⑤要统筹城乡发展，以工促农，以城带乡，推动基本公共服务均等化、便利化，加快脱贫攻坚和民生改善，努力打造产业优化、生活优质、环境优美的"新成渝"。

成渝城市群着力在七个产业方面加大协同合作的力度。①发展新一代信息技术产业聚集区。目标是形成以成都、重庆、绵阳、乐山和遂宁为核心的信息产业集聚区，依托成都和重庆的高新技术产业开发区、绵阳的高新技术产业开发区和经济技术开发区、遂宁经济技术开发区、乐山高新技术产业开发区等多个产业开发区，努力将成渝城市群建设成为国家重要的信息、软件等高技术产业基地和军民结合产业示范基地。②发展装备制造产业聚集区。目标是形成以德阳、成都、资阳、眉山为核心的装备制造业集聚区，依托德阳经济技术开发区、成都经济技术开发区等多个经济技术开发区，努力将成渝城市群建设成为以清洁高效发电设备、新能源设备、轨道交通设备、海洋石油钻探设备等为主的国家重大装备制造产业基地。③汽车制造产业聚集区。目标是形成以成都、重庆、绵阳、资阳等为核心的汽车制造业聚集区，依托成都经济技术开发区、绵阳高新技术产业开发区等多个高新技术开发区，努力将成渝城市群打造成为国家重要的汽车及零部件生产研发基地。④航空航天产业聚集区。目标是形成以成都、绵阳为核心的航空航天产业聚集区，依托成都高新技术产业开发区、成都经济技术开发区、绵阳高新技术产业开发区等多个高新技术开发区，努力将成渝城市群建设成为国家民用航空高技术产业基地，促进民用航空航天产业集聚发展。⑤新材料产业聚集区。目标是形成以成都、重庆、乐山、眉山等城市为核心的新材料产业聚集区，依托成都高新技术产业开发区、乐山高新技术产业开发区等多个高新技术开发区，努力将成渝城市群建设成为国家重要的新材料高技术产业基地。⑥生物产业聚集区。目标是形成以成都、雅安、遂宁、眉山等城市为核心的生物产业聚集区，依托成都高新技术产业开发区、遂宁经济技术开发区等多个高新技术开发区，努力将成渝城市群建设成为以生物医药创新、中成药研发生产等为重点的生物产业集聚区。⑦现代服务业聚集区。推动成都和重庆两个龙头城市加快发展金融、会展、服务外包等现代服务业，加快成都和重庆物流主枢纽及乐山、遂宁、雅安次级枢纽建设，打造成都、重庆、绵阳研发设计服务业聚集区。

4.1.2　产业类别

根据《国民经济行业分类》（GB/T 4754—2017）和国家统计局公布的《制造服务业分类（2015）》，本书研究的制造业包括16个部门，分别是食品制造及烟草加工业，纺织业，纺织服装、鞋、帽、皮革、毛皮、羽毛（绒）及其制品业，木材加工及家具制造业，造纸印刷及文教体育用品制造业，石油加工及炼焦业，化学工业，非金属矿物制品业，金属冶炼及压延加工业，金属制品业，通用及专用设备制造业，交通运输设备制造业，电气机械及器材制造业，通信设备计算机及其他电子设备制造业，仪器仪表及文化办公用机械制造业，工艺品及其他制造业。16个制造业产业部门可以进一步划分为传统制造业、重工业、新兴制造业，各自划分如表4.2所示。

表4.2　制造业产业部门划分

分类	产业部门
传统制造业	食品制造及烟草加工业，纺织业，纺织服装、鞋、帽、皮革、毛皮、羽毛（绒）及其制品业，木材加工及家具制造业，造纸印刷及文教体育用品制造业，工艺品及其他制造业
重工业	石油加工及炼焦业、化学工业、非金属矿物制品业、金属冶炼及压延加工业、金属制品业
新兴制造业	通用及专用设备制造业、交通运输设备制造业、电气机械及器材制造业、通信设备计算机及其他电子设备制造业、仪器仪表及文化办公用机械制造业

制造服务业包括七个部门，分别是交通运输及仓储业（含邮政业）、信息传输计算机服务和软件业、批发和零售业、金融业、租赁和商务服务业、研究与试验发展业、综合技术服务业。

4.2　产业空间分异的测度与评价

4.2.1　测度方法

本质上看，产业空间分异也是产业空间集聚问题，区别在于一般意义上的产业空间集聚是在单一区域内的单个或多个产业的集聚问题，而产业空间分异则是在多个区域内的不同产业集聚问题。对于本节的研究而言，更确切的表述是制造业和制造服务业在城市群中不同城市的集聚问题。

如前所述，目前国内外相关文献对产业空间分异问题的研究多为对制造业和制造服务业在同一城市群中不同城市集聚现象的定性分析，研究方法也多为描述性的分析和理论性的推理，对此类问题的理论分析和定量实证的研究成果不多见。因此，本节试图对产业空间分异进行定量分析，基本思想是利用 E-G 指数分别计算同一城市群中核心城市制造服务业及外围和边缘城市制造业的集聚程度，并通过选择恰当权重合并形成一个用以表征城市群产业空间分异程度的指数，利用该指数就可以测度该城市群产业空间分异的状况。

Ellison 和 Glaeser（1997）构建的 E-G 指数是用来计算两位数产业的集聚水平，这一指数只能用来测度单一产业的集聚水平，并不能反映两个及以上相关联产业的集聚程度，因此在 E-G 指数基础上，他们又构建了用于考察多个产业间协同集聚的 E-G 修正指数公式 ❶：

$$\gamma^c = \frac{\left[\dfrac{G}{1-\sum\limits_i x_i^2}\right] - H - \sum\limits_j \hat{\gamma}_j w_j^2 (1-H_j)}{1-\sum\limits_j w_j^2} \qquad (4-1)$$

其中，G 为地理集中指数；x_i 为企业层面的度量指标，可采用销售额、就业人数等，这里采用就业人数；$H = \sum\limits_j w_j^2 H_j$，为企业规模分布加权的赫芬达尔指数，$w_j$ 为 j 产业在一个产业组中的就业比重，H_j 为 j 产业中企业层面的赫芬达尔指数；$\hat{\gamma}_j$ 为行业 j 的 E-G 指数，γ^c 为 E-G 协同集聚指数。由于该 E-G 协同集聚指数的计算过程过于烦琐，Devereux 等（1999）进一步将 E-G 协同集聚指数简化为

$$C(r) = \frac{G - \sum\limits_{j-1}^{r} w_j^2 G_j}{1 - \sum\limits_{j-1}^{r} w_j^2 G_j} \qquad (4-2)$$

其中，$w_j = T_j / \sum\limits_{j-1}^{r} T_j$ 为权重指标；T_j 为 j 产业的总就业人数；G 为地理集中指数，这里采用赫芬达尔指数来计算地理集中指数，即 $G = \sum\limits_{k=1} S_k^2 - \dfrac{1}{K}$。此时，$G_r$ 表示两个产业或多个产业在第 r 地区的就业人数占两产业或多产业全国就业的份额；G_j 表示单个产业在第 r 地区的就业人数占全国就业人数的比重，S_k 表示单个产业或多个产业在第 k 地区的就业人数占单个产业或多个产业全国就业人数的比重，k 表示地区个数 $C(r)$ 值越大，则表明第 r 地区的产业间集聚度越高。

利用式（4-2）也可以计算两个城市不同产业之间的协同集聚度。例如，假设某城市群有 A、B、C 三个城市，其中 A 为核心城市，B 和 C 为外围或边缘城市，另有甲、乙、丙、丁四个产业，其中甲和乙为制造业，丙和丁为制造服务业。我们可以分别利用城市 A 和 B 的产业甲和丙的数据，通过式（4-2）计算两个城市这两个产业之间的协同集聚度。如果只利用城市 A 的产业甲和丙的数据，可以计算城市 A 的这两个产业之间的协同集聚度。如果合并产业甲和乙、产业丙和丁，可以计算两个城市之间的这两个产业类别（制造业和制造服务业）之间的协同集聚度。如果合并城市 B 和 C 的相关数据，再与城市 A 的相关数据进行计算，可以

---

❶ 如果是两个横向联系产业之间的协同集聚问题，则测度的是这两个产业是否倾向将类似的生产工序或价值链制造环节在某一地方进行协同生产；如果是两个纵向联系产业之间的协同集聚问题，则测度的是这两个产业在一地区内的垂直分工水平。

计算城市群中核心城市与其他城市之间的产业（类）之间的协同集聚度。

利用式（4-2）可以计算得出不同城市（类）与不同产业（类）的协同集聚度，进而可以得出一个分别以城市（类）和产业（类）为维度的二维矩阵，这个矩阵表征了城市（类）之间与产业（类）之间的相互关系，系统体现了城市群产业联系和分布情况。因为城市群产业是一个整体性系统，所以可以借鉴系统测度思想及方法，利用熵权法计算产业空间分异的测度值。

原始数据矩阵的建立及归一化处理。原始数据矩阵为 $X=\{x_{ij}\}$，$i=1,2,3,\cdots,n$，$j=1,2,3,\cdots,m$，其中 x_{ij} 代表第 i 纵向维度第 j 个横向维度的数据。对原始数据矩阵进行标准化处理，公式为

$$x'_{ij} = x_{ij} / x_{j\max} \tag{4-3}$$

其中，$x_{j\max}$ 为第 j 个横向维度中的最大值。再对标准化数据进行归一化处理，归一化公式为

$$p_{ij} = x'_{ij} \bigg/ \sum_{i=1}^{n} x'_{ij} \tag{4-4}$$

熵值权重计算。求各维度的熵值，第 j 个横向维度的熵值计算公式为

$$e_j = -k \sum_{i=1}^{n} p_{ij} \ln p_{ij} \tag{4-5}$$

其中，$k=1/\ln n$。在此基础上求各维度熵值的冗余度，第 j 个横向维度熵值的冗余度公式为

$$d_j = 1 - e_j \tag{4-6}$$

第 j 个横向维度的权重公式为

$$\omega_j = d_j \bigg/ \sum_{j=1}^{m} d_j \tag{4-7}$$

测度值计算。第 i 个系统的测度值公式为

$$Z_i = \sum_{j=1}^{m} \omega_j x'_{ij} \tag{4-8}$$

协调度计算。系统之间的协调度公式为

$$C = \left\{ (D_1 D_2 \cdots D_m) \big/ \left[\prod (D_i + D_j) \right] \right\}^{\frac{1}{m}} \tag{4-9}$$

$$T = N_1 D_1 + N_2 D_2 + \quad + N_m D_m \tag{4-10}$$

$$B = (CT)^{\frac{1}{m}} \tag{4-11}$$

其中，式（4-9）中的 D_i 和 D_j（i=1,2,3,…,m；j=1,2,3,…,m；$i \neq j$）分别是第 i 个和第 j 个子系统❶的测度值；C 是 m 个子系统之间的耦合度。式（4-10）中的 D_1，D_2，…，D_m 为 m 个子系统的测度值；N_1，N_2，…，N_m 为待定系数，一般将 N_i 设定为 $1/m$；T 为 m 个子系统的综合协调指数。式（4-11）中的 B 为子系统之间的协度，取值范围为 [0，1]。由于产业空间分异并非简单的产业分离，还包括分离之后产业间的协作问题，因此用于衡量城市间产业间的产业协同度 B 可以表征城市群产业空间分异程度。

4.2.2　度与评价

本节研究所涉及的城市产业部门就业人口数据来源于《中国劳动统计年鉴》，为与后续城市群协同发展质量的测度时间保持一致，选取 2000—2015 年数据。利用不同城市群各年度、各城市、各产业部门的就业人口数据，再根据需要进行归并，并通过式（4-1）至式（4-11），可以计算相应的产业空间分异程度。现分别对整体城市群、珠三角城市群、长株潭城市群和成渝城市群进行评价分析。

1. 整体城市群

整体城市群产业空间分异情况如表 4.3 所示（为避免表格烦琐，仅显示部分年份数据，以下同）。

---

❶ 这里的第 i 个和第 j 个子系统可以根据不同研究需要进行调整，如可以从城市维度角度将其划分为核心城市与非核心城市，核心城市、外围城市与边缘城市，等等；也可以从产业维度角度将其划分为制造业与制造服务业，低端（传统制造业）、中端（重工业）、高端制造业（新兴制造业）与制造服务业，等等。

表4.3 整体城市群产业空间分异测度值分类情况表

城市		产业部门	年份	2000	2003	2006	2009	2012	2014	2015
核心城市		制造业		0.1872	0.1880	0.1896	0.1887	0.1964	0.1998	0.2001
		服务业		0.4048	0.3977	0.4086	0.4197	0.4212	0.4227	0.4366
		制造业一服务业		0.2399	0.2385	0.2421	0.2428	0.2755	0.2901	0.2952
非核心城市		制造业		0.1206	0.1283	0.1297	0.1308	0.1456	0.1557	0.1638
		服务业		0.1437	0.1445	0.1499	0.1500	0.1591	0.1603	0.1621
		制造业一服务业		0.1209	0.1264	0.1301	0.1322	0.1395	0.1412	0.1547
制造业		核心城市一非核心城市		0.1677	0.1689	0.1711	0.1734	0.1865	0.1889	0.1901
		外围城市一边缘城市		0.1123	0.1176	0.1213	0.1288	0.1376	0.1399	0.1411
制造服务业		核心城市一非核心城市		0.3658	0.3689	0.3721	0.3739	0.3780	0.3844	0.3951
		外围城市一边缘城市		0.0907	0.0911	0.0984	0.1012	0.1033	0.1079	0.1120
总体				0.1002	0.1121	0.1428	0.1631	0.1744	0.1928	0.2015

注：珠三角城市群核心城市为广州、深圳，外围城市为佛山、东莞、中山、珠海、惠州，边缘城市为江门、肇庆。

2. 珠三角城市群

珠三角城市群产业空间分异情况如表4.4所示。可以看出，珠三角城市群总体上的空间分异程度在不断增加，呈现出制造服务业在广州和深圳高度集聚、制造业在其余城市合理布局的良性发展趋势。

从城市维度看，珠三角城市群的两个核心城市——广州和深圳的制造业集聚度略低于其余核心城市，且呈现逐年下降趋势，而非核心城市制造业集聚度呈现逐年上升趋势，表明珠三角城市群在同一省份内进行的产业梯度转移效果比较明显。两个核心城市的制造服务业集聚度不但逐年增加，而且远比非核心城市强。受此影响，非核心城市制造服务业集聚度多年来基本保持稳定，增加幅度不大，表明珠三角城市群中核心城市对整个城市群制造业发展所必需的制造服务业的支持力度很大，其所涉及的完备的研发、营销、法律、广告产业为核心城市以及城市群中其他城市提供了价廉质优的制造服务业支持。不论是核心城市，还是非核心城市，其制造业与制造服务业的协同集聚度虽变化不大，但总体都在下降，表明核心城市中制造业在逐渐转移，因此本地制造服务业对本地制造业的支持力度在降低，转而更多地支持非核心城市的制造业（因为制造业转移到非核心城市）；非核心城市中制造服务业也正在逐渐转移到核心城市（高素质人员逐渐迁移到两大核心城市或是更多地选择在两大核心城市工作和居住），因此本地制造服务业对本地制造业的支持力度也在降低，转而寻求核心城市中更为优良的制造服务业资源的支持。

从产业维度看，珠三角城市群的制造业在核心城市与非核心城市之间的布局和在外围城市与边缘城市之间的布局相比更为明显，表明珠三角城市群中制造业布局更多地体现在制造业从核心城市向非核心城市的成功转移，即非核心城市承接核心城市制造业的效果是非常明显的，这一方面得益于非核心城市毗邻核心城市、转移的基础性工作比较扎实等产业政策与地缘保证，另一方面可能存在同一省份内产业转移接续工作能够有效推进的原因，这也表明外围城市和边缘城市之间产业协同配套（上下游产业环节链条）的效果不甚明显，这更有可能是由于珠三角城市群的外围城市和边缘城市差距不大，并且基本能较为完整地承接制造业转移，不必再形成外围城市和边缘城市的制造业梯度。当然，制造业不论是在核心城市与非核心城市之间的布局，还是在外围城市与边缘城市之间的布局，都呈现逐年增长的态势，表明珠三角城市群的制造业布局正在逐步优化。珠三角城市群的制造服务业的层级特征更为明显，表现为在核心城市与非核心城市之间的布局远优于外围城市与边缘城市之间的布局，即在珠三角城市群中，制造服务业更多地分布在两个核心城市中，而在其余城市的分布不多，这种布局有利于制造服务业的规模化发展，并为整个城市群提供了更加优质的制造服务业支持。

表4.4 珠三角城市群产业空间分异度值分类情况表

	年份	2000	2003	2006	2009	2012	2014	2015
城市	核心城市 制造业	0.3424	0.3539	0.3298	0.3076	0.3124	0.2951	0.2978
	核心城市 服务业	0.6524	0.6670	0.6761	0.6982	0.7013	0.7461	0.7599
	核心城市 制造业—服务业	0.5456	0.5638	0.5121	0.5132	0.5087	0.4901	0.4410
	非核心城市 制造业	0.3275	0.3277	0.3391	0.3218	0.3496	0.3725	0.3644
	非核心城市 服务业	0.2378	0.2254	0.2497	0.2356	0.2429	0.2611	0.2715
	非核心城市 制造业—服务业	0.4569	0.4671	0.4420	0.4306	0.4489	0.4528	0.4299
产业部门	制造业 核心城市—非核心城市	0.5673	0.5409	0.5711	0.5924	0.6052	0.5989	0.6075
	制造业 外围城市—边缘城市	0.3445	0.3021	0.3347	0.3579	0.3787	0.3890	0.3912
	制造服务业 核心城市—非核心城市	0.6521	0.6437	0.6653	0.6688	0.6990	0.6997	0.7011
	制造服务业 外围城市—边缘城市	0.1319	0.1210	0.1331	0.1354	0.1362	0.1412	0.1423
	总体	0.2311	0.2346	0.2578	0.2610	0.2944	0.3175	0.3894

注：按照服务业产值占总产值比，珠三角城市群核心城市为广州、深圳，外围城市为佛山、东莞、珠海、中山，边缘城市为江门、肇庆。

总体上看，珠三角城市群产业空间分异呈现以下特点：

城市群双核心特征明显。珠三角城市群双核心特征明显，双核心分别是广州和深圳，围绕广州核心形成了佛山、中山、珠海、江门和肇庆的产业圈层，围绕深圳核心形成了东莞和惠州的产业圈层。每个核心的主导地位明显，周围城市产业格局与核心城市相似，形成了比较明显的产业圈层格局。

双核心的产业布局错位发展。围绕广州形成的产业圈层多以传统制造业和重工业为主，围绕深圳形成的产业圈层则多以新兴制造业为主。两个核心错位发展，由于这个城市群完整地处于广东省省域范围内，规划产业时可以避免出现重复投资和不必要竞争的问题。

核心城市的服务业对各自圈层和整个城市群的影响力巨大。得益于广州的科技资源和深圳的金融力量，核心城市的服务业影响力较大，形成了核心城市着重发展高端服务业及制造业的高端环节，圈层外围城市发展制造业低端环节的层叠发展态势。核心城市对圈层内城市以及整个城市群中所有城市群的影响力巨大。

为进一步从更长时间跨度分析、研究珠三角城市群产业空间分异格局的演化，分别利用 1996、2008 和 2015 年数据做演化分析（见表 4.5）。

表4.5　珠三角城市群产业空间分异演化情况

年份	制造业	制造服务业	城市间产业协同
1998	双核心基本确立	高端服务业的发展特色不明显	城市间各自的服务支持体现，协同支持的规模较小
2008	广州的化工业突出，深圳的信息产业迅速发展	确立广州的研发支持、深圳的金融支持的态势	初步形成协同支持体系
2015	确立广州的精细化工和深圳的通信器材产业	服务业发展特色形成	系统体系进一步完善

1996 年，广州和深圳的双核心基本确立。广州的传统制造业和重工业发展迅速，深圳的新兴制造业特征明显。广州利用高校和研究院所优势，形成了较为成熟的研发高端服务支持；深圳利用深圳证券交易所的金融资源，扩大资本支持力度，高端服务业开始得到进一步发展，但是特色不明显，协同支持力度不大。

2008 年，广州的重工业尤其是化工发展的优势地位得到进一步巩固，传统制造业开始向外转移；深圳的新兴产业尤其是信息产业得到迅速发展，逐渐形成广州的研发支持（尤其是对重工业的研发支持）、深圳的金融支持态势，并且开始出现一定规模的协同支持。

2015 年，完全形成广州的精细化工和深圳的通信产业发展态势，周边地市围绕这两个主导产业发展原材料和元器件的生产和加工环节，基本形成广州的研发支持、深圳的金融支持态势，协同支持体系进一步得到完善。

3. 长株潭城市群

长株潭城市群产业空间分异情况如表 4.6 所示。可以看出，长株潭城市群总体上的空间分异程度在不断增加，呈现出制造服务业在长沙高度集聚、在株洲和湘潭较多聚集、在其余城市少量集聚，以及高端制造业（新兴制造业）在长沙集聚、中高端制造业（新兴制造业和重工业）在株洲和湘潭集聚、中低端制造业（传统制造业）在其余城市集聚的产业格局。

从城市维度看，长株潭城市群中核心城市与非核心城市的制造业集聚情况相差不大，主要原因可能是非核心城市中的株洲和湘潭制造业发达。从这个角度看，虽然长沙是长株潭城市群的核心城市，但实际上已经形成长株潭"三驾马车"并驾齐驱的态势。当然，从省会天然优势的角度看，短期内还是很难形成高端人才从长沙大规模向株洲和湘潭转移的局面。长株潭城市群中制造服务业在核心城市的集聚度同样高于在非核心城市的集聚度，两者的集聚强度虽然差别不大，但是可以看出明显强于制造业在核心城市和非核心城市集聚度的差异，这也同样显示出虽然株洲和湘潭制造业发展迅速，但是与省会城市长沙相比较，对高端人才的综合吸引力仍然存在较大差距。这种判断同样被核心城市与非核心城市的制造业和制造服务业集聚度差异所证明，表明虽然株洲和湘潭所发展的中高端制造业吸引了一定数量的高端人才，但整个城市群中高技术含量的制造服务业资源依旧大量集中在核心城市——长沙。

从产业维度看，制造业在核心城市与非核心城市之间的布局优于外围城市与边缘城市之间的布局，再一次表明长株潭城市群中长沙的龙头地位显著，株洲和湘潭的制造业紧随其后，两个梯队的制造业差距不大，其余城市属于制造业第三梯队，与前两个梯队的制造业差距很大。制造服务业同样存在这个问题，且情况更为明显。由于株洲和湘潭保有一定量的技术人才，因此核心城市与非核心城市之间虽有一定差距，但差距不大，在长株潭城市群的制造服务业方面，长沙的龙头位置仍然显著。但其余城市的制造服务业与长株潭比较就显得非常落后，因此外围城市和边缘城市之间的制造服务业度量值不高。

长株潭城市群产业空间分异的特点是基于产业的"1+2+5"城市层级特征明显。从产业角度看，呈现明显的"1+2+5"的城市层级特征。其中，长沙的首位城市特征突出，制造业多数是技术含量较高的产业，如精细化工，或是集成整合其他城市中间产品的后端产业，如专用设备制造；服务业多数是为本地及其他城市提供研究、信息和金融等支持的高端服务业。

株洲和湘潭属于第二层级，除少部分制造业为长沙提供中间产品外，多数制造业属于集成整合产业，如株洲的交运设备和湘潭的电气机械；服务业多为基础性服务业，如交通运输业和批发零售业，也包括少量的高端服务业。其余五个城市属于第三层级，制造业中除了为前三个城市提供中间产品的产业外，主要以低端制造业为主，如岳阳的造纸、益阳的木材家具以及娄底的服装、鞋帽等；服务业基本为基础性的交通运输业和批发零售业。

总体上呈现以长沙为核心、株洲和湘潭为外围、其余五个城市为边缘的层级结构。沿此层级，制造业和服务业由外向内层次逐渐提高，低层级城市为高层级城市提供制造业中间品，高层级城市为低层级城市提供高端服务业支持。

协同密切程度随制造业结构变化而变化，具体分为两种情形。一种情形是城市间的主导制造产业相似，如长沙与常德的食品烟草、株洲与岳阳的化工、湘潭与衡阳的电气机械等，城市间不仅可以共享优质和规模化的前后向服务业支持，还容易形成垂直的产业链布局。另一种情形是主导制造产业虽不相似，但各自所依赖的前后向服务业相似，如长沙的专用设备、株洲的交运设备和湘潭的电气机械均需要依赖研究和信息的前向服务支持，有利于聚集资金、技术和人才；常德的食品和烟草、益阳的木材家具以及娄底的服装、鞋帽主要依赖交通运输和批发零售的后向支持，有利于形成物流集散和贸易分销网络，从而提升服务业运营管理的水平和层次。实质上，前一种情形属于规模经济表现形式，后一种情形是范围经济表现形式。

协同层次高低随服务业结构变化而变化。研究、信息和金融等高端服务业在前三个城市的比重较高，在后五个城市较低。因此，前三个城市间协同多体现为彼此间服务业对制造业的高端支持；前三个城市与后五个城市间协同主要体现为前者对后者的高端服务支持，以及后者对前者的基础性服务支持；后五个城市间协同基本为基础性服务支持。

表4.6 长株潭城市群产业空间分异测度值分类情况表

城市 / 产业部门	年份	2000	2003	2006	2009	2012	2014	2015
核心城市	制造业	0.426 0	0.427 9	0.432 9	0.448 5	0.459 8	0.468 3	0.493 1
	服务业	0.467 3	0.455 7	0.478 6	0.472 4	0.489 0	0.490 5	0.515 7
	制造业—服务业	0.401 9	0.389 0	0.409 8	0.412 7	0.431 6	0.448 1	0.448 3
非核心城市	制造业	0.401 7	0.398 8	0.419 5	0.423 8	0.429 3	0.429 7	0.432 8
	服务业	0.337 5	0.328 4	0.349 6	0.355 1	0.356 6	0.362 8	0.378 2
	制造业—服务业	0.307 7	0.300 2	0.311 5	0.321 0	0.332 1	0.334 6	0.350 6
制造业	核心城市—非核心城市	0.445 7	0.449 0	0.456 1	0.467 2	0.478 8	0.492 3	0.493 4
	外围城市—边缘城市	0.212 4	0.209 7	0.221 3	0.234 3	0.241 2	0.245 5	0.274 3
制造服务业	核心城市—非核心城市	0.402 2	0.400 1	0.411 2	0.414 5	0.416 7	0.432 8	0.432 5
	外围城市—边缘城市	0.121 3	0.120 0	0.123 5	0.120 9	0.127 5	0.110 6	0.124 4
总体		0.264 6	0.267 9	0.272 4	0.271 8	0.279 3	0.286 6	0.290 2

注：按照服务业产值占总产值比，长株潭城市群核心城市为长沙，外围城市为株洲、湘潭，边缘城市为衡阳、岳阳、常德、益阳、娄底。

为进一步从更长时间跨度分析研究长株潭城市群产业空间分异格局的演化，分别利用 1996、2008 和 2015 年数据做演化分析（见表 4.7）。

表4.7　长株潭城市群产业空间分异演化情况

年份	制造业	制造服务业	城市间产业协同
1996	制造业比重相对均匀，主导产业不突出，特色产业不明显	以基础性服务业为主，高端服务业比重不高且主要集中在长沙	多为城市间商品的集散分销等低层次协同
2008	前三市主导产业凸显且关联性增强，后五市产业特色明显	前三市高端服务业比重增加且围绕主导制造产业布局，后五市基础性服务业规模扩大但高端服务业比重变化不大	前三市间高层次协同，后五市间低层次协同，前三市与后五市间高低层次混合协同
2015	前三市产业中的低端环节扩散至后五市，后五市主导产业确立，初步形成城市群大产业链格局后五市特色产业持续优化	高端服务业加速向前三市集中，服务范围涵盖整个城市群，基础性服务业整体规模扩大，存在向交通枢纽城市集中的趋势	城市群第二产业、第三产业整体协同格局初步形成，但协同仍处于初始阶段

1996 年，各市主导制造产业不突出，产业前后向关联性不强，形成了相对独立的城市制造单元。以运输仓储和批发零售等基础性服务业为主，研究、信息、金融和综合类服务业比重不高且主要集中在长沙。以商品在不同城市间的物流集散和贸易分销等低层次协同形式为主，交通区位好的城市在协同中的优势明显。

2008 年，各市主导制造产业比重开始增加，特色产业逐渐显现。长沙的工程机械、株洲的交运设备和湘潭的装备制造等主导产业突出且关联性增强，常德的食品、益阳的木材家具等产业特色明显。随着主导产业的层次提升和规模扩大，前三市的高端服务业比重增加，研究和信息业增长尤其迅速，后五市服务业结构基本未变但规模持续扩大，初步形成了前三市间高层次协同、后五市间低层次协同、前三市与后五市间高低层次混合协同的局面。

2015 年，前三市产业中的低端环节扩散到后五市，衡阳的电气机械、岳阳的化工造纸、常德的通用设备等主导产业确立，通过产业协作初步形成城市群大产业链格局，后五市特色产业份额持续增加。高端服务业加速向前三市集中，主要为整个城市群提供高端服务支持，交通条件的改善使基础性服务业整体规模扩大，且主要集中于交通枢纽城市。初步形成城市群第二产业、第三产业整体协同的格局，但由于存在以下问题，其协同水平有待进一步提升：发展高端服务业过程中，缺乏对主导制造产业关联性的关注，因此发展高端服务业的目标针对性不强。因为相较运输仓储和批发零售等基础性服务业对几乎所有商品均适用而言，高端服务业尤其是其中的研究服务业更多地强调对具体制造业的专业性支持，如对化工产业和工程设备产业的研究支持显然不尽相同，因此需要针对长株潭"3+5"城市群尤其是前三市的主导制造产业特点，研究它们的前后向服务业中的共性支持部分，而后在长沙或前三市集中发展该类服务业，以便对整个城市群提供更高效便捷和专业低廉的服务支持，不断提升协同层级。

4. 成渝城市群

成渝城市群产业空间分异情况如表4.8所示。可以看出，成渝城市群总体上的空间分异程度虽然在小幅不断增加，但程度不高，这表明成渝城市群产业空间分异的效果不是很明显，并且这种效果的优化迹象也不是很明显。

从城市维度看，成渝城市群的极化现象非常严重。无论是制造业集聚，还是制造服务业集聚，抑或制造业与制造服务业的协同集聚，成都和重庆两个核心城市的集聚度都远高于其他所有非核心城市的，并且核心城市逐年增长的幅度也高于非核心城市的。这种核心城市严重极化现象的主要原因可能在于成渝城市群地处中国西部内地，城市之间发展水平的差距要远大于东部沿海和中部地区城市发展水平的差距并且目前该城市群仍处于工业发展中前期，主要以承接中东部产业转移为主要形式，而转移产业更偏向选择配套、环境等更理想的成都和重庆，而非城市群内其他城市。

从产业维度看，制造业在核心城市与非核心城市及外围城市与边缘城市之间的集聚度都不高，这表明成都和重庆基本实现相对独立的制造闭环，基本不存在与周边城市协同互促的局面。不仅核心城市与非核心城市之间，而且核心城市、外围城市与边缘城市之间也都相对独立，产业协作程度不高。制造服务业在核心城市与非核心城市之间的集聚度比制造业的集聚度要高，这表明核心城市的制造业并不依赖非核心城市的制造业进行配套，但非核心城市需要核心城市的制造服务业给予支持，这进一步说明了成渝城市群的极化现象不仅存在于制造业，也存在于制造服务业中。外围城市和边缘城市之间的制造服务业集聚度也非常小，这表明在成渝城市群中，除了两个核心城市以外，在其余城市中基本不存在能够给予自身制造业发展所必需的制造服务业资源和支持。

成渝城市群产业空间分异的特点为双核心之间呈现竞争大于合作的产业态势。与珠三角城市群中广州和深圳之间错位发展的产业发展态势不同，成渝城市群两个核心之间的产业格局总体上呈现竞争大于合作的态势。成都和重庆之间的传统制造业差异不大，竞争尤为明显；重工业存在一定的竞争，但重庆由于有交通优势，更胜一筹；新兴制造业中，两个核心的重点培育产业错位不明显，存在较大的竞争。究其原因，可能是前两个城市群属于同一个省份，规划中的合作成分明显强于竞争成分，而成渝城市群分属四川和重庆两个行政主体，出于各自利益的考虑，规划上难免产生明显的竞争而非合作格局。

第二产业、第三产业服务垂直化特征不明显。成都和重庆高端服务业对各自圈层城市制造业的高端服务支持特征不明显，成都的高端服务业基本上只服务支持成都周边城市，较远城市本身对高端服务的需求不大，并且基本利用当地的服务业资源。重庆主城区高端服务业的支持力度与成都相比更大，但是总体上不大，主要原因是制造业对高端服务业的需求不旺盛。

未来这种以两个核心城市为中心的制造业和制造服务业单极化发展格局有可能会进一步加剧，原因在于虽然与珠三角城市群的双核心相似，但成渝城市群的双核心分属两个不同的行政区域，因此广东省在省内布局的产业梯度转移战略在成渝城市群可能较难实现。成都和重庆的制造业不断集聚会进一步加速制造服务业资源向这两个城市集中，从而形成极化中心的不断自我强化。在省域层面力量主导影响的情况下，估计短期内这种僵局很难被打破。

表4.8 成渝城市群产业空间分异测度值分类情况表

城市		年份	2000	2003	2006	2009	2012	2014	2015
城市	核心城市	制造业	0.660 0	0.678 3	0.669 4	0.681 1	0.684 5	0.685 1	0.696 2
		服务业	0.723 1	0.734 8	0.732 2	0.731 6	0.743 9	0.758 8	0.772 2
		制造业—服务业	0.707 2	0.713 9	0.692 3	0.742 2	0.753 1	0.754 5	0.766 7
	非核心城市	制造业	0.232 2	0.235 6	0.236 9	0.231 3	0.238 4	0.234 2	0.239 9
		服务业	0.190 9	0.193 2	0.202 1	0.212 4	0.223 4	0.221 5	0.243 8
		制造业—服务业	0.157 6	0.190 8	0.193 3	0.199 7	0.211 6	0.200 2	0.213 4
产业部门	制造业	核心城市—非核心城市	0.154 4	0.153 2	0.157 8	0.166 9	0.167 3	0.177 2	0.178 4
		外围城市—边缘城市	0.089 0	0.092 1	0.097 7	0.104 4	0.102 2	0.112 4	0.112 5
	制造服务业	核心城市—非核心城市	0.323 5	0.359 9	0.367 1	0.369 0	0.376 2	0.375 9	0.394 0
		外围城市—边缘城市	0.099 5	0.099 8	0.099 2	0.115 4	0.103 4	0.112 6	0.118 9
总体			0.122 4	0.127 5	0.139 3	0.134 6	0.137 7	0.144 8	0.148 6

注: 按照服务业产值占总产值比, 制造业产值占总产值比。成渝城市群核心城市为成都、重庆; 外围城市为德阳、绵阳, 边缘城市为遂宁、内江、乐山、南充、眉山、广安、达州、资阳。

为从更长时间跨度分析研究成渝城市群产业空间分异格局的演化，分别利用1996、2008 和 2015 年的数据做演化分析（见表 4.9）。

表4.9　成渝城市群产业空间分异演化情况

年份	制造业	制造服务业	城市间产业协同
1996	双核心基本确立；产业均衡，特色不明显	服务业特色不明显，核心城市的制造服务业规模不大、质量不高，与非核心城市之间存在差距	基本不存在协同支持体系
2008	制造业结构发生变化，两大核心城市的制造业力量不断加强，对周围城市形成磁吸效应	核心城市的制造服务业力量不断加强，优良城市环境吸引大量高层次人才，非核心城市的制造服务业力量进一步减弱，但形成一定的特色服务支持力量	服务支持范围主要围绕自身圈层
2015	极化现象严重，核心城市周围的制造业发展缓慢，由核心城市与非核心城市的竞争关系变为两大核心城市之间的竞争关系，两核心之间的竞争关系大于合作关系	服务业发展特色形成	仍旧存在圈层服务半径问题，即分别以成都和重庆为圆心的制造服务业的服务半径

1996 年，成都和重庆的双核心基本确立。成都和重庆在传统制造业、重工业和新兴制造业上的份额比例较为均等，特色不明显，产业重合度较高，竞争大于合作。服务业发展的特色不明显，基本不存在各个城市之间的协同支持体系。

2008 年，成都和重庆的传统制造业逐渐向外转移，新兴制造业比重有所提高，但重工业比例仍旧偏高，新兴制造业发展迅速。形成围绕各自核心的服务业支持，但服务范围一般局限于自身圈层。

2015 年，成都和重庆的传统制造业比例进一步降低，新兴制造业比重逐步提高，但两个核心之间的竞争较为激烈，合作关系不密切。服务特色较为明显，但服务资源的共享性没有得到最大化的保证。

4.3 城市群协同发展质量的测度与评价

4.3.1 测度方法

城市群协同发展是城市之间经济、空间和社会协同发展的结果，其中经济协同发展是基础，空间协同发展是支撑，社会协同发展是持续和深入协同发展的保证。由于经济协同主要体现在产业协同上，而产业协同与空间和社会协同发展的主要区别在于空间和社会协同是城市之间的平行协同关系，产业协同因产业工序环节的顺序而存在前后向协同关系，因此产业协同要单独处理。产业协同、空间协同和社会协同三者共同构成城市群协同发展，三者各自和共同的协同发展质量则代表城市群协同发展质量（见图4.1）。

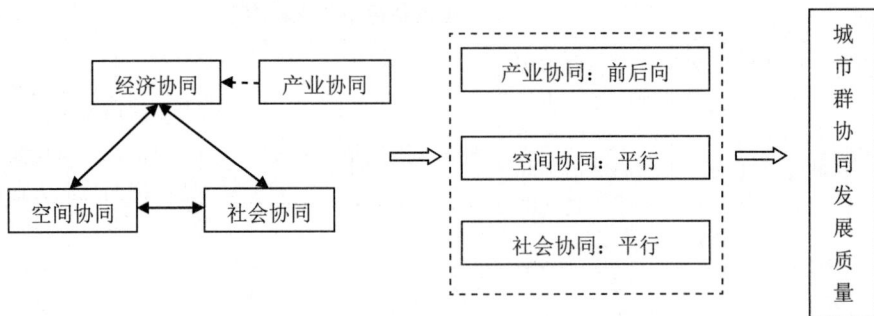

图 4.1　城市群协同发展质量的构成关系图

1. 产业协同质量测度

城市群是现代区域发展大视域下新经济地理研究的主要关注点，是国家和地区参与全球竞争的重要地理单元。为提高整体发展效率，实现区域均衡发展与产业升级，我国正在加紧规划22个城市群，包括5个国家级城市群、9个区域性城市群和8个地区性城市群，遍布东中西部发达与欠发达地区。其目的是通过加强城市群内部各城市之间的交通、经济、社会和文化等多种联系，尤其是通过加强以产业合理布局和协同发展为核心的经济联系，实现不同产业在不同城市之间的专业化分工与规模化集聚，在更大的地理空间范围内发挥产业的协同集聚效应，提升城市群的整体对外竞争力。产业协同，特别是第二产业、第三产业协同直接决定着城市间联系的紧密程度，进而通过凝聚力变化影响城市群发展目标的实现，因此，产业协同是城市群空间组织的关键。

自从 Fujita（1997）和 Krugman（1999）等分别将单中心及多中心空间经济模型引入经济地理研究领域以来，城市间的协同发展问题逐渐得到重视，Sam 等（1998）、Taylor 等（2003）和 Boiteux 等（2004）分别具体研究了首尔、伦敦和巴黎城市群，肯定了协同发展对城市群的积极作用。

国内对相关问题的研究主要分为三个阶段。第一阶段以全国范围内的地级城市为主要研究对象，如陈国亮等（2012）选取全国 212 个城市、韩峰等（2012）选取全国 284 个城市分析了城市间的协同现状，揭示了协同效应的距离衰减现象。该阶段的研究有助于厘清城市间的联系、界定城市群边界，对确定城市群规模有重要意义，是城市群规划的前期理论基础。第二阶段从全国范围转向具体的城市群，以初具雏形的各地城市群为对象，研究城市群内部城市之间的产业协同问题，包括协同的分工与集聚、组织与关联、结构演化等问题。因为对象是城市，因此主要关注第二产业、第三产业之间的协同问题。第三阶段，产业转型升级的需要使制造服务业日渐受到重视，第二产业中的制造业和第三产业中的制造服务业之间的协同问题备受关注。目前，该阶段的研究仍集中于全国范围内城市之间的制造业与制造服务业的空间协同问题，但已出现向具体城市群聚焦的趋势。

总体来看，已有研究体现出两个方面的变化。①在对象范围方面，从全国范围的城市转向具体城市群内部的城市，这种变化源于前期研究需要界定边界和规模，以帮助规划城市群，而一旦规划成型，则会更多关注城市群内部的城市间的关系。②在产业选择方面，从最初的克拉克产业分类到更细的产业分类，如从第二产业、第三产业深入到制造业与制造服务业，并且更加注重产业之间的关联性，因此研究更有具体针对性。综合来看，研究更多关注具体城市群中具有产业关联性的更细产业类目之间的产业协同问题。这样能有效避免研究全国所有城市之间、大类产业之间或弱关联产业之间的产业协同问题时经常出现的建议缺乏针对性和现实指导性的问题。

在这其中，关联性的考量尤为重要，它是决定产业能否有效协同的关键。需要说明的是，本章节认为"关联性"与"协同性"的差别在于，前者不考虑地理空间关系，只考虑产业空间关系，如制造服务业与制造业的关联性，属于产业单一维度的关系表述；后者综合考虑地理和产业空间关系，如城市 A 的制造服务业与城市 B 的制造业的协同性，属于地理和产业两个维度的关系表述。当某个城市群处于某个特定的产业发展阶段时，关联性在城市群内保持稳定，具有客观性；协同性随不同城市的主导产业的变化而变化，具有主观性。这是通过规划城市间产业布局引导城市群协同发展的理论依据，也是本章节后续研究中，基于投入产出建立产业关联性关系后，再利用城市数据研究城市间产业协同问题的逻辑依据。

考量关联性的常见做法是以制造服务业到制造业的产业组织顺序研究前后向关联性，该做法存在三个不足。①产业类目依然较大，相应的建议缺乏操作性。因为此时的产业协同发展建议，只可能是类似"这些城市集中发展制造服务业、那些城市集中发展制造业"这种缺乏操作性的建议，不可能是诸如"这些城市集中发展运输仓储业、那些城市集中发展木材加工业"等的具体建议❶，因此有必要从更细致的产业类目入手进行研究。兼顾类目细致性和数据可得性后我们发现，部门是最优选择，因此研究应该深入到制造服务业和制造业的具体部门中。②用统一的关联标准分析具体的城市群很难透析城市群结构。比如，东部城市群产业多围绕贸易过程布局，因此以批发业为主的城市位于城市群核心，以制造业为主的城市从属于核心城市；西部城市群则相反，以制造业为主的城市往往地位较高。因此，用统一的关联标准很难清楚分析具体城市群的结构，而利用城市群所在地区的投入产出数据可以具体分析该城市群产业间的关联性，从而更准确把握城市群结构。③关联程度难以被准确量化，因此产业规划就会主次不清。一个城市存在多个产业部门，各城市的不同产业部门之间又需要相互协同，如果只考虑是否存在关联性而不考虑关联程度的大小，则规划的产业就无主次之分，规划效果将大打折扣。基于投入产出表计算得出的部门间的完全消耗系数和完全分配系数，真实反映了部门间的量化关联程度，可将其作为关联程度强弱的划分依据来研判主次产业。

基于以上考虑，本部分研究的基本思路是利用 2012 年中国投入产出表计算 16 个制造业和 7 个制造服务业产业部门间的完全消耗系数和完全分配系数，从而建立部门间的关联关系，在此基础上利用后面将会提出的协同性度量公式计算城市之间的产业协同关系，得出协同关系矩阵，再对矩阵进行相应计算得出城市群的产业发展协同质量。

产业部门之间的关联性是协同问题研究的起点，投入产出是关联性的直观反映。利用投入产出表计算部门间的直接消耗系数：

$$a_{rs} = X_{rs} / X_s \qquad (4-12)$$

其中，X_{rs} 是第 s 个部门生产投入中由第 r 个部门直接提供的部分；X_s 是第 s 个部门总的生产投入；a_{rs} 是第 s 个部门对第 r 个部门的直接消耗系数。a_{rs} 揭示了不同部门之间的关联性，a_{rs} 越大，表明两个部门之间的关联性越强，反之则越弱。通常 a_{rs} 被表示为矩阵的形式，以 A 表示。

通常情况下，第 s 个部门除了对第 r 个部门产生直接消耗外，还会通过其他

---

❶ 运输仓储和木材加工业分别属于制造服务业和制造业下属的产业部门，对于制造服务业和制造业具体包含哪些产业部门，后文将会有详细介绍。

部门对第 r 个部门产生间接消耗。完全消耗系数 b_{rs} 是直接消耗和间接消耗之和，其矩阵形式 B 的计算公式为

$$B = (I-A)^{-1} - I \qquad (4\text{-}13)$$

其中，A 为直接消耗系数矩阵；I 为单位矩阵。得出完全消耗系数矩阵后就可以根据系数大小确定部门间的关联性强弱，这种关联性是产业维度的后向关联。与之对应，完全分配系数用于度量前向关联，方法是先计算直接分配系数 $h_{rs} = X_{rs}/X_r$，再同理转换为完全分配系数 c_{rs}。c_{rs} 衡量了第 r 个部门的全部产出中分配给第 s 个部门的部分占第 r 个部门总产出的比重。再看协同性度量公式。

自从 Reilly（1931）提出测度空间相互作用的引力模型以来，其就被广泛应用于城市问题研究，而后 Converse（1947）将其改进为断裂点公式。Stewart（1949）最终将其演变为最常用的空间相互作用模型：

$$F_{ij} = K_{ij}\frac{\sqrt{P_i G_i P_j G_j}}{D_{ij}^2} \qquad (4\text{-}14)$$

其中，K_{ij} 为城市 i 和城市 j 之间的引力系数；P_i 和 G_i 分别为城市 i 某个产业的两个统计量，可以选择这个产业的从业人员数、总资产或产值等；P_j 和 G_j 为城市 j 同类产业的相应统计量；D_{ij} 为城市间的距离；F_{ij} 为该产业在两个城市间的相互作用。因为主要研究同类产业在不同城市间的相互作用，因此其测算的只是城市间的产业联系，而非产业协同。需要说明的是，前述的"关联性"只强调产业差异，"协同性"既强调产业差异也强调地理差异，"联系性"只强调地理差异，因此"联系性"是同类产业在不同城市间的关系表述，如城市 A 和城市 B 的制造业之间的联系。在很多研究中，虽然式（4-14）中的作用变量 P_i 和 G_i 不断演变，从单一的统计数值演变为由一系列复杂指标计算得出的综合值，但无论如何变化，其始终围绕不同城市间的同一产业演变，因此只表示联系而非协同。

而要实现协同，必须针对不同城市间的不同产业，而且必须是有前后向关联关系的不同产业，因此利用前面计算得出的关联部门组合数据，尤其是其中关联性强的部门组合数据，就可研究城市间的产业协同问题。基于此，修正式（4-14）可得到城市间的产业协同度：

$$F_{ij}^{rs} = K_{rs}\frac{\sqrt{P_i^r G_i^r P_j^s G_j^s}}{D_{ij}^2} \qquad (4\text{-}15)$$

其中，P_i^r 和 G_i^r 分别为城市 i 中部门 r 的统计量；P_j^s 和 G_j^s 分别为城市 j 中部门 s 的统计量，本章节选择从业人员数和总资产；D_{ij} 为城市 i 和 j 之间的距离；

F_{ij}^{rs} 为城市 i 的部门 r 与城市 j 的部门 s 的产业协同度，K_{rs} 为部门 r 和 s 间的引力系数，r 为前向部门，s 为后向部门。采用克鲁格曼指数形式，并借鉴韩峰等（2012）的思路，得出 K_{rs} 的表达式 4-16。其中，c_{rz} 为部门 r 和 z 间的完全分配系数；b_{zs} 为部门 z 和 s 间的完全消耗系数，z 不等于 r 和 s。

$$K_{rs} = \sum_{z=1}^{n} |c_{rz} - b_{zs}| \qquad (4-16)$$

城市间的距离 D_{ij} 借鉴贺欢欢（2014）等人的思路，选用综合考虑城市间道路数量、类型和级别之后得出的时间距离。同时为了避免研究同城产业协同时出现 $D_{ij}=0$，而使公式 4-15 出现分母为零的问题，借鉴 Head（2004）等人的思路，先计算城市半径 $R_{ij} = \pi^{-\frac{1}{2}} M^{\frac{1}{2}}$，$M$ 为城市市辖区的建成区面积，再令 $D_{ij} = \frac{2}{3} \frac{R_{ij}}{\bar{R}_{ij}}$，其中 $\bar{R}_{ij}$ 为城市半径均值。

需要说明的是，这里讨论的同城产业关联与协同既考虑产业维度也考虑地理维度的界定并不矛盾。因为关联性纯粹聚焦于产业维度，而协同性同时考虑产业维度和地理维度，并且不限定地理范围大小，只要涉及地理范围，就可以归为协同问题。同城虽比城市间的地理范围限定小，但已然考虑地理范围，因此属于协同问题。

在得出城市间产业协同矩阵之后，同样利用前述的熵权法计算城市群产业协同发展质量的测度值。

2. 城市群协同质量测度

参考相关研究文献并结合数据可得性以及城市群协同发展的另外两个组成部分——空间协同和社会协同的质量测度指标体系（见表4.10），利用均方差获取各级指标权重。该方法以标准化后的属性值 Z_{ij} 为随机变量，在计算各个随机变量均方差的基础上对其进行归一化处理，其结果即为各指标的权系数。这种方法可以通过描述各个随机变量离散程度来较为客观地反映指标影响力大小。

表4.10 城市群协同发展质量测度指标体系表

目标指标	一级指标（权系数）	二级指标（权系数）
城市群协同发展质量	产业协同发展（0.53）	前一部分得出的产业协同测度值
	空间协同发展（0.28）	乡级以上道路公里数（0.44）/人均城市道路面积（0.23）/单位面积建成区的固定资产投资（0.33）
	社会协同发展（0.19）	客运总量（0.24）/货运总量（0.27）/公共图书馆图书总藏量（0.16）/电信业务总量（0.15）/医生人数（0.18）

其具体的计算过程包括以下步骤。首先计算指标矢量方向的随机变量均值：

$$E(S_j) = \frac{1}{n}\sum_{i=1}^{n} Z_{ij} \qquad (4-17)$$

再计算 S_j 的均方差：

$$\sigma(S_j) = \sqrt{\sum_{i=1}^{n}\left[Z_{ij} - E(S_j)\right]^2} \qquad (4-18)$$

然后计算指标权系数：

$$\omega_j = \sigma(S_j)\bigg/\sum_{j=1}^{m}\sigma(S_j) \qquad (4-19)$$

依据上述方法求得二级指标的权系数，同理推出一级指标的权系数，各级指标的权系数为表 4.10 中每个指标后面的括号中的数值。结合具体数据可以得出城市群协同发展质量的测度值。

4.3.2 测度与评价

由于各个城市群的产业发展情形不完全相似，如果使用各自的产业部门间投入产出数据计算产业前后向协同关系，这将会使相互间的比较产生一定误判。例如，东部城市群产业多围绕贸易过程布局，因此贸易型城市一般位于城市群核心，制造型城市从属于核心城市；西部城市群则可能相反，制造型城市往往地位较高。因此本章节用统一的投入产出标准分析产业前后向协同关系，即利用《2012 年中国投入产出表》数据计算部门间的完全消耗系数和完全分配系数。

每个制造业部门与若干制造服务业部门产生前后向关联，限于篇幅，现在仅选择其中三个关联最密切的部门组合，如表 4.11 所示（本章节所涉及的产业空间分异问题更关注制造业与制造服务业之间的分离和协同关系，而非制造服务业部门之间以及制造业部门之间的分离和协同关系，因此主要列出位于制造业前后序方向的制造服务业部门）。需要说明的是，因为以制造业部门为基准，而其又位于前序服务部门的后向，因此采用完全消耗系数，同理后序服务部门采用完全分配系数。

我们从表 4.11 中可以看出，传统制造业的前向关联服务业主要是租赁、研发设计和批发业，并且完全消耗系数普遍不高，这说明我国目前传统制造业的前端支持层次不高、力度不大，多数传统制造业主要设计和研发技术含量不高的贴牌和代工商品，即便是自有品牌商品，其设计工作量也不大，自然设计精致度不高。后向关联服务业多为交通运输和批发零售类的服务业，分配系数也普遍不高，这表明我国目前的传统制造业产品分销渠道较为广阔，并且基本直接面对分销商或消费者。

表4.11　关系密切的产业部门组合

完全消耗系数	前序服务部门	制造业部门	后序服务部门	完全分配系数	完全消耗系数	前序服务部门	制造业部门	后序服务部门	完全分配系数
0.069	E		0.093	C	0.149	E		0.076	A
0.060	F	1	0.044	A	0.126	F	9	0.053	C
0.036	G		—	—	0.112	G		—	—
0.045	F		0.082	C	0.059	E		0.047	D
0.044	E	2	0.055	A	0.054	F	10	0.022	A
0.019	C		0.019	D	0.045	G		0.016	B
0.025	E		0.141	C	0.085	A		0.079	A
0.019	C	3	0.072	A	0.067	E	11	0.050	C
0.017	F		0.018	D	0.065	F		0.028	G
0.016	E		0.064	D	0.127	A		0.085	A
0.012	F	4	0.047	C	0.089	E	12	0.047	B
0.011	C		0.015	B	0.051	C		0.028	D
0.146	E		0.054	D	0.120	E		0.074	B
0.052	D	5	0.043	C	0.105	B	13	0.042	A
0.050	B		0.020	B	0.083	F		0.024	C
0.251	A		0.082	A	0.216	E		0.066	B
0.092	E	6	0.075	D	0.182	B	14	0.034	A
0.065	F		0.025	E	0.162	F		0.022	F
0.289	F		0.069	A	0.061	F		0.073	B
0.223	E	7	0.060	C	0.057	G	15	0.041	F
0.131	G		0.028	D	0.017	E		0.021	G
0.027	F		0.076	B	0.011	E		0.089	E
0.019	E	8	0.047	A	0.009	F	16	0.078	B
0.017	G		0.029	G	0.006	G		0.021	A

注：前述的16个制造业部门按照1～16顺序表示，7个制造服务业部门按照A～G顺序表示；因为后序服务部门中，有的完全分配系数为零，存在不够3个的情况，因此缺省的用"—"表示。

重工业的前向关联服务业主要指向租赁、研发和综合服务类，且其完全消耗系数普遍高于传统制造业的，这表明我国重工业的发展水平相对较高，这与我国处于工业化发展后期的普遍观点相一致。后向关联服务业中的交通运输和批发零售业表明我国重工业产品的后端衔接层次有待进一步提高，增加对后端服务业中研发、信息等服务的支持力度可以进一步提升产品的附加值，这也是目前产业转型升级的题中之意。

新兴制造业的前向关联服务业中，租赁、交通运输和研发的比重相对比较高，它们显示出目前新兴制造业的一些特征，如轻资产、分散生产、技术含量高等，但信息化程度和金融支持的力度仍旧不高。后向关联服务业中，交通运输、批发零售、信息和租赁的比重较高，这表明目前我国的新兴制造业产品多为通过各类渠道直接销售的终端消费品。前端的关键零部件产品不多，但存在一定的信息化支持力度，有些产品属于进一步系统化和深加工的产品，这体现出一定的产品层次性。

总体而言，传统制造业多为劳动密集型制造业，重工业属于资本密集型制造业，新兴制造业属于技术和知识密集型制造业。劳动密集型制造业的前向多为获取原材料的服务部门，后向多为产品分销的服务部门；技术密集型制造业的前向多为研发类服务部门，后向除了传统的物流与分销部门外，还涉及深层开发及系统集成等高端服务部门。

计算得出制造业和制造服务业部门之间的关联度值后，再利用每个城市群各自的城市数据（数据来源于《中国城市统计年鉴》，由于统计口径有所调整，选取1999—2016年的数据进行分析）计算产业协同发展质量、空间协同发展质量、社会协同发展质量及整个城市群的协同发展质量。现对整体城市群以及珠三角、长株潭和成渝三个城市群分别进行分析。

1. 整体城市群

整体城市群的协同发展质量见表4.12。从中可以看出，22个城市群整体上的协同发展质量较好，且呈现逐年上升趋势。

表4.12 整体城市群协同发展质量测度值表

年份	产业协同发展质量	空间协同发展质量	社会协同发展质量	整体协同发展质量
2000	0.353 4	0.401 1	0.359 1	0.367 8
2003	0.321 7	0.404 2	0.341 3	0.348 5
2006	0.367 8	0.417 7	0.367 0	0.381 6
2009	0.369 4	0.419 6	0.375 2	0.384 6

年份	产业协同发展质量	空间协同发展质量	社会协同发展质量	整体协同发展质量
2012	0.378 5	0.428 8	0.384 4	0.393 7
2014	0.388 2	0.432 0	0.401 1	0.402 9
2015	0.394 4	0.46 5	0.431 2	0.416 0

2. 珠三角城市群

珠三角城市群的协同发展质量见表4.13。

表4.13　珠三角城市群协同发展质量测度值表

年份	产业协同发展质量	空间协同发展质量	社会协同发展质量	整体协同发展质量
2000	0.676 4	0.738 8	0.713 8	0.701 0
2003	0.688 5	0.745 6	0.701 9	0.707 0
2006	0.662 3	0.748 9	0.716 6	0.696 9
2009	0.689 9	0.751 2	0.718 9	0.712 6
2012	0.712 3	0.767 7	0.736 1	0.732 3
2014	0.721 9	0.768 1	0.747 2	0.739 6
2015	0.747 2	0.786 4	0.765 5	0.761 7

从表4.13中可以看出，珠三角城市群整体上的协同发展质量较好，且呈现逐年上升趋势。在组成城市群协同发展质量的三种协同发展质量中，空间协同发展质量最为理想，这一方面得益于广东省内便利的各级各类道路网，有助于城市间的空间协同发展；另一方面是广东省整体城市化和工业化发展水平很高的结果，政府积累了较为丰富的土地空间规划经验，各地在统一的规划指导下，借力已经形成的较为明显的城市间级差地租，合理开发城市空间。

珠三角城市群经济高度发达，为城市间的人员往来提供了物质保障；各城市同属岭南文化区，相互间更容易沟通交流；珠三角城市群是中国最早开放的地区，开放思想早已深入人心，因此社会协同发展质量比较高。

珠三角城市群产业协同发展质量的测度值虽然比空间协同和社会协同发展质

量的测度值低，但与其余两个城市群相比仍然很高，这在后面的比较中可以看出来。产业协同发展质量比其余两类协同发展质量低的原因可能是空间协同可以通过交通和用地的统一规划在相对较短的时间内实现，社会协同即便在经济不发达时也可能发展，不过在经济发达的情况下这种协同的效果可能更易显现。相比较而言，产业协同更为复杂，并不能通过一两个产业政策规划就可以在短期内实现（产业规划本身是否科学确实需要靠长期实践来证明）。也并非产业发达了，城市间产业就能高效协同了（早期浙江各地块状经济高度发达，但城市彼此间的协同性并不一定明显就是证据）。城市间的产业协同不仅是长期市场实践积累的结果，也需要一定的政策规划和引导，这种产业协同在制造业（第二产业）和制造服务业（第三产业）协同的层面上体现得更为明显，这不仅是产业高度发展后的产业深化结果，也是先进城市突破资源承载限制并带动后进城市发展的必由之路。因此，无论是在时间性方面还是系统性方面，产业协同都比空间协同和社会协同更漫长，其协同发展质量不高也容易理解。

3. 长株潭城市群

长株潭城市群的协同发展质量见表 4.14。

表4.14　长株潭城市群协同发展质量测度值表

年份	产业协同发展质量	空间协同发展质量	社会协同发展质量	整体协同发展质量
2000	0.447 6	0.479 2	0.501 2	0.466 6
2003	0.448 5	0.492 0	0.504 9	0.471 4
2006	0.458 2	0.499 3	0.526 7	0.482 7
2009	0.479 0	0.504 9	0.530 9	0.496 1
2012	0.528 3	0.538 8	0.558 0	0.536 9
2014	0.556 5	0.569 5	0.579 1	0.564 4
2015	0.558 1	0.581 0	0.594 6	0.571 4

从表 4.14 中可以看出，长株潭城市群整体上的协同发展质量同样比较好，并且呈现逐年上升趋势。在组成城市群协同发展质量的三类协同发展质量中，空间协同和社会协同发展质量基本相近，但与产业协同发展质量的差距不大。与珠三角城市群相似，长株潭城市群的城市同属于一个省份，交通和城市空间规划比较

统一，这有利于每个城市各自的合理定位和发展，而且湘江文化更利于城市之间的交流与认同。

同一个省份也有利于产业从核心城市向非核心城市的有序转移，目前已经初步形成了以长沙为核心、株洲和湘潭为外围、其余城市为边缘的产业梯度层级。长沙重点发展制造服务业和高端制造业，株洲和湘潭重点发展中高端制造业，并且这三个城市的制造业错位发展、彼此关联但并未完全重复，相互支持但又不会恶性竞争。其余城市则主要围绕长沙、株洲和湘潭的制造业，各自发展配套产业，同时也因地制宜发展特色产业。

未来，长株潭城市群可以从系统层面优化城市群的主导制造产业，将城市群"多而散、广而浅"的制造业布局收缩到装备及装备制造业等优势产业上，主要围绕工程机械、交运设备和电气机械等产业布局，长沙、株洲和湘潭侧重核心部件生产和总装，其余城市则积极发展外围零部件配套产业，形成较为完整的城市群垂直产业链。同时，各市可以因地制宜发展特色产业，使城市群的整体制造业发展呈现"和而不同"的格局。

在长沙、株洲和湘潭要集中发展高端服务业，努力提高高端服务业比重，增强其对制造业的整体服务能力。要重点发展研究、信息和金融业，尤其要优先发展与主导制造产业前后向关联密切的共享性服务业，如前向上的智能控制、新能源和新材料，后向上的信息化系统集成、金融服务创新等，通过范围经济效应的发挥提高服务的针对性和共享性。根据交通区位优势差异合理优化流通资源布局，形成系统科学的基础服务支持网络，提高资源的综合利用效率。努力形成"基础性服务业适度分散，高端服务业规模化集中"的城市群生产性服务业分布格局。

4. 成渝城市群

成渝城市群的协同发展质量见表4.15。

表4.15　成渝城市群协同发展质量测度值表

年份	产业协同发展质量	空间协同发展质量	社会协同发展质量	整体协同发展质量
2000	0.223 2	0.279 1	0.401 8	0.272 8
2003	0.221 7	0.262 1	0.410 9	0.269 0
2006	0.238 9	0.271 4	0.412 2	0.280 9
2009	0.247 6	0.289 9	0.426 7	0.293 5

年份	产业协同发展质量	空间协同发展质量	社会协同发展质量	整体协同发展质量
2012	0.245 5	0.286 4	0.439 4	0.293 8
2014	0.251 1	0.293 0	0.474 5	0.305 3
2015	0.252 8	0.301 1	0.482 1	0.309 9

从表 4.15 中可以看出，虽然成渝城市群整体上的协同发展质量呈现逐年上升趋势，但增长率不高，而且质量相对偏低。在组成城市群协同发展质量的三类协同发展质量中，产业协同和空间协同发展质量基本相近，且都比较低，相比较而言，社会协同发展质量较好。

很长一段时间内，成渝城市群同属一个省份，语言文化、饮食习惯、风俗传统和生活方式等都比较接近，文化认同感非常强烈，虽然 1997 年重庆市成为直辖市，但这并未影响两地间的文化交流，因此成渝城市群的社会协同发展质量相对比较好。但由于成渝城市群中多数城市受地形地貌限制，城市空间发展和交通规划明显不及中东部城市群，而且制造业发展相对于沿海地区较为落后，近些年来转移的产业基本围绕成都和重庆市区周边布局，如成都的双流和重庆的璧山等。其余城市并未真正有效承接到中东部地区的转移产业，因此空间协同和产业协同的发展质量普遍不高，且增长不明显。

为进一步分析三个城市群（分别代表东、中、西部城市群）更长时间跨度内的协同发展质量变化趋势，利用 1996、2008 和 2015 年的数据进行城市群之间的横向比较研究，如表 4.16 所示。

表4.16　三个城市群整体协同发展质量的横向比较表

年份	珠三角城市群 （东部城市群）	长株潭城市群 （中部城市群）	成渝城市群 （西部城市群）
1996	0.601 4	0.381 7	0.259 5
2008	0.701 0	0.466 6	0.272 8
2015	0.739 6	0.564 4	0.305 3

近二十年来，三个城市群的整体协同发展质量均逐年提升，提升率分别为 22.9%、47.9% 和 17.6%，显示出整体上协同发展质量提升速度中部地区最快、东

部地区次之、西部地区最慢的发展态势。这表明中部地区城市群虽然基础差，但由于有利的地理位置、恰当的规划布局，并抓住东部产业转移的有利时机，以产业协同为依托带动城市群发展，实现整体协同发展的良好局面（当然也存在长株潭城市群同属一个省份的缘由）；东部省份本身协同发展基础良好，期初协同测度值高，因此其提升率也在合理范围内；西部地区城市群本身的协同发展基础不好，不仅期初协同测度值低，而且增长率在三个城市群中排最后，这再一次证明了城市群协同发展规划的重要性。

综合来看，东、中、西部城市群之间发展差异较大，主要体现在制造业特色、服务业层次和协同支持三个方面。制造业特色是收缩城市资源、集中发展优势产业的关键。在这个方面，东部城市群的发展情况比中、西部城市群的更好。服务业层次是提升服务质量和水平的重要保证，大规模和高质量的服务业发展有助于提高其对制造业的支持力度，因此低成本和高质量的服务支持是东部与中、西部服务业发展的主要差异所在。协同共享程度的高低将决定服务业的需求市场的大小，进而影响服务业发展的规模和层次，在此方面，东部城市群优于中、西部城市群。

另外，城市群的核心数量及城市群是否在同一个行政主体管辖范围内是协同发展的重要影响因素。核心城市多但是在同一个行政主体管辖范围内，则有可能形成错位的发展格局，有助于形成有机合作的良性格局。核心城市多且不在同一个行政主体范围内，难免会有竞争，不利于城市群发展。

4.4 本章小结

本章以前一章节理论研究为基础，为后一章节的实证分析提供城市群产业空间分异和协同发展质量的测度值数据支持。

在东部、中部、西部城市群中各选择珠三角城市群、长株潭城市群和成渝城市群作为研究对象，然后具体界定了研究所针对的制造业和制造服务业的产业部门。

建立产业空间分异和城市群协同发展质量的测度指标体系，并结合各个产业门类的统计数据分析三个城市群不同年份的分异和协同情况。

通过本章研究，可以直观把握三个城市群产业空间分异和协同发展质量的发展变化趋势，建立分异和协同各自发展和彼此间影响的表象联系，而分异与协同之间存在的内在联系则有待于通过下一章节的实证分析加以验证。

5 实证分析

5.1 模型与变量

5.1.1 初始模型与变量说明

根据第三部分的理论分析框架和机理模型，借鉴范剑勇等（2006）、陆铭等（2012）、刘月（2016）等对集聚与劳动生产率、距离与劳动生产率、产业协同集聚与区域协同发展等的实证研究模型，本章初步的实证模型如式（5-1）所示。

$$Cdq_m = \beta_0 + \beta_1 \ln Iss_m + \beta_2 (\ln Iss_m)^2 + \beta_3 (\ln Iss_m)^3 + \beta_4 \ln \mu_m +$$
$$\beta_5 \ln \mu_m \ln Iss_m + \beta_x X_m + \partial_m \qquad (5-1)$$

其中：Cdq_m 为协同发展质量测度值，可以根据不同的研究目的需要，分别选取第三部分中的整体城市群或不同区域城市群（东部、中部、西部城市群）的经济、空间、社会及整体协同发展质量测度值，这是模型的被解释变量。

Iss_m 为产业空间分异测度值，可以根据不同的研究目的和需要，分别选择第三部分中的城市群整体产业或不同产业类别的产业空间分异测度值，这是模型的核心解释变量。按照系统发展理论，产业分工系统存在一个协同磨合期，即存在着协同从尝试到熟悉再到熟练最终形成最佳分工协同状态的过程，甚至最后有衰退的可能，因此从理论上看，产业空间分异不同阶段的城市群协同发展质量应该存在变化差异。为进一步考察产业空间分异与城市群协同发展质量之间是否存在二次方性和三次方性的影响关系，增加 Iss_m 的二次项和三次项。验证二次方性和三次方性也是为了验证产业空间分异对城市群协同发展质量的影响是否存在阶段性差异。

$\ln \mu_m$ 为制造服务业就业人口占总就业人口的比重，用于衡量制造服务业的发展阶段，是模型的主要变量。从理论上看，产业空间分异是制造服务业发展到一定阶段的产物，某种程度上，东部、中部、西部地区城市群在产业空间分异度量值上的差异是由所在城市群制造服务业发展的阶段差异性造成的。$\ln \mu_m \ln Iss_m$ 可用于分析制造服务业发展到何种程度时，产业空间分异对城市群协同发展质量的影响会有明显的变化，即分析是否存在门槛效应。如果说前面的二次方和三次方关系研究是为了验证是否存在影响的阶段性差异，此处的门槛效应正好可以用于解释阶段性差异发生变化的具体临界点，因为阶段的划分点正是门槛的临界点。也就是说，要分析清楚制造服务业发展水平差异对产业空间分异与城市群协同发展之间关系的影响，即制造服务业从业人员占总从业人员比重（表示制造服务业发展水平）分别为多少时，产业空间分异会对城市群协同发展质量产生阻滞、低速提升、高速提升和再阻滞的影响。

本章节在考察产业空间分异与城市群协同发展质量影响关系的同时，还控制了其他一些解释变量。这些变量包括：人均工业产值（$Pcio$），用于衡量不同城市群工业发展阶段的影响差异；是否为单核心城市（Scc），用于分析单核心城市群和双核心城市群在影响方面的差异；是否在同一个省份（Sp），用于分析是否存在产业空间分异的省际分割。为消除异方差，本章节对所有数据均进行对数处理，所有数据滞后一期以减轻内生性。

5.1.2　模型检验与修正

本章节以空间计量方法实证检验产业空间分异对城市群协同发展质量的影响，数据为短面板平衡数据。①检验空间自相关性，Moran's I 指数表明产业空间分异与城市群协同发展质量之间在空间上存在趋同现象，空间自相关特征较为稳定；$G(d)$ 指数也表明两者间的高值集聚区和低值集聚区现象比较稳定。②检验信度和效度，各变量间的 Alpha 值和标准化负载值均在判定标准以上（Alpha 值和标准化负载值分别以 0.5 和 0.75 为最低验证数值），信度和效度符合要求。③检验异方差影响，怀特检验和 BP 检验均在 0.05 以上，表明异方差在控制范围内，影响可以忽略。④检验模型，Hausman 检验结果显示在 1% 的显著性水平下拒绝了个体效应与解释变量不相关的零假设，因此采用固定效应模型。

利用 22 个城市群 16 年的整体数据分析产业空间分异对城市群协同发展质量的影响效应，回归结果见表 5.1。

表5.1　产业空间分异对城市群协同发展质量的影响效应回归结果

	1-1 Cdq	1-2 Cdq	1-3 Cdq	1-4 Cdq	1-5 Cdq	1-6 Cdq
Iss	0.2 216*** （9.6 043）	0.1 503*** （9.7 115）	0.1 299** （4.8 721）	0.2 031*** （7.5 329）	0.1 416*** （7.7 898）	0.1 063* （1.1 264）
$(Iss)^2$		0.3 916*** （9.6 043）	0.3 457* （1.7 239）		0.3 726*** （8.5 537）	0.3 299 （1.1 279）
$(Iss)^3$			−0.1 835 （−1.8 866）			−0.1 662 （−1.1 297）
μ	0.0 983*** （5.2 958）	0.0 814*** （6.1 566）	0.0 723* （7.2 516）	0.0 625*** （8.6 881）	0.0 602*** （9.1 422）	0.0 479* （1.5 634）
μIss	0.1 062*** （6.2 317）	0.0 982*** （7.1 514）	0.0 904** （4.2 377）	0.0 982*** （7.2 479）	0.0 823*** （8.7 725）	0.0 732* （1.1 615）
$Pcio$				0.0 411*** （2.6 712）	0.0 379*** （4.4 533）	0.0 335** （2.7 864）
N	352	352	352	352	352	352
R^2	0.8 454	0.8 501	0.7 611	0.8 477	0.8 523	0.7 871

注：***、**、*分别代表1%、5%、10%的显著性水平，括号内为t统计值。

1.看线性关系

无论是否加入$Pcio$变量，渐次加入Iss变量的一次项和二次项后的模型1-1、模型1-2、模型1-4、模型1-5均可以在1%的置信水平通过检验，但Iss变量一次项至三次项都加入后的模型1-3和模型1-6均未能通过检验，且加入一次项和二次项后的模型1-2和模型1-5拟合度高于模型1-1和模型1-4，表明：①现有样本数据不能证明产业空间分异对城市群协同发展质量的影响存在三次关系（即"∽"型关系），但也不能排除这种关系的存在。究其原因，一方面，可能是样本的年份较少，还不能显现出三次曲线关系；另一方面，更有可能是目前城市群发展正处于发展的中前期，因此并不能显示出发展已达到顶点。②产业空间分异对城市群协同发展质量的影响存在二次性，即产业空间分异测度值变化对城市群协同发展质量测度值变化的影响存在时间上的差异。为了更好地说明以上两点，本章节根据模型 1-2 的结果绘制了一幅产业空间分异与城市群协同发展质量的关系图，如图 5.1 所示。

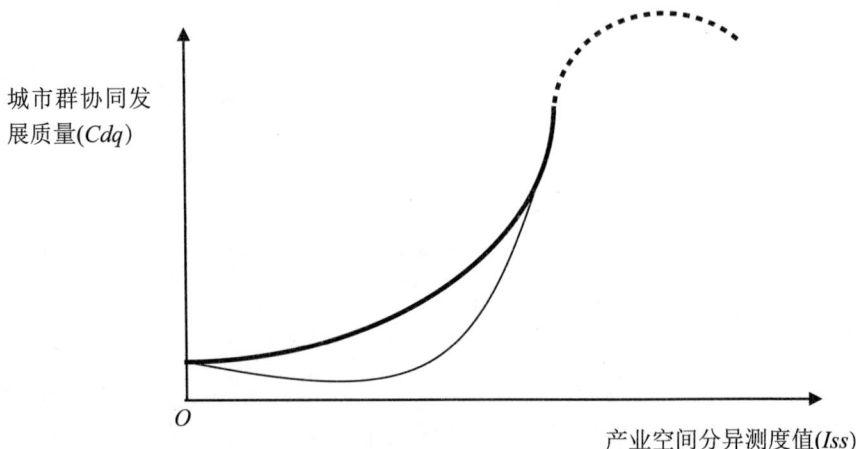

图 5.1　产业空间分异与城市群协同发展质量的关系图

在图 5.1 中，粗实线显示了产业空间分异与城市群协同发展质量之间存在的二次关系。刚开始时，产业空间分异对协同发展质量的影响不大，主要原因是分异初期的协作熟练程度不高，城市之间、产业之间的协同还需要进一步磨合，因此分异测度值增加对协同质量测度值增加的贡献不大，甚至有可能出现分异测度值增大而协同质量测度减小的情况❶。粗虚线就是三次关系，因目前产业空间分异还处于发展的中前期，是整个产业空间分异生命周期的成长期，因此现有数据并不支持三次关系成立❷，但也不能排除（至少现有数据不能排除）这种关系，有待今后利用长期数据进行长时间轴分析来进一步验证。

2. 看 Pcio 变量

分别将模型 1-1 ～模型 1-3 与模型 1-4 ～模型 1-6 进行对比，发现加入 Pcio 变量后结果依然稳健，拟合度也有所提高，表明以人均工业产值为代表的工业发

---

❶ 分异测度值增加可以使得协同质量测度值增大，即粗实线所示；分异测度值增大也可以使得协同质量测度值减小，即细实线所示，这种减小源于协同不紧密所造成协同质量下降。表 5.1 中模型 1-2 的 Iss 和 (Iss)² 的系数显示，分异能够提升协同质量。

❷ 包括产业集群和产业空间分异在内的任何产业空间组织形式都存在空间布局的峰值或顶点规模，这是客观存在的规律，因此理论上讲三次关系一定存在，只是目前发展的阶段性决定了现有数据不能实证出这种关系的存在。

展阶段差异会对产业空间分异提升城市群协同发展质量的效应产生影响。对此的解释是，工业发展水平越高，第二产业、第三产业之间的协作越紧密，即便是在产业空间分异之后，高层级的紧密性协作关系仍然可以比低层次的紧密性协作关系发挥更大的促进作用，因此有助于协同发展质量的提高。

由于 $Pcio$ 变量所涉及的人均工业产值数据对任何城市群均可能产生影响，而 Scc 变量和 Sp 变量只可能对某些城市群如多核心城市群及涉及多省的城市群产生影响，因此表 5.1 并未对这两个变量的效果进行验证，后面将会对这两个变量做进一步验证分析。据此可将式（5-1）进一步修正为：

$$\ln Cdq_m = \beta_0 + \beta_1 \ln Iss_m + \beta_2 (\ln Iss_m)^2 + \beta_3 \ln \mu_m + \beta_4 \ln \mu_m \ln Iss_m + \beta_x X_m + \partial_m \quad （5-2）$$

相比于式（5-1），式（5-2）剔除了 Iss_m 的三次项。下面将利用式（5-2）对不同情形，如不同区域城市群（东部、中部、西部城市群）、不同城市类别（核心、非核心城市）、不同产业类别（制造业、制造服务业）等分别进行实证分析。

5.2 实证分析

5.2.1 不同区域城市群分析

利用经过修正的实证模型对不同区域城市群进行回归分析，结果见表 5.2。

表5.2 不同区域城市群回归结果

	全国		东部		中部		西部	
	2-1 Cdq	2-2 Cdq	2-3 Cdq	2-4 Cdq	2-5 Cdq	2-6 Cdq	2-7 Cdq	2-8 Cdq
Iss	0.141 6*** (7.789 8)	0.131 3*** (7.644 1)	0.219 9*** (8.664 6)	0.194 4*** (9.133 7)	0.152 9*** (8.699 4)	0.142 7*** (8.775 4)	-0.033 8** (-7.543 9)	-0.041 2*** (-8.994 5)
$(Iss)^2$	0.372 6*** (8.553 7)	0.351 1*** (8.091 7)	0.380 2*** (9.342 8)	0.356 5*** (7.985 6)	0.330 1*** (8.565 9)	0.362 9*** (8.909 1)	0.128 8*** (8.832 5)	0.129 3*** (8.754 9)
μ	0.060 2*** (9.142 2)	0.052 2*** (8.070 8)	0.082 1*** (8.643 3)	0.094 5*** (7.754 6)	0.061 4*** (7.251 3)	0.068 9*** (7.651 9)	0.037 4** (6.252 7)	0.034 2** (4.232 0)
μIss	0.082 3*** (8.772 5)	0.070 2*** (10.442 3)	0.098 7*** (8.420 7)	0.109 8*** (10.389 1)	0.089 0*** (9.138 0)	0.080 1*** (9.443 7)	-0.020 2** (-5.596 3)	0.055 9** (4.898 6)

	全国		东部		中部		西部	
	2-1 Cdq	2-2 Cdq	2-3 Cdq	2-4 Cdq	2-5 Cdq	2-6 Cdq	2-7 Cdq	2-8 Cdq
$Pcio$	0.037 9*** （4.453 3）	0.029 7*** （6.151 4）	0.084 2*** （9.073 8）	0.062 0*** （9.133 5）	0.040 5*** （7.795 7）	0.035 9** （4.796 2）	0.011 2** （4.289 9）	0.036 8** （3.829 1）
Scc		0.091 2 （8.196 5）		−0.009 1* （−0.002 3）		0.088 4 （6.285 3）		0.159 9 （8.832 2）
Sp		−0.077 4* （−5.892 5）		−0.024 7* （−0.294 7）		−0.083 3* （−4.139 5）		−0.132 6** （−9.753 9）
N	352	352	96	96	96	96	160	160
R^2	0.852 3	0.864 4	0.850 1	0.850 9	0.857 2	0.867 2	0.841 2	0.867 9

注：（1）东部、中部、西部城市群如表4.1所示。（2）***、**、*分别代表1%、5%、10%的显著性水平，括号内为 t 统计值。

表5.2为全国22个城市群（模型2-1和模型2-2）与东部6个城市群（模型2-3和模型2-4）、中部6个城市群（模型2-5和模型2-6）、西部10个城市群（模型2-7和模型2-8）的回归结果。其中模型2-1、模型2-3、模型2-5、模型2-7为未加入 Scc 变量和 Sp 变量的回归结果，模型2-2、模型2-4、模型2-6、模型2-8为加入 Scc 变量和 Sp 变量之后的回归结果。

1. 产业空间分异对城市群协同发展的影响

产业空间分异对城市群协同发展的影响即 Iss 变量对 Cdq 变量的影响。从全国整体和分区域结果看，产业空间分异测度值对城市群协同发展质量的影响均为二次关系，即曲线关系。根据模型2-1、模型2-3、模型2-5、模型2-7的数据求导 ❶，可以得出表5.3的极值点（本曲线为极小值点）和拐点情况，再据此绘制出 Iss 变量和 Cdq 变量的关系曲线，见图5.2。

---

❶　因为主要关注图形形状，因此只对 $\ln Iss$ 的一次和二次方项进行求一次和二次偏导，比如全国的一次和二次偏导分别为 $\dfrac{\partial(\ln Cdq)}{\partial(\ln Iss)}=0.1416+0.0823\ln\mu+0.7452\ln Iss$ 和 $\dfrac{\partial^2(\ln Cdq)}{\partial(\ln Iss)^2}=0.7452$，其中 μ 取各区域的平均值，其他变量不予考虑。令一次偏导为零可以求取极值点。

表5.3　Iss 变量和 Cdq 变量的关键点关系

	全国	东部	中部	西部	描述
Cdq 变量为极值时的 *Iss* 变量值	−0.21	−0.32	−0.26	0.11	*Iss* 变量为此值时，*Cdq* 变量为最小值；*Iss* 变量在此值右侧时，*Cdq* 变量随 *Iss* 变量的增加而增加
Cdq 变量到达拐点时的 *Iss* 变量值	0.74	0.76	0.66	0.25	*Iss* 变量在此值左侧时，*Cdq* 变量增幅小于 *Iss* 变量增幅，*Cdq* 慢速增加；*Iss* 变量在此值右侧时，*Cdq* 变量增幅大于 *Iss* 变量增幅，*Cdq* 快速增加

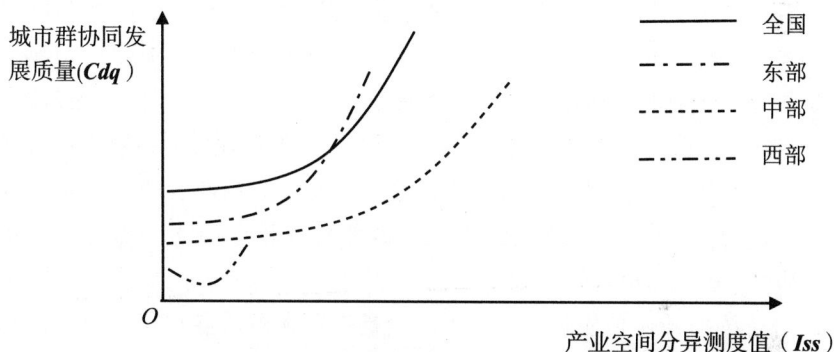

图 5.2　全国和分区域的产业空间分异与城市群协同发展质量关系图

　　从全国整体城市群来看，产业空间分异对城市群协同发展的影响为正，即随着产业空间分异程度的增加，城市群协同发展质量会持续提升，但并非均匀提升，而是在低于某个产业空间分异测度值时（$Iss=0.74$），城市群协同发展质量慢速提升，高于时则快速增加。也就是说，产业空间分异整体上确实有助于提升城市群协同发展质量，但初期提升效果不明显而后期提升效果明显。在产业空间分异初期（0 ~ 0.74 阶段），由于产业组织过程有所调整，产业空间分异的作用并未完全发挥，虽然产业空间分异在持续推进（Iss 不断增加），但是城市群协同发展质量的提升速度并不明显。当 Iss 到达拐点 0.74 并再继续增加时，城市群协同发展质量开始快速提升，表明此时城市群已经适应产业空间分异之后的组织方式与过程，因此产业空间分异的作用加速显现。

　　东部和中部城市群情况与全国整体情况相似，只是 Iss 的拐点位置不相同，全国整体、东部和中部的 Iss 拐点分别为 0.74、0.76 和 0.66，这种差异源于产业空间分异的发展阶段不同。东部城市群产业空间分异的过程开展相对较早，城市群协同发展早已从中获益，因此产业空间分异对城市群协同发展的"边际效益"并不高，需要相对较高的 Iss 值才能重新"启动"城市群协同高速发展的引擎。而中部城市群则不同，产业空间分异本身发展水平较低，城市群协同发展并未从产业空间分异中更多获益，因此 Iss 的边际收益更高，也能在较低 Iss 值情况下"启动"城市群协同高速发展的引擎。

当然，不论是东部城市群还是中部城市群，其产业发展都达到可以利用产业空间分异推进城市群协同发展的水平，即产业已经发展到了允许产业在城市之间分工布局和相互协作的程度了。如果产业发展没有达到这种程度，产业空间分异会（至少在短期内）阻滞城市群协同发展，即产业空间分异测度值增加会降低城市群协同发展的质量。这种情况就集中体现在西部城市群上，这是由于西部城市群的产业组织水平不高，非核心城市接纳产业后并不能和核心城市的关联产业之间形成有效的协作，因此产业空间分异降低了城市群协同发展的质量。当两者间开始相互适应并逐渐显现作用，Cdq 开始慢速增加。这个"U形"过程是城市之间从彼此不熟悉到彼此熟悉的过程，是区域间适应新的产业协同组织方式的过程，在此过程中，城市群协同发展质量先降后升不可避免。当两者间开始完全适应，Cdq 开始快速增加，由于其边际效益最高，西部城市群的 Iss 拐点最低，为 0.25，远低于东部和中部城市群。

不论是持续提升还是先降后升，也不论是否存在极值点和拐点的位置差异，总体上看，产业空间分异确实会提升城市群协同发展的质量，即由产业空间分异带来的产业部门在更大区域范围间（城市群内的城市之间）的重新组织和协作，确实有助于提升城市之间的协同水平和协作质量。这为一种全新的产业组织方式和政策工具，即通过城市间合理产业分工提升整个城市群的系统发展质量，提供了理论依据和实践支撑。

2. 其他影响因素

除了产业空间分异会对城市群协同发展产生影响以外，其他因素也会对城市群协同发展产生影响。不仅如此，这些因素对城市群协同发展的影响又会受到产业空间分异程度的影响。

（1）服务业占比的影响。比较表 5.2 中模型 2-1、模型 2-3、模型 2-5、模型 2-7 的 μ_m 系数可知，μ_m 对城市群协同发展的影响力度大小顺序是东部地区（0.0821）、中部地区（0.0614）、整体（0.0602）和西部地区（0.0374），基本与服务业占比顺序一致，表明服务业占比对城市群协同发展的影响为正向关系，但服务业占比高并不代表产业空间分异程度高，对此后面将会分析。

从表5.2可以看出，μ_m（服务业占比）会影响城市群协同发展，而且这些影响作用的发挥还会受到产业空间分异的影响。从表5.2模型2-1可以看出，μ和Iss同时会对Cdq产生影响。给定一个μ值时，Iss与Cdq间呈现如图5.2所示的曲线关系。给定一个Iss值时，μ与Cdq之间关系是：当Iss小于某个门槛值时，Cdq随μ增大而减小，即服务业占比越高，城市群协同发展情况越差；当Iss大于某个门槛值时，Cdq随μ增大而增大，即服务业占比越高，城市群协同发展情况越好。据此进一步分析μ和Iss对Cdq的影响。

由表5.2中模型2-1有$\dfrac{\partial(\ln Cdq)}{\partial(\ln \mu_m)}=0.060\,2+0.082\,3\ln Iss$，令其为零，可以求出$Iss=0.481\,2$，即从全国整体层面看，当产业空间分异小于0.481 2时，服务业占比越高则城市群协同发展越差；当产业空间分异大于0.481 2时，服务业占比越高则城市群协同发展越好。产生这个问题的原因可能是产业空间分异程度不高时，无论是第二产业还是第三产业都集中于核心城市，服务业占比的进一步增大只会体现在核心城市上，并不断提升核心城市的发展质量，尤其是第三产业发展质量。核心城市的服务业占比增大不仅不利于其他城市发展，甚至可能会拉大城市之间的发展差距，所以服务业占比越来越高，城市群协同发展就越来越差。当产业空间分异超过某个临界点（全国整体情况时为0.481 2）时，则第二产业、第三产业已经可以在核心和非核心城市之间合理布局，此时服务业占比的增加量会较为均匀地分布在核心城市和非核心城市间，不断提升核心城市和非核心城市的第三产业发展水平，更好地服务整个城市群发展，因此服务业占比越来越高，城市群协同发展就越来越好。

比较表5.2中的模型2-1、模型2-3和模型2-5❶，可以得出全国整体、东部地区和中部地区服务业占比发挥正向作用的产业空间分异临界点分别是0.481 2、0.435 3和0.501 6，意味着中部地区的产业空间分异程度要高于东部地区才能保证服务业发展对城市群协同发展的正向促进效应发挥作用，或者说东部地区服务业对城市群协同发展发挥正向作用的产业空间分异临界点低于中部地区。比如，产业空间分异程度介于0.435 3和0.501 6之间时，如果是东部城市群，则服务业占比越高越有利于城市群协同发展；如果是中部城市群，则服务业占比越高越不利于城市群协同发展。产生这种不同的原因可能是不同城市群城市之间的服务业产业结构差异。假设一个东部城市群和一个中部城市群的产业空间分异程度值都是0.45（介于0.435 3和0.501 6之间），在东部城市群中，直接服务于第二产业的研发、法律、物流等

---

❶ 由于模型2-7所对应的西部地区与其他三种情况不一致，代表意义不强，不做进一步分析。

制造服务业和餐饮、家政等一般性服务业在核心城市和非核心城市都有分布且比例差异不大；而在中部城市群中，制造服务业主要分布在核心城市，且核心城市与非核心城市的比例差异远大于东部地区城市群，而非核心城市主要分布的是一般性服务业。当服务业占比增加时，东部城市群中核心城市和非核心城市之间的制造服务业占比差异变化不大，甚至可能差异减小，而中部城市群的占比差异可能进一步拉大，因此产业空间分异在 0.435 3 和 0.501 6 之间时，同样是服务业占比增加，对东部城市群的协同发展是正向影响，对中部城市群的协同发展是负向影响。当中部城市群的产业空间分异增加到临界点 0.501 6 时，制造服务业在核心城市和非核心城市之间的结构比例有优化调整，此时服务业占比的增加量就会在核心城市和非核心城市之间均匀分配，所以有助于城市群协同发展水平的提升。

从这个角度看，产业空间分异是一个重要的"调节阀"。对东部城市群而言，当产业空间分异在 0.435 3 以下时，制造服务业在核心城市分布较多，在非核心城市分布较少。此时如果制造服务业增加（整体服务业增加，制造业务业也会相应增加），增加的数量将更多被"分配"到核心城市而不是非核心城市，因此服务业增加不利于城市群协同发展。当产业空间分异在 0.435 3 以下并且在不断增加时，制造业在核心城市和非核心城市间的分布比例不断优化，直至到达 0.435 3，就达到"调节"的临界点。当产业空间分异超过 0.435 3 后，新增的制造服务业数量会被按照合理比例"分配"到核心城市和非核心城市中，因此服务业增加有利于城市群协同发展。对中部城市群而言，其原理相同，只是由于城市之间情况远比东部城市复杂，因此需要更高的产业空间分异值才能到达"调节点"。

关于这部分内容的系统性对比分析见表 5.4，表中内容前面已经讲述清楚，下面主要对表中的两处"说明"进行详细分析。

表5.4　服务业占比（μ）对城市群协同发展（Cdq）的影响

	全国整体	东部地区	中部地区	说明
Iss 临界点	0.481 2	0.435 3	0.501 6	同一个城市群的 Iss 大小差异，主要是整个服务业分布在"量"上的差异
当 Iss 小于临界点时	μ 增加，Cdq 减小	μ 增加，Cdq 减小	μ 增加，Cdq 减小	
当 Iss 大于临界点时	μ 增加，Cdq 增加	μ 增加，Cdq 增加	μ 增加，Cdq 增加	
说明	不同区域之间的 Iss 临界点差异，主要是整个服务业分布在"质"上的差异			

第一，同一个城市群的 Iss 大小差异，主要是整个服务业分布在"量"上的差异。以东部的长三角城市群为例，当 Iss 小于 0.4 353 时，整个服务业，不论是制造服务业还是一般性服务业，都基本集中于核心城市，非核心城市的服务业占比不高，新增的服务业数量（μ 增加的量）大部分被"分配"到核心城市（类似马太效应），进一步拉大城市之间的发展差距，因此 μ 增加，Cdq 反而减小。当 Iss 大于 0.435 3 时，跨过临界点，也就是整个服务业在核心城市和非核心城市之间均匀分布的"门槛"，此时新增的服务业数量（μ 增加的量）会被均匀"分配"到核心城市和非核心城市，减小城市之间的发展差距，因此 μ 增加，Cdq 也可以增加。从这个角度看，一个城市群的 Iss 不断增加的过程也是这个城市群整体上的服务业比例在核心城市与非核心城市之间"均匀化"分布的过程，也是不断克服核心城市在马太效应磁吸力的过程。

第二，不同区域之间的 Iss 临界点差异主要是整个服务业分布在"质"上的差异。以东部的长三角城市群和中部的长株潭城市群为例，如果两个城市群的 Iss 都是 0.450 0，两个城市群整体服务业在核心城市和非核心城市之间分布的"均匀"程度是一样的，即"量"是一致的，但"质"不一致。在长三角城市群中，制造服务业基本实现在核心城市和非核心城市的"均匀"分布，而在长株潭城市群中，制造服务业更多分布于核心城市，在非核心城市分布不多。此时，如果 μ 增加，对长三角城市群而言，新增的制造服务业也被"均匀"分配到核心城市和非核心城市，因此 μ 增加时，Cdq 也增加；对长株潭城市群而言，新增的制造服务业大部分被分配到核心城市，因此 μ 增加时，Cdq 减小。长株潭城市群的 Iss 增加，实质上是在不断优化核心城市和非核心城市之间制造服务业比例的过程。

从以上分析可以看出，Iss 增加的过程包括"量"增加和"质"优化两个过程，即 Iss 增加时，不仅整个服务业在核心城市和非核心城市之间"均匀"分布，而且制造服务业在核心城市和非核心城市之间"均匀"分布。东部和中部城市群的经济发展水平存在差距，不仅"量"增加的速度存在差异，"质"优化的速度也存在差异，最终表现为东部城市区的 Iss 临界点低于中部城市群。也就是说，东部城市群"量"增加和"质"优化的速度均快于中部地区。

（2）人均工业产值（$Pcio$）变量的影响。从表 5.2 的模型 2-2、模型 2-4、模型 2-6、模型 2-8 可以看出，人均工业产值变量对城市群协同发展的正向影响显著。人均工业产值越高，城市群工业发展水平越高，因此可以理解为城市群的工业发展水平有助于提升城市群协同发展水平。只有工业发达，才可能使工业在一个城市群中的核心城市和非核心城市均有分布，才能实现制造业的空间分异；只有工业发达才可能出现大规模的服务业，尤其出现大规模的制造服务业，工业发展水平不高的城市群不需要大量的服务业，只有一个城市群有足够的服务业数量，才可能使服务业从核心城市向非核心城市蔓延；只有城市群工业发达，各个城市的政府才会将合作放在比竞争更重要的位置，农业主导的社会不需要太多合作。

（3）单核心/多核心城市（Scc）变量的影响。从表 5.2 中可以看出，全国整体层面上多核心城市变量（Scc）对城市群协同发展的影响不显著，表明同一个城市群中是否有两个及以上核心城市并不会影响城市群协同发展。这种不显著影响还体现在中部地区和西部地区。东部地区的影响为负，但显著性不强，表明东部地区城市群存在多核心城市对城市群协同发展的轻微负面影响。

一般情况下，一个城市群如果只有一个核心城市，与有多个核心城市相比较，在优质资源分配、城市定位、相互协调等方面都会有更大优势，按照常理，Scc 变量的影响应该是负向的，而且会显著，但实证结果却不支持这种判断。我们分析认为，这并不代表多核心城市对城市群协同发展没有影响，更有可能是因为中部城市群和西部城市群中多核心城市比例不高，所以实证显著性不明显，而东部地区相对较高，所以有一定的负向影响，但显著性不强。

如表 5.5 所示，六个东部城市群中有五个是多核心城市群，分别是京津冀城市群、长三角城市群、珠三角城市群、山东半岛城市群、海峡西岸城市群，看似占比高达 83%，但后面三个城市群的核心城市在同一个省份，而同一个省份的政府更容易协调这些核心城市之间的关系，因此后面三个城市群可以被剔除，剔除后的多核心城市群占比减少为 34%。中部和西部地区多核心城市群数量占比原本就不高（分别为 17% 和 30%），剔除同一个省份的情况后或者不变（中部地区仍为 17%）或者更低（西部地区减小为 20%），因此实证显著性不明显。

表5.5 多核心城市的城市群情况

地区	东部地区	中部地区	西部地区
城市群数量/个	6	6	10
多核心城市群/个	5	1	3
多核心城市群占比/%	83	17	30
其中核心城市在同一省份的数量/个	3	0	1
剔除核心城市在同一省份之后的占比/%	34	17	20

（4）同一或不同省份（*Sp*）变量的影响。从表5.2中可以看出，不论是全国整体层面，还是东部、中部、西部地区层面，只要城市群中的城市来自不同省份，就会在一定程度上对城市群协同发展产生负面影响，表明在城市群协同发展过程中，不同地方政府之间的竞争大于合作，这种竞争关系会在一定程度上影响城市群协同发展。这种负面影响的力度从东向西越来越大，表明在经济相对不发达的时候，面对有限资源，西部城市群地方政府的合作意愿比东部城市群更低。也就是说，产业空间分异对城市群协同发展的影响存在一定的省际分割效应，如果城市群跨越不同省份，可能需要更高的行政机构协调产业空间分异进程，以实现有效的城市群协同发展，这种协调机构对西部欠发达的跨省域城市群尤其必要。

5.2.2 不同产业类别分析

分布在城市群中不同城市之间的不同产业类别，可能会因彼此紧密联系而使城市之间的合作大于竞争，有助于城市群协同发展；也可能会因相互争夺市场和资源而使城市之间的竞争大于合作，不利于城市群协同发展。下面在全国22个城市群层面上，按照制造服务业与整体制造业以及制造业分类，即传统制造业、重工业和新兴制造业的组合划分产业空间分异类别，计算产业空间分异数值，并实证研究产业空间分异与城市群协同发展之间的关系，见表5.6。其中模型3-1中的*Iss*选取制造服务业与整体制造业的数据计算得出；模型3-2中的*Iss*选取制造服务业与传统制造业的数据计算得出；模型3-3中的*Iss*选取制造服务业与重工业的数据计算得出；模型3-4中的*Iss*选取制造服务业与新兴制造业的数据计算得出。

1.产业空间分异对城市群协同发展的影响

从表5.6中可以看出，四种产业空间分异情况下，产业空间分异（*Iss*）增加能有效提升城市群协同发展水平（*Cdq*），即产业在城市群内部适度布局有利于促进城市群协同发展，但是这种促进作用存在产业差异，具体表现为：制造服务业和新兴制造业在城市群中适度布局，对城市群协同发展的促进作用最大；制造服务业和传统制造业在城市群中适度布局，对城市群协同发展的促进作用次之；制造服务业和重工业在城市群中适度布局，对城市群协同发展的促进作用最小。

产生这种差异的原因可能是：①重工业对规模性的要求很高，重工业产业本身及其服务性产业需要高度规模化集中，以适度合理布局为目标的产业空间分异可能对重工业发展意义不大，对城市群协同发展的积极影响较小，如果以重工业主导城市群发展，产业在城市群内部城市之间的适度均匀分布不如集中在重工业所在城市周围；②传统制造业的规模化要求低于重工业，产业可以适度分散，但是制造服务业对重工业的"支持"力度远小于新兴制造业，即重工业对制造服务业的"依赖"低于新兴制造业，因此同等程度的产业空间分异，传统制造业对城市群协同发展的积极影响不如新兴制造业，但高于重工业；③由于对研发、广告、金融等制造服务业的"依赖"程度最高，新兴制造业和制造服务业密切联系的程度最高，加上新兴制造业产业链条相对重工业较短，但链条覆盖面较广，因此新兴制造业对大规模集聚的要求不高，更适宜就地选择服务支持，如果制造服务业和新兴制造业在城市群中适度布局，对城市群协同发展的促进作用最大。

表5.6 全国整体层面的不同产业类别回归结果

模型测度值	3-1 Cdq	3-2 Cdq	3-3 Cdq	3-4 Cdq
Iss	0.131 3*** （7.644 1）	0.122 6*** （7.276 9）	0.037 4** （6.349 1）	0.199 2*** （7.157 7）
$(Iss)^2$	0.351 1*** （8.091 7）	0.260 9*** （8.523 8）	0.051 3** （4.501 9）	0.340 7*** （9.258 8）
μ	0.052 2*** （8.070 8）	0.058 7*** （5.375 4）	0.043 4*** （7.192 2）	0.124 2*** （4.232 0）
μIss	0.070 2*** （10.442 3）	0.112 5*** （7.342 8）	0.062 3*** （8.274 5）	0.134 9*** （9.766 2）
$Pcio$	0.029 7*** （6.151 4）	0.040 1** （4.153 8）	0.059 9*** （7.142 6）	0.033 7*** （5.829 1）
Scc	0.091 2 （8.196 5）	0.069 1** （0.014 6）	-0.036 1* （-1.285 3）	0.002 3 （0.275 4）
Sp	-0.077 4* （-5.892 5）	-0.019 8* （-0.137 6）	-0.091 2** （-3.757 4）	0.007 1 （0.138 7）
N	352	352	352	352
R^2	0.864 4	0.828 7	0.849 1	0.881 6

注：***、**、* 分别代表1%、5%、10%的显著性水平，括号内为 t 统计值。

为进一步分析这种产业类别差异在东部、中部、西部城市群之间是否存在，即产业类别对城市群协同发展的影响差异是否在区域之间也存在，分别计算东部、中部和西部城市群的制造服务业和传统制造业之间的产业空间分异、制造服务业和重工业之间的产业空间分异、制造服务业和新兴制造业之间的产业空间分异对城市群协同发展的极值点，并分别描绘产业空间分异与城市群协同发展之间的影响关系曲线，如图 5.3 ~ 图 5.5 所示。

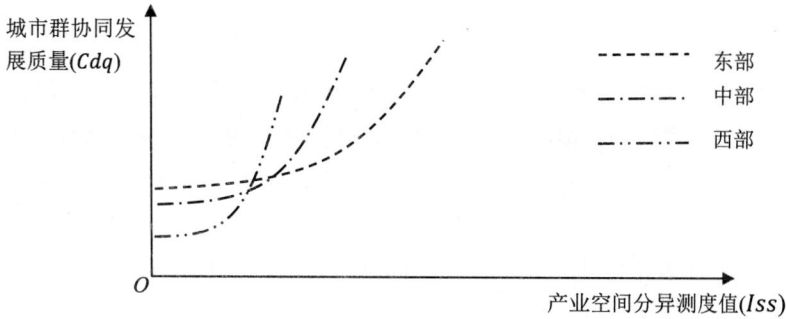

图 5.3　制造服务业和传统制造业之间的 *Iss* 与 *Cdq* 关系图

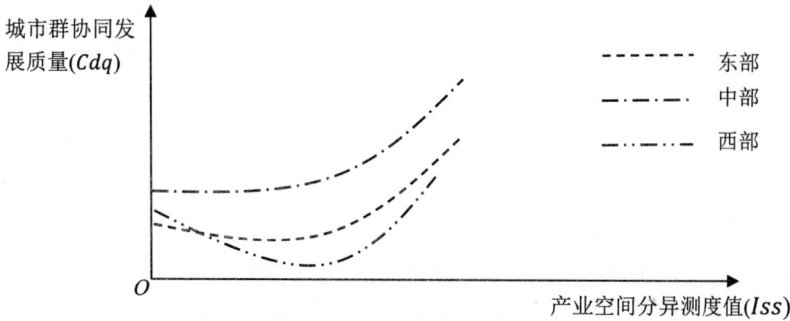

图 5.4　制造服务业和重工业之间的 *Iss* 与 *Cdq* 关系图

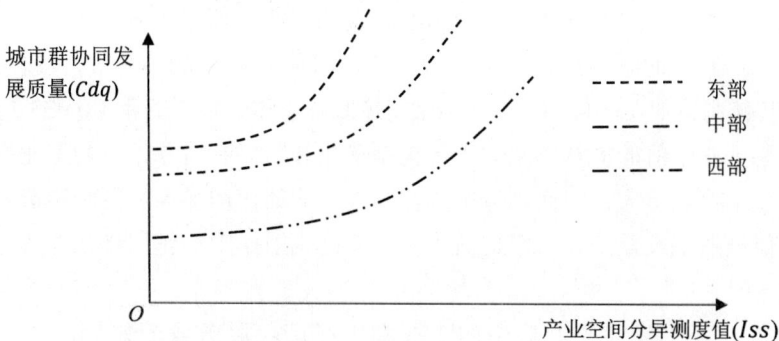

图 5.5　制造服务业和新兴制造业之间的 *Iss* 与 *Cdq* 关系图

从图 5.3 可以看出，制造服务业和传统制造业之间的产业空间分异（*Iss*）对东部、中部和西部城市群协同发展（*Cdq*）的影响基本是正向的。东部地区传统制造业发展基础良好，因此与其相关的产业空间分异对城市群协同发展的影响效果最好，表现为曲线与纵轴交点最高，中部城市群次之，西部城市群最低。但由于之前曾经述及的拐点差异，西部城市群传统制造业对城市群协同发展的边际效用更大，中部城市群次之，东部城市群最低。

从图 5.4 可以看出，制造服务业和重工业之间的产业空间分异（Iss）对东部、中部和西部城市群协同发展（Cdq）的影响存在较大差异，中部城市群基本为微弱的正向影响，东部和西部城市群的影响先负后正。我国重工业主要集中于中部城市群，重工业在中部城市群中城市的布局已经基本成型，因此产业空间分异对城市群协同发展的影响不大。但东部和西部城市群重工业比重不如中部城市群，而且布局更集中于核心城市，因此产业空间分异会出现逐渐适应的过程，Cdq 随 Iss 的增加会出现先降后增的过程。

从图 5.5 可以看出，制造服务业和新兴制造业之间的产业空间分异（Iss）对东部、中部和西部城市群协同发展（Cdq）的影响基本是正向的。由于东部城市群具备新兴制造业发展的技术、人才和信息等关键条件，因此无论在起点和拐点上，都比中部和西部城市群更具优势。

2. 其他因素对城市群协同发展的影响

（1）服务业占比（μ）的影响。服务业占比（μ）对城市群协同发展水平（Cdq）的影响与产业空间分异（Iss）基本相似，制造服务业和新兴制造业的促进作用最大（0.124 2），制造服务业和传统制造业次之（0.058 7），制造服务业和重工业最小（0.043 4），主要原因也和前述产业空间分异（Iss）相似，不再赘述。

（2）人均工业产值（$Pcio$）的影响。人均工业产值（$Pcio$）对城市群协同发展水平（Cdq）的影响最大的是制造服务业和重工业（0.059 9），其次是制造服务业和传统制造业（0.040 1），最小是制造服务业和新兴制造业（0.033 7）。重工业对人均工业产值的提升作用大于传统制造业和新兴制造业，人均工业产值高就意味着重工业规模大，因此制造服务业和重工业的作用最大。传统制造业的人均工业产值虽然不及重工业，但比新兴制造业高，因此影响作用排在重工业和新兴制造业之间。

为进一步比较第二产业中的工业和第三产业服务业的差异，将服务业占比（μ）和人均工业产值（$Pcio$）的影响系数做对比，见表 5.7。

总体上看，服务业占比对 Iss 提升 Cdq 的影响作用（系数总和为 0.226 3）大于人均工业产值的影响（系数总和为 0.133 7），表明若要通过产业空间分异提升城市群协同发展水平，要更加注重第三产业的影响。但服务业主要影响的是制造服务业和新兴制造业之间的产业空间分异对 Cdq 的提升作用，对此，第二产业、第三产业之间的影响差异在4倍左右（0.124 2 ∶ 0.033 7），而另两类产业空间分异的影响差异不大。因此，要区分城市群的主要产业，如果是以传统制造业和重工业为主，则增加人均工业产值和服务业占比对产业空间分异提升整个城市群协同发展水平的影响力基本相当；如果是以新兴制造业为主的城市群，则增加服务业占比的影响力会更大。

表5.7　第二产业、第三产业的影响系数比较

产业	指标	制造服务业和传统制造业	制造服务业和重工业	制造服务业和新兴制造业
第二产业	人均工业产值（$Pcio$）	0.040 1	0.059 9	0.033 7
第三产业	服务业占比（μ）	0.058 7	0.043 4	0.124 2

（3）单核心/多核心城市（Scc）变量的影响。如果一个城市群包含两个及以上核心城市，则制造服务业和传统制造业的产业空间分异程度增加1%，城市群协同发展水平增加6.91%；制造服务业和新兴制造业的产业空间分异程度增加1%，城市群协同发展水平增加0.23%；制造服务业和重工业的产业空间分异程度增加1%，城市群协同发展水平减小3.61%。这表明制造服务业和传统制造业的产业空间分异对核心城市数量的包容性最强，而制造服务业和重工业的产业空间分异难以容忍多个核心城市的存在。

重工业的规模化要求容易产生排他性，如果存在多个核心城市容易产生对各类资源无序争夺的现象，不利于城市群协同发展。而新兴制造业目前处于发展初期，虽有合作，但城市间的合作成熟程度不高，因此如果存在多个核心城市，可能轻微正向影响城市群协同发展。传统制造业发展已经较为成熟，多个核心城市能够集聚更多产业集群，有助于产业集聚效应的发挥，因此多个核心城市反倒容易促进城市群协同发展。

（4）同一/不同省份（Sp）变量的影响。如果城市群在同一个省份，则制造服务业和传统制造业、制造服务业和重工业的产业空间分异对城市群协同发展的影响为负，制造服务业和新兴制造业的影响为正。这表明如果跨省进行制造服务业和传统制造业、制造服务业和重工业的合作非常困难，甚至由于相互排斥而不利于城市群协同发展，但跨省进行制造服务业和新兴制造业的合作却相对容易，容易促进城市群协同发展。尤其观察到，制造服务业和重工业的系数（-0.091 2）高于制造服务业和传统制造业的系数（-0.019 8），表明跨省城市间的重工业合作更不易。

5.2.3 不同城市类别分析

产业空间分异是不同产业类别在同一个城市群的不同城市之间布局的过程。为研究产业在不同城市间分布是否存在差异，本章节将在全国层面上对不同城市类别进行分析。方法是利用核心城市的制造服务业与非核心城市的各类制造业数据计算城市群产业空间分异数值，再将产业空间分异数值与城市群协同发展数值进行回归。只取核心城市的制造服务业是因为目前高端的制造服务业主要集中核心城市，所以非核心城市各类制造业的"服务支持"主要来自核心城市，而很少出现非核心城市制造服务业对核心城市各类制造业进行"服务支持"的情况。具体回归见表5.8，其中模型4-1 ~ 模型4-3的 Iss 分别选取核心城市制造服务业与非核心城市的传统制造业、重工业和新兴制造业的数据计算，并对 Cdq 做回归。

表5.8　全国整体层面的不同城市类别回归结果

模型测度值	4-1 Cdq	4-2 Cdq	4-3 Cdq
Iss	0.187 4*** （9.589 0）	0.029 7*** （6.253 4）	0.102 6*** （8.559 5）
$(Iss)^2$	0.398 8*** （9.287 1）	0.067 9*** （5.771 6）	0.241 5*** （8.139 1）
μ	0.047 7*** （9.252 4）	0.035 1*** （9.662 3）	0.091 4*** （7.732 8）
μIss	0.038 0*** （6.290 7）	0.040 2*** （7.356 1）	0.089 5*** （8.442 5）
$Pcio$	0.035 6*** （8.774 4）	0.015 4** （7.134 2）	0.011 2** （4.273 7）
Scc	0.061 1** （3.123 1）	−0.069 1** （−4.014 6）	0.104 4** （5.782 1）
Sp	−0.058 2*** （−7.562 5）	−0.112 2*** （−7.432 9）	0.019 5* （0.252 4）
N	352	352	352
R^2	0.864 4	0.828 7	0.881 6

注：***、**、* 分别代表1%、5%、10%的显著性水平，括号内为 t 统计值。

1.产业空间分异对城市群协同发展的影响

从表5.8可以看出，整体上我国城市群中核心城市对非核心城市的服务业支持主要集中在传统制造业上，对新兴制造业的支持次之，对重工业的支持最少。两个方面的原因可以解释这种结果。一方面，由于传统制造业发展比较成熟，产业集群已经进入地理上扩散的过程，非核心城市大量承接了核心城市的产业转移，且多数为传统制造业，因此地理空间上布局比较均匀；加之制造服务业尤其是助力产业转型升级的高端制造服务业主要集中在核心城市，因此形成核心城市的制造服务业与非核心城市的传统制造业之间的良性互动过程，助推城市群协同发展。另一方面，重工业相对比较集中，新兴制造业发展也方兴未艾，因此效用都不显著。2000年和2015年传统制造业的 Iss 回归系数分别为0.136 6和0.187 4，变化幅度为37.2%；2000年和2015年重工业的 Iss 回归系数分别为0.023 2和0.029 7，变化幅度为21.9%；2000年和2015年新兴制造业的 Iss 回归系数分别为0.062 8和0.102 6，变化幅度为63.4%。这表明传统制造业的带动效应虽强，但是比较稳定；重工业的带动效应不强，增长也不快；新兴制造业的带动效应虽然不是最高，但是增长最快，在城市群协同发展中的作用将会越来越大。

为了进一步研究各类制造业在区域之间的差异，将东部、中部和西部城市群的不同制造业 Iss 回归系数进行对比，见表5.9。可见，传统制造业和重工业不仅在时间上比较稳定，在空间上差异也不大，而新兴制造业则正好相反，发展迅速，发展不平衡。

表5.9　不同区域的 Iss 系数比较

地区	东部	中部	西部
制造服务业／传统制造业	0.190 2	0.185 5	0.157 8
制造服务业／重工业	0.019 5	0.037 4	0.024 1
制造服务业／新兴制造业	0.162 4	0.103 7	0.067 9

2.其他因素对城市群协同发展的影响

（1）服务业占比（ μ ）的影响。从表5.8可以看出，在服务业占比（ μ ）对各类产业空间分异与城市群协同发展的影响关系中，制造服务业与新兴制造业所对应的产业空间分异的影响关系最为明显（0.091 4），与传统制造业所对应的产业空间分异的影响关系次之（0.047 7），与重工业所对应的产业空间分异的影响关系最不明显（0.035 1）。整体上看，如果产业空间分异情况是核心城市的制造服务业与非核心城市的新兴制造业的产业空间分异，当服务业占比增加时，城市群协同发展质量提升最大；如果是核心城市的制造服务业与非核心城市的传统制造业的产业空间分异，当服务业占比增加时，城市群协同发展质量提升次之；如果是核心城市的制造服务业与非核心城市的重工业的产业空间分异，当服务业占比增加时，城市群协同发展提升最小。传统制造业与重工业之间的影响力差距不大（传统制造业的影响系数为 0.047 7，重工业的影响系数为 0.035 1），而新兴制造业与它们的影响力差距比较大（新兴制造业的影响系数为 0.091 4）。

一方面，是由于产业类别的差异所形成。重工业要求产业相对规模化集中，且相比较而言，重工业对制造服务业尤其是社会化的制造服务业的依赖程度最小，因为一般重工业的制造服务业环境相对比较封闭，与之相关的产业空间分异以及服务业水平提升都很难对其产生明显影响。目前和传统制造业相关的产业空间分异主要是核心城市的制造业外迁，服务业水平提升的影响力不大也表明核心城市制造服务业发展对整个城市群传统制造业"转型升级"的影响作用不明显。而新兴制造业本身就是强烈依赖制造服务业的一个产业类别，其与制造服务业的关联性更为密切，因此服务业水平提升对其影响最大。

另一方面，这表明城市群内部城市之间的产业关联性不大，而且存在产业类别差异。核心城市的制造服务业对非核心城市的新兴制造业的服务支持力度比较大，即产业关联性比较强；而对非核心城市的传统制造业的服务支持力度不大，即产业关联性不强，基于现阶段特别强调的产业转型升级，也可以理解为对传统制造业转型升级的支持力度不大；由于非核心城市重工业比重不大，或者由于重工业的封闭性，因此核心城市制造服务业对非核心城市的重工业的服务支持力度最小。

（2）人均工业产值（Pcio）的影响。从表 5.8 可以看出，城市群协同发展受人均工业产值（Pcio）的影响最大的情况还是传统制造业。这也表明第二产业发展（Pcio 增加）有助于通过核心城市的制造服务业和非核心城市的传统制造业的产业分异并关联影响城市群协同发展，而这种影响在重工业和新兴制造业并不十分明显。

综合本部分的人均工业产值（Pcio）和上部分的服务业占比（μ）可以这样理解：如果希望一个城市群的核心城市制造服务业为非核心城市传统制造业提供服务支持，进而提升城市群协同发展水平，不仅需要不断提升整体的第二产业发展水平（增加 Pcio 值），还需要增加城市产业之间的关联性，利用服务支持的彼此"依赖"助力"产业转型升级"。如果希望一个城市群的核心城市制造服务业为非核心城市新兴制造业提供服务支持，进而提升城市群协同发展水平，则只需要不断提升整体的第三产业发展水平（增加 μ 值）就可以了，因为新兴制造业本身就存在对制造服务业的强烈"依赖"性。

（3）单核心/多核心城市（Scc）变量的影响。从表5.8可以看出，如果一个城市群有多个核心城市，则非常有助于在核心和非核心城市之间发展新兴制造业，进而提升城市群协同发展水平，这可能是由于核心城市一般是高端服务业集中的城市，核心城市数量越多，整个城市群的高端服务业支持资源越丰富，也便于形成合理竞争，为包括非核心城市在内的新兴制造业发展提供优质的服务业支持。如果一个城市群有多个核心城市，也有助于在核心和非核心城市之间发展传统制造业，进而提升城市群协同发展水平，但影响力度不及新兴制造业。如果一个城市群有多个核心城市，则不利于在核心和非核心城市之间发展重工业，并提升城市群协同发展水平，可能的原因包括重工业的相对封闭性和在城市之间产生重工业竞争，不利于城市群协同发展。

（4）同一/不同省份（Sp）变量的影响。从表5.8可以看出，如果一个城市群中的城市分属不同的省份，则不利于在核心和非核心城市之间发展传统制造业和重工业，并提升城市群协同发展水平，而重工业的负面抑制作用比传统制造业的负面抑制作用更明显。产生这种现象的主要原因是竞争带来的产业省际分割以及重工业自身的封闭性。如果一个城市群中的城市分属不同的省份，则有助于在核心和非核心城市之间发展新兴制造业，并提升城市群协同发展水平，表明新兴制造业发展不受省际分割的影响。

5.3　本章小结

本章第三部分利用理论框架对产业空间分异提升城市群协同发展的内在机理进行分析，第四部分在对产业空间分异和城市群协同发展分别进行测度的基础上，建立初步的实证模型，并通过检验修正模型，最终形成产业空间分异与城市群协同发展回归模型，用于验证产业空间分异与城市群协同发展之间的关系以及相关变量对城市群协同发展的影响。

在对全国22个城市群进行整体分析的基础上，进一步对东部、中部、西部不同区域进行区域划分，对制造服务业、传统制造业、重工业和新兴制造业进行产业划分，对核心城市和非核心城市进行城市类别划分，以验证不同情况下的城市群协同发展变化情况。

6 主要结论与政策建议

本书首先在理论上分析产业空间分异与城市群协同发展之间的分类关联、逻辑递进和复合影响等关系，其次根据研究实际选取合适的统计指数、指标体系及统计数据分别对产业空间分异和城市群协同发展做量化处理，最后以产业空间分异作为主要变量，以第二产业、第三产业发展水平、城市群形态等作为辅助变量，对城市群协同发展的区域、产业和城市等类别差异进行实证分析，并据此得出结论与建议。

6.1 主要结论

整体上，产业空间分异对城市群协同发展的影响存在阶段性差异。这种差异主要表现为：当产业空间分异程度不高时，产业空间分异变化对城市群协同发展变化的影响不大；而当空间分异程度较高时，产业空间分异变化对城市群协同发展变化的影响较大。也就是说，当产业空间分异测度值不高时，Δ产业空间分异/Δ城市群协同发展 > 1，产业空间分异测度值的增加快于城市群协同发展测度值的增加，此时产业空间分异带动城市群协同发展的综合效应还未完全显现。而当产业空间分异测度值较高时，Δ产业空间分异/Δ城市群协同发展 < 1，城市群协同发展测度值的增加快于产业空间分异测度值的增加，此时产业空间分异带动城市群协同发展的综合效应已经完全显现。

产生这种阶段性差异的主要原因是产业空间分异带来的城市间产业协作熟练水平提升是一个从不熟练到熟练的渐进过程。产业空间分异本质上是产业组织在空间上蔓延、变化、重组等之后的结果，即产业空间组织形式的解构—重构—建构过程。原有的产业空间组织形式在空间扩展后一般会出现衔接不顺畅的问题，需要适应新的组织形式，随着产业空间分异程度的增加，城市群协同发展水平没有太多提升，甚至不升反降。随着产业组织过程逐渐适应新的产业空间组织形式，更大的空间范围会卷入更多的优质资源，更大空间规模上的产业组织将会对涉及其中的更多城市发展产生积极影响，随着产业空间分异程度的增加，城市群协同发展水平不断增加，规模化效应逐渐显现，城市群协同发展的增幅高于产业空间分异增幅。

产业空间分异对城市群协同发展的阶段性影响差异也表明通过产业空间分异来提升城市群协同发展存在一个产业空间分异的门槛值，当 Δ 产业空间分异 /Δ 城市群协同发展 =1 时的产业空间分异测度值就是这个门槛值。在这个门槛值的左右，产业空间分异对城市群协同发展的影响作用大小不同。并且，这一门槛值本身也不是固定的，是随着城市群所处的区域、所容纳的产业、自身城市情形的不同而有所差别，即如果城市群分属东部、中部、西部区域，分别包含不同的产业类别，城市群中城市情形有所差异时，产业空间分异的门槛值会有所不同。

分区域，就东部、中部、西部和全国整体城市群情况而言，东部、中部城市群与全国整体城市群情形相似，都是在产业空间分异门槛值以下时，产业空间分异测度值增加，城市群协同发展测度值也增加，但产业空间分异测度值增幅大于城市群协同发展测度值增幅（0 < Δ 城市群协同发展 /Δ 产业空间分异 < 1），即产业空间分异对城市群协同发展存在不明显的正向影响。在产业空间分异门槛值以上时，不仅产业空间分异和城市群协同发展的测度值能同时增加，而且后者增幅大于前者增幅（Δ 城市群协同发展 /Δ 产业空间分异 > 1），即产业空间分异对城市群协同发展的正向影响非常明显。虽然东部、中部和全国整体城市群的变化情形相似，但是门槛值大小存在差异。具体而言，东部城市群的门槛值最大，全国整体城市群次之，中部城市群最小，意味着相较于其他两类城市群，中部城市群产业空间分异对城市群协同发展的正向"边际效益"最早出现。与东部、中部、全国整体三类城市群情形不同，西部城市群虽然也存在门槛值，但在门槛值以下时，当产业空间分异测度值增加，城市群协同发展测度值不增反减（Δ 城市群协同发展 /Δ 产业空间分异 < 0），即产业空间分异对城市群协同发展存在负向影响。当跨越这个门槛值之后，0 < Δ 城市群协同发展 /Δ 产业空间分异 < 1，产业空间分异对城市群协同发展产生不明显的正向影响。其后，随着产业空间分异测度值逐渐增加，Δ 城市群协同发展 /Δ 产业空间分异 > 1，产业空间分异对城市群协同发展的正向影响逐渐明显。这主要源于西部城市群无论在产业组织、基础设施、人力层次等各方面，与东部、中部城市群均存在差距，因此产业空间分异会在一定程度上干扰不同城市间的产业组织秩序，其直接的结果是产业空间分异测度值增加时，城市群协同发展测度值下降。这是一个产业空间组织协作从不熟练到熟练的过程，经过不断的磨合适应，产业空间分异的积极效应将会逐渐显现，从而带动城市群整体上的协同发展。

分产业，就制造服务业分别与传统制造业、重工业和新兴制造业三类制造业的产业空间分异形式而言，以制造服务业和新兴制造业之间分异为主的产业空间分异形式对城市群协同发展的正向促进作用最大，以制造服务业和传统制造业之间分异为主的产业空间分异形式的正向促进作用次之，以制造服务业和重工业之间分异为主的产业空间分异形式的正向促进作用最小。产生这种促进作用大小差异的主要原因是制造服务业对不同制造业类别的服务支持形式存在差异。重工业发展存在聚集规模性和支持专业性，一般需要较高层次的专业化服务业支持，所以为重工业提供服务业支持的特殊和专业化的制造服务业一般聚集在某类重工业周围，对更远距离的制造服务业支持的需求力度相对较小，因此以制造服务业和重工业之间分异为主的产业空间分异对城市群协同发展的促进作用最小。相比较而言，传统制造业对服务业支持的要求在层次、专业等方面均比重工业低，传统制造业会在更大地理范围内寻求制造服务业的支持，因此以制造服务业和传统制造业之间分异为主的产业空间分异对城市群协同发展的促进作用会更大。由于新兴制造业对制造服务业支持的层次要求高，但专业要求不高，更有可能在更大地理空间范围内寻求最优资源支持，因此以制造服务业和新兴制造业之间分异为主的产业空间分异形式对城市群协同发展的正向促进作用最大。由于城市群发展水平存在差异，不同产业类别产业空间分异对城市群协同发展的促进作用本身又存在区域间差异，制造服务业和重工业之间的产业空间分异形式尤其明显，东部和西部城市群中制造服务业和重工业间产业空间分异对城市群的影响先负后正，中部城市群则基本为微弱正向影响。

分城市，从核心城市与非核心城市之间的不同产业空间分异形式来看，我国城市群中核心城市对非核心城市的服务业支持主要是集中在传统制造业上，对新兴制造业的支持次之，对重工业的支持最少。也就是说，从现阶段看，核心城市布局制造服务业、非核心城市布局传统制造业的产业空间分异格局最有助于城市群协同发展，核心城市布局制造服务业、非核心城市布局新兴制造业的产业空间分异格局次之，核心城市布局制造服务业、非核心城市布局重工业的产业空间分异格局对城市群协同发展的影响最小。产生这种城市间布局差异的主要原因是核心城市商务成本上升所带来的产业外围转移，多数非核心城市承接了核心城市的传统产业转移，主要是承接了传统产业链条中的低端生产环节，而高端的研发、营销等环节仍旧保留在核心城市，并且低端环节保持与高端环节的紧密联系，因此核心城市对非核心城市的服务业支持主要集中在传统制造业上。除此以外，非核心城市的高端智力资源相对匮乏，产业升级所仰仗的高端优质服务资源一般集聚在核心城市，因此非核心城市传统制造业产业转型升级多数会寻求核心城市的制造服务业支持，也会强化核心城市对非核心城市的服务业支持。

另外，其他变量也在不同程度上影响着城市群协同发展，甚至会通过产业空间分异间接影响城市群协同发展。其中，服务业占比的影响最为复杂，其不仅会通过"量"的增加来提升整个城市群可用于空间分异的产业总量，还会通过服务业在城市间布局的变化来提升产业空间分异的"质"，既能直接影响城市群协同发展，又能通过产业空间分异门槛值变化间接影响城市群协同发展。人均工业产值对城市群协同发展的正向影响表明，高水平工业发展不仅是产业空间分异的前提，更是产业空间分异后城市群仍然可以高效协同发展的基础性保证。一个城市群中核心城市数量的多寡同样会影响产业空间分异与城市群协同发展之间的关系，如果城市群中的城市分属于不同省份，则会在一定程度上出现产业空间分异对城市群协同发展影响的省际分割现象。当然，在不同区域、产业和城市类别情形下，这种影响又会存在差异。

6.2 政策建议

第一，可以利用产业空间分异来提升城市群协同发展水平。可以根据城市群发展总体目标，结合城市群发展实际，制订科学合理的产业政策，并与市场力量相结合，引导产业在城市群中不同城市间合理布局，充分发挥产业协作的基础性引领作用，带动城市间的整体协同。城市群的良性协同发展是每个城市群发展的最终目标，引领这个发展过程的基础性力量是城市之间的产业协作，只有基于产业空间分异的产业协作才能有效带动区域协作，并逐步带动经济、社会和文化等全方位合作，最终形成整体性协同的良性发展局面。同时，产业协作既是高层级协同的基础，也是各方面发展的考量。为了更好地服务产业协作，整个城市群的交通基础设施、教育和人力资源、金融服务等一系列支持性资源会向着产业协作的目标靠拢并优化，这本身也能进一步影响城市间关联，从而扩大城市群协同发展规模，提升协同发展水平。

当然，产业空间分异对城市群协同发展的影响并非都是正向的，也不是固定不变的，而是存在多种情形差异。但无论何种情形，产业空间分异早期的城市群协同发展态势都不会太理想，产业空间分异增幅往往大于城市群协同发展水平增幅，付出超过产出，有时甚至可能出现协同发展倒退的局面。在此情况下，不要被短期和暂时的城市群协同发展水平降低所影响，而是要坚定产业分流、迁移和重组的信心，坚持产业转移与产业优化升级相结合，将不适宜核心城市发展的制造业果断转移到非核心城市，并积极提升核心城市制造服务业质量，加大对非核心城市制造业转型升级的支持力度。等到城市间产业协作熟练程度逐渐提高时，产业空间分异就能积极促进城市群协同发展。虽然这种积极影响显现需要一个过程，即等待产业空间分异门槛值的到来，但也不能机械地等待，而要充分利用产业空间分异门槛值变化的特点，综合考虑城市群产业类别、结构、布局等多种因素，通过第二产业、第三产业数量和分布的变化调整门槛值，尽早让产业空间分异对城市群协同发展产生明显的正向影响。

第二，由于存在影响的区域性差异，不同区域城市群要根据自己所处的区域制订相应的城市群产业发展规划。由于西部城市群不同于中部、东部城市群，在产业空间分异早期，西部城市群协同发展短期内会出现倒退，因此一方面，西部城市群要更加理性地看待产业空间分异过程，既不要有产业空间分异立刻就能提升城市群协同发展水平的急功近利思想，也不要因为短期内城市群协同发展局面不理想而放弃产业在城市间合理布局的想法，而是要耐心等待产业协同磨合期的结束；另一方面，要充分利用不同产业类别的影响差异，缩短磨合期，减小倒退影响，由于新兴制造业产业空间布局的特点，西部城市群可以考虑主要对新兴制造业进行产业空间分异。同时，由于存在短期内的协同发展倒退局面，应该考虑给予西部城市群一定的政策倾斜，包括财政资金、税收政策等方面的支持，鼓励西部地区城市之间协作发展，形成城市群合力，以增加对外竞合力。

第三，由于存在影响的产业差异，无论城市群在什么区域，只要是重工业，尽量不要考虑进行产业空间分异，而应该充分利用重工业的规模特性，对其进行集中发展。选择合适城市发展重工业，并将适合于该类重工业发展的制造服务业布局在同一个城市。当然，重工业不进行产业空间分异并不代表为重工业配套的其他制造业不能进行产业空间分异，可以围绕该类重工业，在重工业所在城市的周边城市布局其他配套的制造业，形成一个"核心 + 外围"的重工业产业体系，带动城市间的协同发展。

对于传统制造业，可以考虑结合城市群特点的产业空间分异过程，腾出核心城市的宝贵产业资源用于发展高端制造服务业，通过核心城市的智力支持提升非核心城市的传统制造业层次，最终实现传统产业的转型升级。在目前核心城市商务成本高启的情况下，核心城市要学会放弃来源于传统制造业的短期利益，果断转移不适宜的传统制造业，腾出资源发展高端制造业和制造服务业，这样既能保证传统制造业成本效应发挥，也有利于争取宝贵的发展时间。当然，并非所有传统制造业都要转移到非核心城市，适宜的传统制造业经过技术改造升级为高端制造业，同样可以在核心城市发展。

由于对服务业支持资源获取的便捷性以及相对传统制造业的较低发展基础要求，还有相对重工业的规模灵活性，对于发展新兴制造业而言，核心城市和非核心城市的发展差距相对不大，因此核心城市和非核心城市都可以根据自身特点，选择并规划好新兴制造业的发展领域和方向，同时要从城市群整体性的角度，做好各个城市的特色和错位发展，避免一哄而上造成的重复建设及资源浪费。

无论何种情形，产业空间分异对城市群协同发展产生正向影响都需要一个过程。在此过程中，产业在空间上的优化并不能明显提高城市群协同发展水平，尤其在一届地方政府任期内，难免会影响地方政府参与城市群产业协同发展的热情。因此，一方面，在地方政府考核时应该对此予以考虑；另一方面，应该限制每届地方政府对既定合理产业规划的随意更改，确保一张蓝图绘到底。

第四，服务业发展是产业空间分异得以实现的重要条件，但服务业发展需要在"量"和"质"两方面综合考量。一个城市群发展，不仅需要服务业整体数量的增加，尤其是高端的制造服务业数量增加，也需要根据城市产业特点将制造服务业在不同城市间合理分布，对制造服务业的分布结构进行优化可以实现制造服务业对所服务的制造业的专业化支持，从而更有助于实现协同目标。

由于存在产业空间分异影响城市群协同发展的省际分割问题，可以考虑针对每个城市群建立更高层次的城市群协调发展机构，有助于解决产业空间分异影响城市群协同发展的省际分割问题。同时，结合前面述及的产业空间分异的阶段性影响差异，可以考虑建立合理的指标体系科学考量城市群分属于不同省份城市的发展贡献和发展作用，因为多个省份城市组成的城市群中的那些在发展早期获益不大甚至发展倒退的城市很难从获益城市所在省份中得到补偿，参与的积极性会受到很大影响，所以要考虑给予一定补偿以平衡城市群的均衡发展，避免城市群由于城市之间获益差距较大而逐渐丧失发展凝聚力。

由于城市群协同发展问题尚处于研究的探索和扩展阶段，从产业空间分异的角度进行城市群协同发展问题研究更是存在诸多尚待完善和发展的地方，因此本书的研究主要是探索性的研究，仍旧存在很多不足。一是将产业空间分异直接理解为城市群协同发展的影响因子，但两者间可能存在互为因果的循环促进关系，对此本书没有从理论和实证方面进行研究；二是从产业空间分异的起点到城市群协同发展的结果之间缺乏效应递推的验证过程，使两者间存在一个"黑箱"；三是基于中国 22 个城市群进行的研究虽然系统，但是缺乏有效的针对性，如对区域、产业类别相似的城市群之间的比较性研究。

　　未来研究可以从以下方面深入拓展：一是理论模型方面，可以考虑基于协同发展效率增进模型扩展空间分异效率增进模型，以便在标准的空间经济学框架下刻画分异的协同效率问题；二是实证研究方面，限于数据的可得性，从产业空间分异到城市群协同发展的完整效应递推过程不能逐步验证，今后可以选择个别典型城市群，借助宏观统计和微观企业数据对整个效应递推过程做进一步验证；三是对同类城市群进行比较性研究，从而可以通过更有针对性的研究来发现产业空间分异与城市群协同发展之间的变化规律。

附录　若干公式的推导

附录1

式（3-3）推导：

由函数单调性可知，求 Q 的最大值等同于求 $\int_0^m q(i)^\rho \mathrm{d}i$ 的最大值。求积分的最大值等同于求连续相加的最大值。所以，式（3-2）可以转化为

$$\begin{cases} \max Q = \sum_0^m q(i)\rho \\ \text{s.t.} \sum_0^m p(i)q(i) = \mu Y \end{cases}$$

进行拉格朗日插值，得到 $L(\lambda) = \sum_0^m q(i)\rho - \lambda\left[\sum_0^m p(i)q(i) - \mu Y\right]$

$$\frac{\partial L}{\partial \lambda} = \sum_0^m p(i)q(i) - \mu Y = 0$$

$$\frac{\partial L}{\partial q(i)} = \rho q(i)^{\rho-1} - \lambda p(i) = 0$$

$$\frac{\partial L}{\partial q(j)} = \rho q(j)^{\rho-1} - \lambda p(j) = 0$$

比较 $\dfrac{\partial L}{\partial q(i)}$ 和 $\dfrac{\partial L}{\partial q(j)}$，可得 $\left[\dfrac{q(i)}{q(j)}\right]^{\rho-1} = \left[\dfrac{p(i)}{p(j)}\right]$，所以有 $q(i) = \dfrac{q(j)}{p(j)^{\frac{1}{\rho-1}}} p(i)^{\frac{1}{\rho-1}}$，

保持 j 固定，i 取遍所有值，可得到 $q(i) = \dfrac{\mu Y p(i)^{\frac{1}{\rho-1}}}{\left[p(0)^{\frac{\rho}{\rho-1}} + p(1)^{\frac{\rho}{\rho-1}} + \cdots + p(m)^{\frac{\rho}{\rho-1}}\right]}$，代入

$\sigma = (1-\sigma)^{-1}$ 后，上式可转化为 $q(i) = \dfrac{\mu Y}{p(i)} \dfrac{p(i)^{-(\sigma-1)}}{\int_0^m p(i)^{-(\sigma-1)} \mathrm{d}i}$ ，即为式（3-3）。

附录2

式（3-7）推导：

由式（3-4）有 $q(i) = \mu Y p(i)^{-\sigma} I^{\sigma-1}$ ，将当地的制造业产品的价格指数 I 代入，该式变为

$$q(i) = \mu Y p(i)^{-\sigma} \left\{ \left[\int_0^m p(i)^{-(\sigma-1)} di \right]^{\frac{-1}{\sigma-1}} \right\}^{\sigma-1}$$

$$= \mu Y p(i)^{-\sigma} \left\{ \left[\int_0^m p(i)^{-(\sigma-1)} di \right]^{\frac{-1}{\sigma-1}} \right\}^{\sigma-1} T^{\sigma-1} T^{1-\sigma}$$

$$= \mu Y p(i)^{-\sigma} \left\{ \left[\int_0^m p(i)^{-(\sigma-1)} T^{-(\sigma-1)} di \right]^{\frac{-1}{\sigma-1}} \right\}^{\sigma-1} T^{1-\sigma}$$

$$= \mu Y \left[p(i) T \right]^{-\sigma} (I')^{\sigma-1} T$$

则式（3-4）的本地消费量形式转化为异地消费量形式，其中 I' 为本地制造业产品在异地的价格指数。本地消费量与异地消费量相加，就是总消费量，即式（3-7）。

附录3

式（3-9）推导：

由式（3-7）可得

$$q_k(i) = \mu Y_k p_k(i)^{-\sigma} I_k^{\sigma-1} + \mu Y_r \left[p_k(i) T \right]^{-\sigma} I_r^{\sigma-1} T = \left[\mu Y_k I_k^{\sigma-1} + \mu Y_r T_r^{1-\sigma} I_r^{\sigma-1} \right] p_k(i)^{-\sigma}$$

令 $\left[\mu Y_k I_k^{\sigma-1} + \mu Y_r T^{1-\sigma} I_r^{\sigma-1} \right] = \xi$ ，则上式变为 $q_k(i) = \xi p_k(i)^{-\sigma}$ ，代入式（3-8），可得

$$\pi_k(i) = p_k(i) \xi p_k(i)^{-\sigma} - w^H f - w_k^L F_k A \xi p_k(i)^{-\sigma}$$

$$= \xi p_k(i)^{1-\sigma} - w_k^L F_k A \xi p_k(i)^{-\sigma} - w^H f$$

$\pi_k(i)$ 对 $p_k(i)$ 求偏导，并令其为零，得到 $\dfrac{\partial \pi_k(i)}{\partial p_k(i)} = \xi(1-\sigma) p_k(i)^{-\sigma} + w_k^L F_k A \xi \sigma p_k(i)^{-\sigma-1}$

$=0$ ，求解 $p_k(i)$ 后得到式（3-9）。

附录 4

式（3–11）推导：

由于制造业产品的价格指数为 $I = \left[\int_0^m p_k(i)^{-(\sigma-1)} \, di \right]^{\frac{-1}{\sigma-1}}$，可以得到

$$I_k = \left\{ \int_0^{m_k} p_k(i)^{-(\sigma-1)} \, di + \int_0^{m_r} \left[p_r(i) T \right]^{-(\sigma-1)} \, di \right\}^{\frac{-1}{\sigma-1}}$$

再由式（3–9）的形式得到 $p_k(i)$ 和 $p_r(i)$，代入上式后求解积分，得出式（3–11）。

参考文献

[1] ABRAHAM K G,TAYLOR S K.Firm's use of outside contractors:theory and evidence[J]. Journal of Labor Economics,1996(14):394–424.

[2] AGHION, DAVID P A,FORAY D. Science,technology and innovation for economic growth:linking policy research and practice in "STIG systems" [J].Research Policy,2009,38(4):681–693.

[3] ALLEN J S,MICHAEL S.The wealth of regions: market forces and policy imperatives in local and global context [J].Futures, 1995, 27(5):505–526.

[4] ANSELIN L,VARGA A,ACS Z J.Local geographic spillovers between university research and high technology innovation[J]. Journal of Urban Economics, 1997, 42(3):422–448.

[5] ARTHUR W B.Increasing returns and path dependence in the economy[M].Michigan University of Michigan Press,1994.

[6] BADE F J,LAASER C F,SOLTWEDEL R.Urban specialization in the internet age-empirical findings for Germany[R].Germany:Kiel Working Paper,2004.

[7] BERLIANT M,FUJITA M.Knowledge creation as a square dance on the hilbert cube[M].Kyoto:Mimeo,Institute of Economic Research, 2006.

[8] BRÜLHART M, KOENIG P.New economic geography meets comecon[J].Economics of Transition.2006,14(2):245–267.

[9] CHAN S H,GAU G W,WANG K.Stock market reaction to capital investment decisions:evidence from business relocations[J].Journal of Financial and Quantitative Analysis,1995,30(1):81–100.

[10] CHRISTALLER W.English translation:the central places of Southern Germany[M]. Englewood Cliffs,NJ:Prentice–Hall,1966.

[11]　CUNMBERLAND J H,STRAM B. Empirical application of input–output models to environmental problems[M].Cambridge:Ballinger Publishing Co.,1976.

[12]　DESMET K, FAFCHAMPS M.Changes in the spatial concentration of employment across US counties: a sectoral analysis 1972–2000[J].Journal of Economic Geography,2005,5(3):261–284.

[13]　DEWITT T,GIUNNPERO L C,MELTON H L.Clusters and supply chain management:the amish experience[J].International Journal of Physical Distribution & Logistics Management,2006,36(4):289–308.

[14]　HART D, SIMMIE J.Innovation,competition and the structure of local production networks: initial findings from the hertfordshire project [J].Local Economy, 1997, 12(3):235–246.

[15]　DURANTON G,PUGA D.Diversity and specialisation in cities:why,where and when does it matter [J]. Urban Studies, 2000(3): 533–555.

[16]　DURANTON G,PUGA D.From sectoral to functional urban specialization[J].Journal of Urban Economics, 2005(57): 343–370.

[17]　DURANTON G,OVERMAN H G.Exploring the detailed location patterns of UK manufacturing industries using micro– geographic data[J].Journal of Regional Science, 2008,48(1): 213–243.

[18]　DURANTON G,STORPER M. Rising trade costs? A gglomeration and trade with endogenous transaction costs[J].Canadian Journal of Economics, 2008,41(1): 292– 319.

[19]　ELLISON G,GLAESER E L.Geographic concentration in US manufacturing industries :a dartboard approach[J].Journal of Political Economy, 1997,105(5):889–927.

[20]　ELLISON G,GLAESER E L,KERR W R.What causes industry agglomeration?evidence from coagglomeration petterns[J]. American Economic Review, 2010,100(3):1195– 1213.

[21]　FUJITA M,MORI T.The role of ports in the making of major cities:self–agglomeration and hub–effect[J].Journal of Development Economics, 1996, 49(1):93–120.

[22]　FUJITA M,KRUGMAN P, VENABLES A J.The spatial economy:cities,regions and international trade[M].MA:MIT Press,1999.

[23]　FUJITA M,KRUGMAN P,Mori T.On the evolution of hierarchical urban systems[J]. European Economic Review, 1999,43(2):209–251.

[24] FUJITA M,TABUCHI T.Regional growth in postwar Japan[J].Regional Science and Urban Economics,1997(27):643–670.

[25] FUJITA M.Towards the new economic geography in the brain power society[J].Regional Science and Urban Economics,2007(37):482–490.

[26] MOLINA-MORALES F X.The territorial agglomerations of firms: A Social Capital perspective from the Spanish tile industry[J].Growth and Change,2005,36(1):74–99.

[27] GASPAR J,GLAESER E L.Information technology and the future of cities[J].Journal of Urban Economics, 1988(43):136–156.

[28] GOE W.Producer services,trade and the social division of labor[J].Regional Studies,1990,24(4):327–342.

[29] GOTTMANN J.Megalopolis or the urbanization of the Northeastern Seaboard[J]. Economic Geography,1957,33 (7) :189–200.

[30] GREGORY R,LOMBARD J R,SELFERR B.Impact of headquarters relocation on the operating performance of the firm[J].Economic Development Quarterly,2005, 19 (3):260–270.

[31] HAGERSTRAND P,LEES L H.The making of urban Europe(1000—1950)[M]. Cambridge,MA:Harvard University Press, 1985.

[32] HAN X,WU P L,DONG W L. An analysis on interaction mechanism of urbanization and industrial structure evolution in Shandong province[J].Procedia Environmental Sciences, 2012(13): 1291–1300.

[33] HEAD K,MAYER T.Market Potential and the location of Japanese investment in the European Union[J].The Review of Economic and Statistics,2004,86(4):959–972.

[34] HAGERSTRAND T.Innovation diffusion as a spatial process[M].Chicago:University of Chicago Press, 1967.

[35] HOTELLING.Stability in competition[J].Economic Journal,1929,153(39):41–57.

[36] HUBERT S.Collective efficiency and increasing returns [J].Cambridge Journal of Economics, 1999, 23(4):465–483.

[37] IBRAHIM,SAAD E M.Over-urbanization and under-urbanism:the case of the arab world[J].International Journal of Middle East Studies,1975,(6):29–45.

[38] JABAREEN Y R.Sustainable urban forms their typologies,models and concepts[J]. Journal of Planning Education and Research. 2006,26(1):38–52.

[39] SIMMIE J,SENNETT J.Innovative clusters: global or local linkages[J]. National Institute Economic Review,1999,170(1):87–98.

[40] KIM S.Industrialization and urbanization:did the steam engine contribute to the growth of cities in the United States[J]. Explorations in Economic History, 2005, 42(4): 586–598.

[41] KLIER T,MCMILLEN D P.Evolving agglomeration in the U.S. auto supplies industry[J]. Journal of Regional Science, 2008,48(1): 245–267.

[42] KOENKER R,BASSETT G.Regression quantiles[J].Econometrica,1978,46(1):33–50

[43] KOLKO J.Can I get some service here? Information technologies,service industries, and the future of cities[R].USA:Working Paper,Harvard University,1999.

[44] KRUGMAN P.Increasing returns and economic geography[J].Journal of Political Economy, 1991(99): 483–499.

[45] KRUGMAN P. Geography and trade[M].Cambridge, MA:MIT Press,1991.

[46] KRUGMAN P,VENABLES A J.Globalization and the inequality of nations[J].Quarterly Journal of Economics, 1995(60): 857–880.

[47] KRUGMAN P,VENABLES A.Integration,specialization and adjustment[J].European Economic Review, 1996(40):959–967.

[48] KRUEGER R,SAVAGE L.City–regions and social reproduction:a "place" for sustainable development[J]. International Journal of Urban & Regional Research, 2007, 31(1): 215–223.

[49] KURUCU Y, CHIRISTINA N K.Monitoring the impacts of urbanization and industrialization on the agricultural land and environment of the Torbali,Izmir region,Turkey[J].Environmental Monitoring and Assessment, 2008, 136(1): 289–297.

[50] LEE Y J,HUANG C M.Sustainability index for Taipei[J].Environment Impact Assesment Review,2007,27(6):505–521.

[51] LEE J.The performance of industrial policy:evidence from Korea[J].International Economic Journal,2011,25(1):1–27.

[52] LEONTIEF W.Environmental repercussions and the economic structure:an input–output approach:A Reply[J].The Review of Economics and Statistics,1970(32):262–271.

[53] LUCAS R E. On the mechanics of economic development[J].Journal of Monetary Economics, 1988(22):3–22.

[54] LU M, CHEN Z. Urbanization, urban–biased policies and urban–rural inequality in China, 1987–2001[J]. Chinese Economy, 2006, 39(3): 42–63.

[55] LOSCH A. English translation: The economic of location[M]. New Haven,CT: Yale University Press,1954.

[56] MANO Y, OTSUKA K. Agglomeration economies and geographical concentration of industries: A case study of manufacturing sectors in postwar Japan[J]. Journal of the Japanese and International Economies, 2000,14(3):189–203.

[57] MARSHALL. Principles of economics[M]. London: Macillan and Co. Ltd., 1920.

[58] MARIA D G, ANA G L, ANTONIO M. Cycles inside cycles: Spanish regional aggregation[J].Series–Journal of the Spanish Economic Association, 2012, 3(4):423–456.

[59] BRÜLHART M , MATHYS N A. Sectoral agglomeration economies in a panel of Europam regions[J]. Regional Science and Urban Economics, 2008,38(4):348–362.

[60] NAKAJINA K, SAITO Y U, UESUGI I. Measuring economic localization: Evidence from Japanese firm–level data[J]. Journal of Japanese and International Economies, 2012, 26(2): 201–220.

[61] NEWLANDS D. Competition and cooperation in industrial clusters: The implications for public policy[J]. European Planning Studies,2003,11(5):521–532.

[62] PAVOT W, DIENER E. The subjective evaluation of well–being in adulthood: Findings and implication[J]. Ageing International. 2004(29):113–115.

[63] PETER H, KATHY P. The polycentric metropolis: Learning from mega–city region in Europe[J]. Earthscan Publications, 2006(1): 31–39.

[64] PORTER M E. Clusters and the new economics of competition[J]. Harvard Business Review, 1998,76(6):77–89.

[65] ROBERTA C. Spatial transfer of knowledge in high–tech milieux: Learning VS collective learning processes [J]. Regional Studies, 1999, 33(4):353–365.

[66] ROMER P. Increasing returns and long–run growth[J]. Journal of Politics Economics, 1986(94):1002–1037.

[67] ROSENTHAL S, STRANGE W. The determinants of agglomeration[J]. Journal of Urban Economy, 2001, 50(2):191–229.

[68] ROSENTHAL S, STRANGE W. Evidence on the nature and sources of agglomeration

economies[J]. Handbook of Regional and Urban Economics, 2004(4): 2119–2170.

[69]   ROWTHORN R, RAMASWAMY R. Growth trade and deindustrialization[J]. IMF Staff Papers,1999,46(1):18–41.

[70]   SALVADOR B,STROBL E. Industry mobility and geographic concentration in the European Union[J].Economics Letter, 2004 (82):71–75.

[71]   SALVADOR B,LUISITO B, STROBL E, et al. The dynamics of agglomeration: Evidence from Ireland and Portugal[J]. Journal of Urban Economy, 2005 (12):170–188.

[72]   SAM O P, KEE B N. Spatial structure and inter–firm networks of technical and information producer services in Seoul, Korea[J]. Asia Pacific Viewpoint, 1998(2):209–219.

[73]   SAMUELSON P. The transfer problem and transport cost: The terms of trade when impediments are absent[J]. Economic Journal. 1952, 246 (62):278–304.

[74]   SANTOS L D, MARTINS I, BRITO P. Measuring subjective quality of life: A survey to Porto's residents[J]. Applied Research in Quality of Life, 2007,2(1):51–64.

[75]   SAXENA S, ORLEY J. Quality of life assessment:The World Health Organization perspective[J]. European Psychiatry the Journal of the Association of European Psychiatrists, 1997(12):263–266.

[76]   SCITOVSKY P. Two concepts of external economics[J]. Journal of Politics Economy, 1954(62):143–151.

[77]   SONG Y. Ecological city and urban sustainable development[J]. Procedia Engineering, 2011, 21(1):142–146.

[78]   STEPHEN B, ERIK B J. Agglomeration within an urban area[J]. Journal of Urban Economics, 2016 (91): 13–25.

[79]   STEVEN K. The origin and growth of industry clusters: The making of Silicon Valley and Detroit [J]. Journal of Urban Economics, 2010, 67(1):15–32.

[80]   STIGLER G J. The economics of information[J]. Journal of Politics Economy, 1961(69):213–225.

[81]   TAUCHEN H, WITTE A D. Socially optimal and equilibrium distributions of office activity: Models with exogenous and endogenous contacts[J].Journal of Urban Economics, 1984(15):66–86.

[82]   TAYLOR A J, BEAVERSTOCK JV,COOK G, et al. Financial service clustering and its

significance for London[M].London:Corporation of London,2003.

[83] WEBER A.English translation:The theory of the location[M].Chicago:Chicago University Press,1929.

[84] STRANGE W,HEJAZI W,TANG J. The uncertain city:competitive instability, skills, innovation and the strategy of agglomeration[J].Journal of Urban Economics, 2006, 59(3):331–351.

[85] YASUSADA MURATA.Rural—urban interdependence and industrialization[J].Journal of Development Economics,2004,68(1):1–34.

[86] 亚当·斯密. 国富论 [M]. 唐目松，译. 北京：商务印书馆,2007.

[87] 埃比尼泽·霍华德. 明日的田园城市 [M]. 金经元，译. 北京：商务印书馆,2000.

[88] 奥古斯特·勒施. 经济空间秩序 [M]. 王守礼，译. 北京：商务印书馆,1995.

[89] 柴攀峰, 黄中伟. 基于协同发展的长三角城市群空间格局研究 [J]. 经济地理,2014,34(6):75–79.

[90] 曹聪丽. 产业发展模式、城市规模协同发展与城市经济绩效提升——基于空间计量的实证研究 [J]. 软科学,2017,31(5):6–10.

[91] 程大中, 黄雯. 中国服务业的区位分布与地区的专业化 [J]. 财贸经济,2005(7):73–81.

[92] 程大中. 中国生产性服务业的水平、结构及影响——基于投入—产出法的国际比较研究 [J]. 经济研究,2008(1):76–88.

[93] 程玉鸿, 罗金济. 城市群协调发展研究述评 [J]. 城市问题,2013(1):26–31.

[94] 程玉鸿, 李克桐. "大珠三角"城市群协调发展实证测度及阶段划分 [J]. 工业技术经济,2014(4):59–70.

[95] 陈耀. 世界发达国家二、三产业关系的演变与启示 [J]. 经济纵横,2007(8):53–57.

[96] 陈国亮, 陈建军. 产业关联、空间地理与二三产业共同集聚——来自中国 212 个城市的经验考察 [J]. 管理世界,2012(4):82–100.

[97] 陈洁, 王耀中. 产业关联、空间效应与生产性服务业集聚——基于中国城市面板数据的研究 [J]. 山西财经大学学报,2015,37(7):35–46.

[98] 陈建军, 黄洁, 陈国亮. 产业集聚间分工和地区竞争优势——来自长三角微观数据的实证 [J]. 中国工业经济,2009(3):130–139.

[99] 陈强, 胡雯, 鲍悦华. 城市发展质量及其测评：以发展观为主导的演进历程 [J]. 经济社会体制比较,2014(3):14–23.

[100] 陈群元. 城市群协调发展研究——以泛长株潭城市群为例 [D]. 长春 : 东北师范大学,2009.

[101] 陈菁菁. 空间视角下的生产性服务业与制造业的协调发展研究 [D]. 杭州 : 浙江大学,2011.

[102] 陈晓峰, 陈昭锋. 生产性服务业与制造业协同集聚的水平及效应——来自中国东部沿海地区的经验证据 [J]. 财贸研究,2014(2):49–57.

[103] 陈振宇. 镇域经济发展的非均衡现象 : 基于"缪尔达尔—赫希曼"模型视角——以乐清市为例 [J]. 经济研究导刊,2011(07):163–169.

[104] 格迪斯. 进化中的城市 [M]. 李浩 , 吴碧莲 , 叶冬青 , 译 . 北京 : 中国建筑工业出版社,2000.

[105] 邓志喜, 赵海. 推进县域经济和城镇化协调发展 [J]. 农村金融研究,2010 (11):28–31.

[106] 党兴华, 赵璟, 张迎旭. 城市群协调发展评价理论与方法研究 [J]. 当代经济科学,2007(6):110–115.

[107] 杜龙政, 常茗. 中国十大城市群产业结构及产业竞争力比较研究 [J]. 地域研究与开发,2015,34(1):50–54.

[108] 方创琳, 王德利. 中国城市化发展质量的综合测度与提升路径 [J]. 地理研究,2011,30(11):1931–1946.

[109] 范剑勇. 市场一体化、地区专业化与产业集聚趋势——兼谈对地区差距的影响 [J]. 中国社会科学,2004(6):39–51.

[110] 范剑勇. 产业集聚与地区间劳动生产率差异 [J]. 经济研究,2006(11):72–81.

[111] 冯泰文. 生产性服务业的发展对制造业效率的影响——以交易成本和制造成本为中介变量 [J]. 数量经济技术经济研究,2009(3):56–65.

[112] 富田禾晓. 大都市圈的结构演化 [M]. 东京 : 古今书院,1995.

[113] 国琳. 社会化网络集群结构分析及动态演化模型研究 [D]. 长春 : 吉林大学,2016.

[114] 郭丽娟, 邓玲. 我国西部地区承接产业转移存在的问题及对策 [J]. 经济纵横,2013(8):72–76.

[115] 郭施宏, 王富喜. 山东省城市化与城市土地集约利用耦合协调关系研究 [J]. 水土保持研究, 2012,19(6):163–167.

[116] 郭施宏, 王富喜, 高明. 山东半岛人口城市化与土地城市化时空耦合协调关系研究 [J]. 经济地理, 2014,34(3):72–78.

[117] 高觉民, 李晓慧. 生产性服务业与制造业的互动机理 : 理论与实证 [J]. 中国工业经济, 2011(6):151–160.

[118] 高丽娜, 卫平. 中国高端制造业空间结构变动的实证研究 :2003–2009[J]. 工业技术经济, 2012(1):84–81.

[119] 耿帅. 共享性资源与集群企业竞争优势的关联性分析 [J]. 管理世界 , 2005(11):112–119.

[120] 顾乃华, 毕斗斗, 任旺兵. 中国转型期生产性服务业发展与制造业竞争力关系研究——基于面板数据的实证分析 [J]. 中国工业经济, 2006(9):14–21.

[121] 顾朝林, 吴莉娅. 中国城市化研究主要成果综述 [J]. 城市问题 ,2008(12):2–12.

[122] 顾乃华. 我国城市生产性服务业集聚对工业的外溢效应及其区域边界——基于 HLM 模型的实证研究 [J]. 财贸经济, 2011(5):115–122.

[123] 顾乃华. 城市化与服务业发展 : 基于省市制度互动视角的研究 [J]. 世界经济,2011(1):126–142.

[124] 顾益康. 推进城市化最缺的是什么 [J]. 今日浙江,2012(06):40.

[125] 黄萍华. 长株潭城市群的城市功能互补性研究 [J]. 特区经济,2009(12):193–194.

[126] 黄祖辉. 论城市化与新农村建设的关系 [J]. 农村经济,2011(06):3–5.

[127] 黄祖辉. 城乡发展一体化的实现途径 [J]. 浙江经济,2012(24):26–27.

[128] 黄祖辉, 陈胜祥. 城市化失误与土地问题恶性循环 [J]. 人民论坛,2011(24):12–14.

[129] 黄祖辉, 朱允卫. 浙江农村工业化的发展与启示 [J]. 中国经济史研究 , 2006(02):88–94.

[130] 黄蕊, 崔大树. 产业空间分异驱动城市群空间组织模式演变研究——以浙江中部城市群为例 [J]. 改革与战略,2013,29(9):54–58.

[131] 黄钟仪, 吴良亚, 马斌. 西部承接东部产业转移的产业选择研究——以重庆为例 [J]. 科技管理研究,2009,29(8):182–184.

[132] 韩兆洲, 安康, 桂文林. 中国区域经济协调发展实证研究 [J]. 统计研究,2012 (1):38–42.

[133] 韩峰, 柯善咨. 追踪我国制造业集聚的空间来源 : 基于马歇尔外部性与新经济地理的综合视角 [J]. 管理世界,2012(10):55–70.

[134] 韩增林, 刘天宝. 中国地级以上城市城市化质量特征及空间差异 [J]. 地理研究,2009,28(6):1508–1515.

[135] 贺灿飞，谢秀珍，潘峰华. 中国制造业省区分布及其影响因素 [J]. 地理研究,2008(5):623–635.

[136] 贺欢欢, 吕斌. 长株潭城市群经济联系测度研究 [J]. 经济地理,2014(7):67–74.

[137] 胡岳岷. 中国新型城市化产业支撑问题 [J]. 社会科学辑刊,2014(6):116–119.

[138] 江飞涛，李晓萍. 直接干预市场与限制竞争 : 中国产业政策的取向与根本缺陷 [J]. 中国工业经济,2010(9):26–36.

[139] 江静，刘志彪，于明超. 生产性服务业发展与制造业效应提升 : 基于地区和行业面板数据的经验分析 [J]. 世界经济,2007(8):52–62.

[140] 江曼琦，席强敏. 生产性服务业与制造业的产业关联与协同集聚 [J]. 南开学报（哲学社会科学版),2014(1):153–160.

[141] 吉亚辉，段荣荣. 生产性服务业与制造业协同集聚的空间计量分析——基于新经济地理学视角 [J]. 中国科技论坛 ,2014(2):79–84.

[142] 柯善咨，赵曜. 产业结构、城市规模与中国城市生产率 [J]. 经济研究,2014(4):76–88.

[143] 谌新民，武立文. 以产业集群推动农村剩余劳动力向中心镇转移——以广州市番禺区为例 [J]. 广州大学学报 (社会科学版),2006(12):39–44.

[144] 李成群. 南北钦防沿海城市群城市化质量分析 [J]. 改革与战略,2007,23(8):107–110.

[145] 李舸. 产业集群的生态演化规律及其运行机制研究 [M]. 北京 : 经济科学出版社,2011.

[146] 李凯，刘涛，曹广忠. 城市群空间集聚和扩散的特征与机制——以长三角城市群、武汉城市群和成渝城市群为例 [J]. 城市规划,2016(2):18–26.

[147] 李磊，张贵祥. 京津冀城市群内城市发展质量 [J]. 经济地理,2015,35(5):61–64.

[148] 李琳，蔡丽娟 . 中三角城市群城市经济联系的时空演变特征 [J]. 城市问题,2015(7):62–70.

[149] 李婧，谭清美，白俊红 . 中国区域创新生产的空间计量分析 [J]. 管理世界,2010(7):43–55.

[150] 李军辉 . 产业集群与城市化协同的内生机理及模式研究 [D]. 天津 : 天津大学 ,2013.

[151] 李强. 特色小镇是浙江创新发展的战略选择 [J]. 今日浙江,2015(24):9–14.

[152] 李晓莉. 大珠三角城市群空间结构的演变 [J]. 城市规划学刊,2008(2):49–52.

[153] 路江涌, 陶志刚. 中国制造业区域集聚与国际比较 [J]. 经济研究,2006(8):103-114.

[154] 陆根尧, 符翔云, 朱省娥. 基于典型相关分析的产业集群与城市化互动发展研究 : 以浙江省为例 [J]. 中国软科学 ,2011(12):101-109.

[155] 陆根尧, 盛龙. 产业集聚与城市化互动发展机制研究 : 理论与实证 [J]. 发展研究,2012(10):84-91.

[156] 林寿富, 苏也夫. 城市群生态经济系统的协同进化关系、阶段及模式 [J]. 西安财经学院学报 ,2017(2):23-29.

[157] 刘迪, 吴相利. 哈长城市群经济格局时空演化特征 [J]. 地域研究与开发,2016,35(5):18-24.

[158] 刘敏, 王海平. 京津冀协同发展体制机制研究——基于世界六大城市群的经验借鉴 [J]. 现代管理科学 ,2014(12):67-69.

[159] 刘书瀚, 张瑞, 刘立霞. 中国生产性服务业和制造业的产业关联分析 [J]. 南开经济研究,2010(6):65-74.

[160] 刘艳军, 李诚固. 东北地区产业结构演变的城市化响应机理与调控 [J]. 地理学报,2009,62(2):153-166.

[161] 刘兆德, 孔祥飞, 刘强. 中国城市群城市综合发展水平的空间差异及其影响因素 [J]. 鲁东大学学报 (自然科学版),2016,32(2):174-180.

[162] 刘振新, 安慰. 珠三角城市群的形成与发展 [J]. 同济大学学报 (社会科学版),2004(5):72-77.

[163] 刘修岩. 集聚经济与劳动生产率 : 基于中国城市面板数据的实证研究 [J]. 数量经济技术经济研究,2009(7):109-119.

[164] 刘月. 空间经济学视角下的产业协同集聚与区域经济协调发展 [D]. 杭州 : 浙江大学博士本书 ,2016.

[165] 柳坤, 申玉铭. 国内外区域空间相互作用研究进展 [J]. 世界地理研究 ,2014(1):73-83.

[166] 梁振民, 陈才, 刘继生, 等. 东北地区城市化发展质量的综合测度与层级特征研究 [J]. 地理科学 ,2013(8):926-934.

[167] 梁琦, 詹亦军. 地方专业化、技术进步和产业升级 : 来自长三角的证据 [J]. 经济理论与经济管理,2006(1):56-62.

[168] 梁琦, 丁树, 王如玉. 总部集聚与工厂选址 [J]. 经济学 (季刊),2012,11(3):1137-1166.

[169] 骆玲,史敦友.单中心城市群产业分工的演化规律与实证研究——以长三角城市群与珠三角城市群为例[J].南方经济,2015(3):120-128.

[170] 迈克尔·波特.竞争优势[M].陈小悦,译.北京:华夏出版社,2005.

[171] 毛广雄,钱肖颖,曹蕾,等.江苏省劳动密集型产业集群化转移的空间路径及机理研究[J].地理科学,2016,36(1):72-80.

[172] 马静,李小帆,张红.长江中游城市群城市发展质量系统协调性研究[J].经济地理,2016,36(7):53-61.

[173] 马远,陈军.城镇化与产业发展的动态关联效应研究——以新疆为例[J].管理现代化,2012(5):50-53.

[174] 马野驰,祝滨滨.产城融合发展存在的问题与对策研究[J].经济纵横,2015(15):31-34.

[175] 马燕坤.城市群功能空间分工形成的演化模型与实证分析[J].经济管理,2016(12):31-46.

[176] 孟延春,谷浩.基于城市中心性的中国五大城市群研究[J].城市发展研究,2016,23(10):10-20.

[177] 孟祥林.西南地区成渝城市群发展研究——关于构建"双核+三带"模式的成渝城市群的思考[J].西部经济管理论,2015(2):5-10.

[178] 倪方树.企业区位选择与空间集聚[D].天津:南开大学,2012.

[179] 倪鹏飞.关于中国新型城镇化的若干思考[J].经济纵横,2014(9):11-13.

[180] 潘文卿,刘庆.中国制造业产业集聚与地区经济增长——基于中国工业企业数据的研究[J].清华大学学报(哲学社会科学版),2012,27(1):137-147.

[181] 仇保兴.城市经营、管治和城市规划的变革[J].城市规划,2004(2):8-22.

[182] 覃成林,周姣.城市群协调发展:内涵、概念模型与实现路径[J].城市理论,2010(12):7-12.

[183] 覃成林,郑云峰,张华.我国区域经济协调发展的趋势及特征分析[J].经济地理,2013,33(1):9-14.

[184] 桑瑞聪,刘志彪,王亮亮.我国产业转移的动力机制:以长三角和珠三角地区上市公司为例[J].财经研究,2013(5):99-111.

[185] 盛世豪.特色小镇:一种产业空间组织形式[J].浙江社会科学,2016(3):36-38.

[186] 唐根年,沈沁,管志伟,等.中国东南沿海制造业集聚过度及其生产要素拥挤实证研究[J].经济地理,2010,30(2):263-267.

[187] 唐保庆, 孙少勤, 杨继军. 什么影响了生产者服务业 FDI 的区域分布——来自美国的经验证据 : 1985- 2006[J]. 财贸经济,2011(5):92-99.

[188] 汤放华, 陈立立, 曾志伟, 等. 城市群空间结构演化趋势与空间重构——以长株潭城市群为例 [J]. 城市发展研究,2010(3):65-69.

[189] 瓦·佩鲁. 新发展观 [M]. 北京 : 华夏出版社,1991.

[190] 魏丽华. 国内两大城市群市场协同的比较与分析——京津冀与沪苏浙 [J]. 软科学,2016(9):46-50.

[191] 魏丽华. 城市群理论与实践演进史梳理——兼论京津冀城市群发展研究述评 [J]. 湖北社会科学,2016 (7):79-86.

[192] 魏人民. 新型城镇化建设应解决七个失衡问题 [J]. 经济纵横,2013(9):12-15.

[193] 武义青, 李泽升. 京津冀城市群经济密度的时空分异研究——兼与长三角、珠三角城市群的比较 [J]. 经济与管理,2015,29(3):17-22.

[194] 吴福象, 曹璐. 生产性服务业集聚机制与耦合悖论分析——来自长三角 16 个核心城市的经验数据 [J]. 产业经济研究,2014(4):13-20.

[195] 吴家曦. 发展现代产业集群推进小城市建设 [J]. 浙江经济,2011(13):42-43.

[196] 汪大海, 等. 新型城镇化进程中产业支撑问题思考 [J]. 宏观经济管理,2013(8):46-47.

[197] 汪彩君, 唐根年. 长江三角洲地区制造业空间集聚、生产要素拥挤与集聚适度识别研究 [J]. 统计研究,2011,28(2):59-64.

[198] 王富喜, 孙海燕. 山东省城镇化发展水平测度及其空间差异 [J]. 经济地理, 2009,29(6):921-924.

[199] 王浣尘. 可持续发展与系统集成方法论 [J]. 科学管理研究,1997(1):25-27.

[200] 王浩, 李新春, 沈正平. 城市群协同发展影响因素与动力机制研究——以淮海城市群为例 [J]. 南京社会科学,2017(5):17-25.

[201] 王浩. 城市群协同发展影响因素与动力机制研究——以淮海城市群为例 [J]. 南京社会科学,2017(5):17-25.

[202] 王海江, 苗长虹, 茹乐峰, 等. 我国中心城市生产性服务业对外服务能力的空间格局——兼论与制造业分布关系 [J]. 人文地理,2014(2):83-89.

[203] 王立军, 诸晓蓓. 新型城市化与统筹城乡发展的有机结合——浙江省小城市培育的探索 [J]. 中共宁波市委党校学报,2012(3):71-75.

[204] 王立军. 沿海发达地区新型城镇化路径研究——以浙江省中心镇培育小城市为

例 [J]. 北华大学学报（社会科学版），2013(5):29-33.

[205] 王鹏, 张秀生. 国外城市群的发展及其对我国的启示 [J]. 国外社会科学,2016(4):115-122.

[206] 王晓娟. 集群企业外迁及其效应研究 [J]. 重庆大学学报（社会科学版),2006,12(1):22-27.

[207] 王周杨. 演化经济地理的理论基础及其在集群研究中的应用 [J]. 人文地理,2013(4):31-35.

[208] 王圣云, 翟晨阳. 长江经济带城市集群网络结构与空间合作路径 [J]. 经济地理,2015,35(11):61-70.

[209] 王圣云, 翟晨阳, 顾筱和. 长江中游城市群空间联系网络结构及其动态演化 [J]. 长江流域资源与环境,2016(3):24-29.

[210] 徐维祥, 彭霞, 张荣. 跨区域群体投资模式研究 [J]. 中国工业经济,2005(2):37-43.

[211] 徐维祥, 唐根年, 陈秀君. 产业集群与工业化、城镇化互动发展模式研究 [J]. 经济地理, 2005(6):868-872.

[212] 徐维祥, 唐根年. 产业集群与城镇化互动发展模式研究 [J]. 商业经济与管理,2005(7):40-44.

[213] 熊雪如, 覃成林. 我国城市群协调发展模式分析——基于长三角、珠三角和长株潭城市群的案例 [J]. 学习与实践,2013(3):5-12.

[214] 谢磊, 李景保, 何仁伟, 等 . 环长株潭城市群区域经济时空差异演变 [J]. 城市问题,2013(11):67-73.

[215] 熊广勤. 地区产业集群发展的影响因素、动力机制与模式选择综述 [J]. 管理现代化,2012,(1):56-58.

[216] 袁海红, 张华, 曾洪勇. 产业集聚的测度及其动态变化——基于北京企业微观数据的研究 [J]. 中国工业经济,2014(9):38-50.

[217] 叶振宇. 城镇化与产业发展互动关系的理论探讨 [J]. 区域经济评论,2013(4):13-17.

[218] 叶裕民. 中国城市化质量研究 [J]. 中国软科学,2001(7):27-31.

[219] 姚永玲, 唐彦哲. 城市群首位城市的联系能级、中心度和控制力 [J]. 经济地理,2015,35(7):66-78.

[220] 姚毓春. 人的城镇化 : 内在逻辑与战略选择 [J]. 学习与探索,2014(1):106-109.

[221] 杨仁发. 产业集聚与地区工资差距——基于我国 269 个城市的实证研究 [J]. 管

理世界,2013(8):41–52.

[222] 杨小凯, 张永生. 新兴古典经济学与超边际分析 [M]. 北京 : 社会科学文献出版社,2003.

[223] 杨菊萍. 集群企业的迁移、影响因素、方式选择与绩效表现 [D]. 杭州 : 浙江大学,2010.

[224] 于斌斌, 胡汉辉. 产业集群与城市化的共同演化机制 : 理论与实证 [J]. 产业经济研究,2013,(6):1–11.

[225] 伊里尔·沙里宁. 城市 : 它的发展、衰败和未来 [M]. 顾启源，译 . 北京 : 中国建筑工业出版社,1986.

[226] 郑江淮, 高彦彦, 胡小文. 企业"扎堆"、技术升级与经济绩效——开发区集聚效应的实证分析 [J]. 经济研究,2008(5):33–46.

[227] 郑小碧, 陆立军. 产业集群转型升级视阈下的区域创新平台研究 [J]. 科学学与科学技术管理, 2011(8):65–70.

[228] 郑小碧, 陆立军. 城市群与协同型市场产业网络的协动机理研究——以浙中城市群与"义乌商圈"协动发展为例 [J]. 经济地理,2012(2):71–76.

[229] 张爱武, 刘玲. 新型城镇化视角下的产业集群发展研究 [J]. 宏观经济管理,2013(12): 66–67.

[230] 张春梅, 张小林, 吴启焰等. 城镇化质量与城镇化规模的协调性研究——以江苏省为例 [J]. 经济地理 ,2013,33(1):16–22.

[231] 张学良. 中国区域经济转变与城市群经济发展 [J]. 学术月刊,2013 (7):107–112.

[232] 张荣天. 长三角城市群网络结构时空演变分析 [J]. 经济地理,2017,37(2):46–52.

[233] 张艳, 刘亮. 经济集聚与经济增长——基于中国城市数据的实证分析 [J]. 世界经济文汇,2007(1):148–156.

[234] 张纯, 潘亮. 转型经济中产业政策的有效性研究——基于我国各级政府利益博弈视角 [J]. 财经研究,2012(12):85–94.

[235] 曾鹏, 毕超. 中国十大城市群可持续发展能力比较研究 [J]. 华东经济管理,2015,29(5):63–68.

[236] 周克昊, 刘艳芳, 谭荣辉. 长江中游城市群综合发展水平时空分异研究 [J]. 长江流域资源与环境,2014,23(11):1510–1518.

[237] 周瀛, 袁家冬. 产业集群与集聚区的社会经济网络研究 [J]. 工业技术经济,2015,(4):69–76.

[238] 赵航.产业集聚效应与城市功能空间演化 [J]. 城市问题 ,2011(3):16-20.

[239] 赵伟.工业化——产业集聚与制度演化 :浙江模式再思考 [J]. 社会科学战线,2011(1):46-53.

[240] 朱英明,李梅,张馨月.中国产业集群时空发展研究 [M]. 北京 :经济管理出版社,2011.

[241] 朱政,郑伯红,贺清云.珠三角城市群空间结构及影响研究 [J]. 经济地理,2011(3):404-408.

[242] 周作江,周国华,王一波,等.环长株潭城市群产城融合测度研究 [J]. 湖南师范大学自然科学学报,2016(3):8-13.

[243] 唐晓华,张欣钰,李阳.中国制造业与生产性服务业动态协调发展实证研究 [J]. 经济研究 .2018(3):79-93.

[244] 王兵,聂欣.产业集聚与环境治理 :助力还是阻力——来自开发区设立准自然实验的证据 [J]. 中国工业经济 ,2016(12):75-89.

[245] 姚昕,潘是英,孙传旺.城市规模、空间集聚与电力强度 [J]. 经济研究 ,2017(11):165-177.

[246] 张子霄,吕晨.京津冀城市群与波士华城市群空间结构对比分析 [J]. 湖北社会科学 ,2018(11):59-68.

[247] 周茂,陆毅,杜艳,等.开发区设立与地区制造业升级 [J]. 中国工业经济 ,2018(3):62-79.

[248] 王永进,张国峰.开发区生产率优势的来源 :集聚效应还是选择效应 [J]. 经济研究 .2016(7):58-71.

[249] 文东伟,冼国明.中国制造业产业集聚的程度及其演变趋势 :1998-2009 年 [J]. 世界经济 .2014(3):3-31.

[250] 李力行,申广军.经济开发区、地区比较优势与产业结构调整 [J]. 经济学 (季刊).2015(4):885-910.

[251] 王婷.中国城市群空间结构的特征、影响因素与经济绩效研究 [D]. 上海 :华东师范大学 ,2016.

[252] 陈金英.中国城市群空间结构及其对经济效率的影响研究 [D]. 长春 :东北师范大学 ,2016.

[253] 姚士谋.中国城市群新论 [M]. 北京 :科学出版社 ,2016.

[254] 韩永辉,黄亮雄,王贤彬.产业政策推动地方产业结构升级了吗 ?——基于发

展型地方政府的理论解释与实证检验 [J]. 经济研究 ,2017(8):33-48.

[255] 孙早 , 席建成 . 中国式产业政策的实施效果 : 产业升级还是短期经济增长 [J]. 中国工业经济 .2015(7):52-67.

[256] 徐晖 , 陶长琪 , 丁晖 . 区域产业创新与产业升级耦合的实证研究——以珠三角地区为例 [J]. 科研管理 ,2015(4):109-117.

[257] 袁其刚 , 刘斌 , 朱学昌 . 经济功能区的 "生产率效应" 研究 [J]. 世界经济 , 2015(5): 81-104.

[258] 张其仔 . 中国能否成功地实现雁阵式产业升级 [J]. 中国工业经济 ,2014(6):18-30.

[259] 黄宾 , 徐维祥 , 刘程军 . 中国软件产业的空间联系、演化特征及其经济增长效应 [J]. 经济地理 ,2018(10) :13-20.

[260] 黄宾 , 于淑娟 . 产业集群理论研究新发展及其实践启示 [J]. 技术经济与管理研究 ,2017(10) :101-105.

[261] 黄宾 . 浙江人口、经济、空间发展与水环境协调关系研究 [J]. 人民长江 , 2016(22):16-20.

[262] 黄宾 . 集群视角下跨区域群体投资的成因、模式及影响 [J]. 当代经济 , 2016(28):54-56.

[263] 黄宾 . 生态关系、创新收益与创新集群演化 [J]. 企业经济 ,2016(6):59-64.

[264] 黄宾 . 创业生态要素、创业聚集与创业发展——中国四类草根创业平台的实证比较 [J]. 技术经济 ,2016(7):90-96.

[265] 黄宾 , 徐维祥 , 陈国亮 . 中国城市化行为与环境耦合协调关系的时空分析 [J]. 经济问题探索 ,2016(3) :86-92.

[266] 黄宾 . 杭州城市化与水环境的耦合协调发展研究 [J]. 环境科学导刊 ,2015(6):13-17.

[267] 黄宾 . 杭州城市化发展与水环境承载的关系研究 [J]. 资源节约与环保 ,2015(8): 178-179.

[268] 黄宾 , 胡其昌 , 李宵 . 城市化与水环境的耦合问题研究——以杭州市为例 [J]. 浙江水利水电学院学报 ,2015(1) :53-57.

[269] 黄宾 . 跨区域群体投资与迁出地产业集群升级的关系研究 [J]. 经济研究导刊 ,2015(20):58-60.

索　引